日本文理高等学校

〈収録内容〉

■ 2024年度入試の問題・解答解説・解答用紙・「合否の鍵はこの問題だ!!」、2025年度入試受験用の「出題傾向の分析と合格への対策」は、弊社HP の商品ページにて公開いたします。
■ 2018年度は、弊社ホームページで公開しております。
本ページの下方に掲載しておりますQRコードよりアクセスし、データをダウンロードしてご利用ください。
■ 英語リスニング問題は音声の対応をしておりません。

2024 年度 ……………………… 2024 年 10 月 弊社 HP にて公開予定
※著作権上の都合により、掲載できない内容が生じることがあります。

2023 年度 ……………………………… 専願（数・英・国）

2022 年度 ……………………………… 専願（数・英・国）

2021 年度 ……………………………… 専願（数・英・国）

2020 年度 ……………………………… 専願（数・英・国）

2019 年度 ……………………………… 専願（数・英・国）

2018 年度 ……………………………… 専願（数・英）

解答用紙データ配信ページへスマホでアクセス！ ⇒

※データのダウンロードは 2025 年 3 月末日まで。
※データへのアクセスには、右記のパスワードの入力が必要となります。 ⇒ 954283

本書の特長

実戦力がつく入試過去問題集

- ▶ 問題 ……………… 実際の入試問題を見やすく再編集。
- ▶ 解答用紙 …… 実戦対応仕様で収録。
- ▶ 解答解説 …… 詳しくわかりやすい解説には、難易度の目安がわかる「基本・重要・やや難」の分類マークつき（下記参照）。各科末尾には合格へと導く「ワンポイントアドバイス」を配置。採点に便利な配点つき。

入試に役立つ分類マーク

基本 確実な得点源！
受験生の 90％以上が正解できるような基礎的、かつ平易な問題。
何度もくり返して学習し、ケアレスミスも防げるようにしておこう。

重要 受験生なら何としても正解したい！
入試では典型的な問題で、長年にわたり、多くの学校でよく出題される問題。
各単元の内容理解を深めるのにも役立てよう。

やや難 これが解ければ合格に近づく！
受験生にとっては、かなり手ごたえのある問題。
合格者の正解率が低い場合もあるので、あきらめずにじっくりと取り組んでみよう。

合格への対策、実力錬成のための内容が充実

- ▶ 各科目の出題傾向の分析、合否を分けた問題の確認で、入試対策を強化！
- ▶ その他、学校紹介、過去問の効果的な使い方など、学習意欲を高める要素が満載！

解答用紙ダウンロード 解答用紙はプリントアウトしてご利用いただけます。弊社ＨＰの商品詳細ページよりダウンロードしてください。トビラのＱＲコードからアクセス可。

UD FONT 見やすく読みまちがえにくいユニバーサルデザインフォントを採用しています。

日本文理高等学校

▶交通　電車　越後線内野駅・新潟大学前駅 徒歩17分
　　　　バス　有明線新通橋　徒歩５分
　　　　　　　大堀線文理高校前　徒歩１分
　　　　　　　黒鳥線文理高校前　徒歩１分

〒950-2035　新潟市西区新通1072番地
☎025-260-1000
http://www.nihonbunri.ed.jp

沿　革

1984年、開校。開校以来、中学生や保護者から信頼され、地域に愛される学校となるため、「知育」「徳育」「体育」のバランスが取れた教育活動を充実し、よき伝統に立った学校創りを目指し続けている。

建学の精神

謙虚、誠実な人間性を培い、新世紀にふさわしい国際性豊かな日本人を育成する。

校　訓

独立・創造・敬愛

教育方針

1．個性の伸長を図るとともに、心豊かで調和のとれた人間を育成する。
2．確かな学力を身につけ、一人ひとりの進路希望の実現を図る。
3．心身を鍛え、健康な身体と不屈の精神を培う。
4．生徒の自主的活動を推進し、互いに協力し、自ら考え行動する資質・能力を養う。

〈重点目標〉

・あいさつをする、時間を守る。身なりを正す、思いやりのを持つ、家庭学習をすることの徹底。
・７限授業、土曜講習の実施による進路希望の実現。
・心身の健全な育成、部活動の一層の活性化。

学習課程

「プレミアコース」
国公立大学、難関私立大学の一般入試で合格を目指すクラス。新潟大学をはじめとした国公立大学や東京六大学合格を果たしている。また、難関の医学部医学科への進学も達成している。

「アドバンスコース」
部活動をしながら大学受験を目指すコース。新潟大学法学部など推薦で大学へ進学する生徒もいるが、一般入試で国公立大学に合格できるハイレベルの授業が行われる。

「リベラルアーツコース」
基礎・基本を徹底して学ぶことで、専門学校への進学や就職を目指すコース。部活動と学習の両立もしやすく、近年は公務員試験の合格者も輩出している。

〈学習サポート〉

・生徒全員がChromebookを学習で活用。
・全校漢字テスト、英単語テストを中心に、毎日10分の朝テストを実施。学力の基礎となる語彙力を身につけると同時に、全校一斉に行うことで、向上心や競争心につながり学習への意欲も高まる。
・春夏冬の休業中に、主要５科目を中心として講習を実施。授業の復習から、ふだんの授業ではできない難易度の高い問題まで、時間をかけてじっくり学ぶ。この講習を利用することで学力が飛躍的に伸びる可能性がある。

・成績不振の生徒には、テスト１週間前から指名補習を実施。先生と一緒に少人数で学習することで、勉強のやり方がわかり、また問題が解ける楽しさを知り、テスト勉強に大いに役立つ。

進　路

希望進路決定率は96.2％、就職率は100％。多様化する希望進路の実現を目指して、本校独自のバックアップ体制を実施している。

●主な進学実績（過去５年）

（国公立）　東京学芸大、新潟大、長崎大、山形大、高知大、前橋工科大、室蘭工業大、新潟県立大、新潟県立看護大、福井県立大

（私立）　立教大、明治大、法政大、中央大、日本大、専修大、駒澤大、福岡大、新潟医療福祉大、亜細亜大、東京農業大、新潟国際情報大、神奈川工科大、城西大、千葉商科大　他

部活動

体育系では、全国高校野球選手権大会準優勝の実績を持つ野球部を筆頭に、陸上競技部、柔道部、ソフトボール部、水泳部、サッカー部等が県のトップレベルにあり、全国大会等で活躍し、優秀な成績をあげている。

文化系では、吹奏楽部が西関東大会に毎年出場し、美術部、書道部等が高校総合文化祭等に出品し入賞している。

●運動部

柔道、水泳、男子ソフトボール、陸上競技、サッカー、硬式野球、バドミントン、レスリング、卓球、チアリーディング、バスケットボール、テニス、バレーボール

●文化部

吹奏楽、書道、写真、家庭科、美術、造形、ボランティアサークル優愛会、ＥＳＳ（英語研究会）

年間行事

４月／校外オリエンテーション（会津磐梯）
６月／慧青《けいせい》祭（体育祭）
７月／球技大会、芸術鑑賞会、勉強合宿
９月／慧青祭（文化祭）
10月／創立記念日
12月／修学旅行（２年）
１月／スキー授業（１年）
３月／吹奏楽部定期演奏会、球技大会、サッカー部イタリア研修、海外語学研修

◎2023年度入試状況◎

募集数	320
応募者数	非公表
受験者数	
合格者数	

※１／17は推薦、部活動専願、専願
１／18は一般１月
２／15は一般２月
３／17は一般３月

過去問の効果的な使い方

① **はじめに**　入学試験対策に的を絞った学習をする場合に効果的に活用したいのが「過去問」です。なぜならば，志望校別の出題傾向や出題構成，出題数などを知ることによって学習計画が立てやすくなるからです。入学試験に合格するという目的を達成するためには，各教科ともに「何を」「いつまでに」やるかを決めて計画的に学習することが必要です。目標を定めて効率よく学習を進めるために過去問を大いに活用してください。また，塾に通われていたり，家庭教師のもとで学習されていたりする場合は，それぞれのカリキュラムによって，どの段階で，どのように過去問を活用するのかが異なるので，その先生方の指示にしたがって「過去問」を活用してください。

② **目的**　過去問学習の目的は，言うまでもなく，志望校に合格することです。どのような分野の問題が出題されているか，どのレベルか，出題の数は多めか，といった概要をまず把握し，それを基に学習計画を立ててください。また，近年の出題傾向を把握することによって，入学試験に対する自分なりの感触をつかむこともできます。

過去問に取り組むことで，実際の試験をイメージすることもできます。制限時間内にどの程度までできるか，今の段階でどのくらいの得点を得られるかということも確かめられます。それによって必要な学習量も見えてきますし，過去問に取り組む体験は試験当日の緊張を和らげることにも役立つでしょう。

③ **開始時期**　過去問への取り組みは，全分野の学習に目安のつく時期，つまり，9月以降に始めるのが一般的です。しかし，全体的な傾向をつかみたい場合や，学習進度が早くて，夏前におおよその学習を終えている場合には，7月，8月頃から始めてもかまいません。もちろん，受験間際に模擬テストのつもりでやってみるのもよいでしょう。ただ，どの時期に行うにせよ，取り組むときには，集中的に徹底して取り組むようにしましょう。

④ **活用法**　各年度の入試問題を全問マスターしようと思う必要はありません。できる限り多くの問題にあたって自信をつけることは必要ですが，重要なのは，志望校に合格するためには，どの問題が解けなければいけないのかを知ることです。問題を制限時間内にやってみる。解答で答え合わせをしてみる。間違えたりできなかったりしたところについては，解説をじっくり読んでみる。そうすることによって，本校の入試問題に取り組むことが今の自分にとって適当かどうかが，はっきりします。出題傾向を研究し，合否のポイントとなる重要な部分を見極めて，入学試験に必要な力を効率よく身につけてください。

数学

各都道府県の公立高校の入学試験問題は，中学数学のすべての分野から幅広く出題されます。内容的にも，基本的・典型的なものから思考力・応用力を必要とするものまでバランスよく構成されています。私立・国立高校では，中学数学のすべての分野から出題されることには変わりはありませんが，出題形式，難易度などに差があり，また，年度によっての出題分野の偏りもあります。公立高校を含め，ほとんどの学校で，前半は広い範囲からの基本的な小問群，後半はあるテーマに沿っての数問の小問を集めた大問という形での出題となっています。

まずは，単年度の問題を制限時間内にやってみてください。その後で，解答の答え合わせ，解説での研究に時間をかけて取り組んでください。前半の小問群，後半の大問の一部を合わせて50％以上の正解が得られそうなら多年度のものにも順次挑戦してみるとよいでしょう。

英語

英語の志望校対策としては，まず志望校の出題形式をしっかり把握しておくことが重要です。英語の問題は，大きく分けて，リスニング，発音・アクセント，文法，読解，英作文の5種類に分けられます。リスニング問題の有無(出題されるならば，どのような形式で出題されるか)，発音・アクセント問題の形式，文法問題の形式(語句補充，語句整序，正誤問題など)，英作文の有無(出題されるならば，和文英訳か，条件作文か，自由作文か）など，細かく具体的につかみましょう。読解問題では，物語文，エッセイ，論理的な文章，会話文などのジャンルのほかに，文章の長さも知っておきましょう。また，読解問題でも，文法を問う問題が多いか，内容を問う問題が多く出題されるか，といった傾向をおさえておくことも重要です。志望校で出題される問題の形式に慣れておけば，本番ですんなり問題に対応することができますし，読解問題で出題される文章の内容や量をつかんでおけば，読解問題対策の勉強として，どのような読解問題を多くこなせばよいかの指針になります。

最後に，英語の入試問題では，なんと言っても読解問題でどれだけ得点できるかが最大のポイントとなります。初めて見る長い文章をすらすらと読み解くのはたいへんなことですが，そのような力を身につけるには，リスニングも含めて，総合的に英語に慣れていくことが必要です。「急がば回れ」ということわざの通り，志望校対策を進める一方で，英語という言語の基本的な学習を地道に続けることも忘れないでください。

国語

国語は，出題文の種類，解答形式をまず確認しましょう。論理的な文章と文学的な文章のどちらが中心となっているか，あるいは，どちらも同じ比重で出題されているか，韻文(和歌・短歌・俳句・詩・漢詩)は出題されているか，独立問題として古文の出題はあるか，といった，文章の種類を確認し，学習の方向性を決めましょう。また，解答形式は，記号選択のみか，記述解答はどの程度あるか，記述は書き抜き程度か，要約や説明はあるか，といった点を確認し，記述力重視の傾向にある場合は，文章力に磨きをかけることを意識するとよいでしょう。さらに，知識問題はどの程度出題されているか，語句(ことわざ・慣用句など)，文法，文学史など，特に出題頻度の高い分野はないか，といったことを確認しましょう。出題頻度の高い分野については，集中的に学習することが必要です。読解問題の出題傾向については，脱語補充問題が多い，書き抜きで解答する言い換えの問題が多い，自分の言葉で説明する問題が多い，選択肢がよく練られている，といった傾向を把握したうえで，これらを意識して取り組むと解答力を高めることができます。「漢字」「語句・文法」「文学史」「現代文の読解問題」「古文」「韻文」と，出題ジャンルを分類して取り組むとよいでしょう。毎年出題されているジャンルがあるとわかった場合は，必ず正解できる力をつけられるよう意識して取り組み，得点力を高めましょう。

数学

出題傾向の分析と合格への対策

●出題傾向と内容

本年度の出題は，大問で6題，小問数にして26題であった。

出題内容は，1が数と式の計算で5題，2が因数分解，方程式の計算と利用で6題，3が図形と関数・グラフの融合問題で3題，4が角度と空間図形で5題，5が硬貨の確率で4題，6が資料の整理で3題であった。

年度によってばらつきがあるが，あらゆる分野から基本から標準レベルの問題がバランスよく出題されている。落ち着いて解けばできるものばかりである。完答めざして解けるものからこなしていきたい。

学習のポイント

教科書の例題や練習問題を確実に解ける実力を養って，弱点分野をつくらないようにしておこう。

●2024年度の予想と対策

来年度も本年度とほぼ同じレベルの問題が，小問数にして，25問前後出題されるだろう。

どの問題も，中学数学の基本的な知識や考え方が身についているか，そして，それを応用していく力があるかが確かめられるように工夫されて出題されると思われる。

あらゆる分野の基礎を固めておくことが大切である。数量分野では，数と式，方程式の計算力をしっかりと養っておく。関数分野では，直線の式を確実に求められるようにしておく。図形分野では，三平方の定理をはじめ，公式などを正しく使いこなせるようにしておくことが大切である。確率もいろいろなタイプの問題を解いておこう。

▼年度別出題内容分類表 ……

出題内容			2019年	2020年	2021年	2022年	2023年
数と式		数の性質					
		数・式の計算	○	○	○	○	○
		因数分解	○	○	○	○	○
		平方根	○	○	○	○	○
方程式・不等式		一次方程式	○	○	○	○	○
		二次方程式	○	○	○	○	○
		不等式					
		方程式・不等式の応用	○	○	○	○	○
関数		一次関数	○	○		○	○
		二乗に比例する関数					○
		比例関数		○	○		
		関数とグラフ	○	○	○	○	○
		グラフの作成					
図形	平面図形	角度	○	○	○	○	○
		合同・相似					
		三平方の定理		○			
		円の性質	○	○	○		○
	空間図形	合同・相似					○
		三平方の定理					
		切断					
	計量	長さ		○			
		面積	○	○	○	○	○
		体積	○	○	○		○
	証明						
	作図						
	動点						
統計		場合の数	○	○	○	○	○
		確率	○	○	○	○	○
		統計・標本調査	○	○	○	○	○
融合問題		図形と関数・グラフ		○	○	○	○
		図形と確率					
		関数・グラフと確率					
		その他					
その他							

日本文理高等学校

英語　出題傾向の分析と合格への対策

●出題傾向と内容

本年度は，リスニング問題1題，正誤問題1題，語句選択問題1題，会話文問題1題，会話文を含む長文読解問題2題，語句整序問題1題の計7題であった。

リスニング問題が出題されているので，それに合った対策が求められる。

語彙や文法についてはいずれも比較的基本的なレベルで，中学校での学習をきちんと行っておけば対応できるものである。

会話文や長文は短めで，ごく標準的なレベルのものである。設問も答えやすいものになっていると言える。

長文読解においては，内容をよく理解し，細かな部分についても正確に答えられる力が必要である。

学習のポイント

リスニングの練習を欠かさず，基本的な文法・単語を身につけることが大切である。

●2024年度の予想と対策

出題傾向や出題数に多少の変更はあっても，基礎的な英語の学力をいろいろな方法で確認する問題が出題される点は変わらないだろう。リスニングや文法，あるいは長文など様々な形式の問題に対応できるように，多種類の問題で練習を重ねておくべきである。

特にリスニングは毎日英語を聞くことが実力に結びつく。

長文対策のためには単語をしっかりと覚えることが重要である。文法においても理解不足の分野がないように注意したい。

応用問題に取り組む必要はないので，基礎的な学習をしっかりと重ねることが大切である。

▼年度別出題内容分類表 ……

	出題内容	2019年	2020年	2021年	2022年	2023年
話し方・聞き方	単語の発音	○	○	○		
	アクセント	○	○	○		
	くぎり・強勢・抑揚					
	聞き取り・書き取り				○	○
語い	単語・熟語・慣用句					○
	同意語・反意語					
	同音異義語					
読解	英文和訳(記述・選択)	○	○			
	内容吟味	○	○	○	○	○
	要旨把握				○	○
	語句解釈					○
	語句補充・選択	○	○	○	○	
	段落・文整序					
	指示語	○	○		○	○
	会話文	○	○	○	○	○
文法・作文	和文英訳					
	語句補充・選択	○	○		○	○
	語句整序	○	○	○	○	○
	正誤問題				○	○
	言い換え・書き換え					
	英問英答					
	自由・条件英作文					
文法事項	間接疑問文	○		○	○	○
	進行形			○	○	○
	助動詞	○	○	○	○	○
	付加疑問文					
	感嘆文					
	不定詞	○		○	○	○
	分詞・動名詞	○	○	○	○	○
	比較	○	○	○	○	○
	受動態	○	○	○	○	○
	現在完了	○	○	○	○	○
	前置詞	○	○			○
	接続詞	○			○	○
	関係代名詞	○		○	○	○

国語

出題傾向の分析と合格への対策

●出題傾向と内容

本年度も，論理的文章の読解問題が1題，文学的文章の読解問題が1題，古文の読解問題が1題の計3題の大問構成であった。

論理的文章の読解問題では論説文が採用されており，接続語や理由を問う文脈把握が主に問われている。漢字の読み書きも大問に含まれる形で出題されている。

文学的文章の読解問題では小説が採用されており，心情理解や表現の問題を中心に，語句の意味などが問われている。

古文の読解問題では，内容理解や仮名遣い，主語の把握，口語訳，主題が問われている。

解答形式は，すべてマークシート方式が採用されている。

学習のポイント

読解問題は，傍線部前後の文章や段落をしっかり読むことを意識しよう。接続語や指示語に注目して学習をすすめよう。

●2024年度の予想と対策

論説文と小説の読解問題と古文の読解問題の出題が予想される。

論説文の読解問題では，指示内容の把握や接続語の関係といった読解の基本をおさえ，さらに筆者の主張をとらえられるよう標準レベルの問題集を活用して実力を養っておこう。

小説や随筆に関しても，標準的な問題集での練習を怠らないようにしておきたい。

古文の読解問題では，仮名遣いや文学史などの基礎知識を確認したうえで，いろいろな作品にふれておくことが対策となる。

漢字の読み書きや知識問題は確実に得点できるようふだんから丁寧な学習を心がけよう。

▼年度別出題内容分類表 ……

出題内容			2019年	2020年	2021年	2022年	2023年
内容の分類	読解	主題・表題		○			○
		大意・要旨	○	○	○	○	○
		情景・心情	○	○	○	○	○
		内容吟味	○	○	○	○	○
		文脈把握	○	○	○	○	○
		段落・文章構成			○		
		指示語の問題	○	○			○
		接続語の問題	○	○	○	○	○
		脱文・脱語補充	○	○	○	○	○
	漢字・語句	漢字の読み書き	○	○	○	○	○
		筆順・画数・部首					
		語句の意味	○	○	○	○	○
		同義語・対義語					○
		熟語					
		ことわざ・慣用句	○	○			○
	表現	短文作成					
		作文(自由・課題)					
		その他					
	文法	文と文節	○	○			
		品詞・用法	○	○	○	○	○
		仮名遣い	○	○	○		○
		敬語・その他					
	古文の口語訳			○		○	○
	表現技法			○			○
	文学史		○	○	○		
問題文の種類	散文	論説文・説明文	○	○	○	○	○
		記録文・報告文					
		小説・物語・伝記	○	○	○	○	○
		随筆・紀行・日記					
	韻文	詩					
		和歌(短歌)					
		俳句・川柳					
	古文		○	○	○	○	○
	漢文・漢詩						

日本文理高等学校

2023年度 合否の鍵はこの問題だ!!

数学　[2](1), [3](3), [4](2), [5], [6]

[2]　(1)　2次方程式の解の公式を用いるときは，負の数を代入するときはかっこをつけて代入することや，1次の項の係数が偶数のときは約分できることに注意する。

[3]　(3)　A$(a,\ b)$，B$(c,\ d)$のとき，線分ABの中点の座標は，$\left(\dfrac{a+c}{2},\ \dfrac{b+d}{2}\right)$である。

[4]　(2)　円錐の側面積は，$\pi\times$(母線の長さ)$\times$(底面の半径)で求めてもよい。

[5]，[6]　基本問題なので，ミスなく解きたい。

◎　図形の公式や定理は正しく理解し，使いこなせるようにしておく。

英語　[3]

[3]では，語句補充・選択問題が出題された。小問10題から構成されており，各問の選択肢は4つで，配点は各2点×10題で合計20点であった。

出題上での文法的ポイントは，時制，慣用表現，不定詞，形容詞，疑問詞，前置詞，動詞，名詞等であり，難問と呼べるような難易度の高い問題は出題されていない。

したがって，基本的語いと文法事項の基礎を確実にマスターするように心がけることが大切である。そのためには，熟語や構文を含む基本的な語いを徹底して覚えることと並行して，文法問題集を通じて，なるべく多くの文法の問題演習に取り組むこと。

国語 二 問四

★なぜこの問題が合否をわけたのか

本文を精読する力が試される設問である。「少年」の心情が描かれている部分をしっかり読み取り。根拠を明確にして解答しよう！

★こう答えると「合格できない」！

前に「買い足した回数券の三冊目が――もうすぐ終わる」とあることから，回数券を使い切りたくない，買い足したくない気持ちが読み取れるので，「新しい回数券を買うと，最後まで使わずに余りそうだから」とする④を選ばないようにしよう。余らせたくないという気持ちは描かれていないので，④は適切でない。回数券を使い切りたくない「少年」の気持ちが描かれている部分を探してみよう！

★これで「合格」！

回数券を使いたくない「少年」の心情は，この後，「その声に……」で始まる段落に「新しい回数券を買うと，そのぶん，母の退院の日が遠ざかってしまう」とあるので，この部分をしっかり読み取って，「新しい回数券を買うと，母の退院の日が遠ざかってしまうようだから」とする③を選ぼう！

ダウンロードコンテンツのご利用方法

※弊社 HP 内の各書籍ページより，解答用紙などのデータダウンロードが可能です。

※巻頭「収録内容」ページの下部 QR コードを読み取ると，書籍ページにアクセスが出来ます。（ Step 4 からスタート）

Step 1 東京学参 HP（https://www.gakusan.co.jp/）にアクセス

Step 2 下へスクロール『フリーワード検索』に書籍名を入力

Step 3 検索結果から購入された書籍の表紙画像をクリックし，書籍ページにアクセス

Step 4 書籍ページ内の表紙画像下にある『ダウンロードページ』を

クリックし，ダウンロードページにアクセス

Step 5 巻頭「収録内容」ページの下部に記載されている

パスワードを入力し，『送信』をクリック

解答用紙・+αデータ配信ページへスマホでアクセス！ ⇒

＊データのダウンロードは 2024 年 3 月末日まで。

＊データへのアクセスには，右記のパスワードの入力が必要となります。 ⇒ ●●●●●●

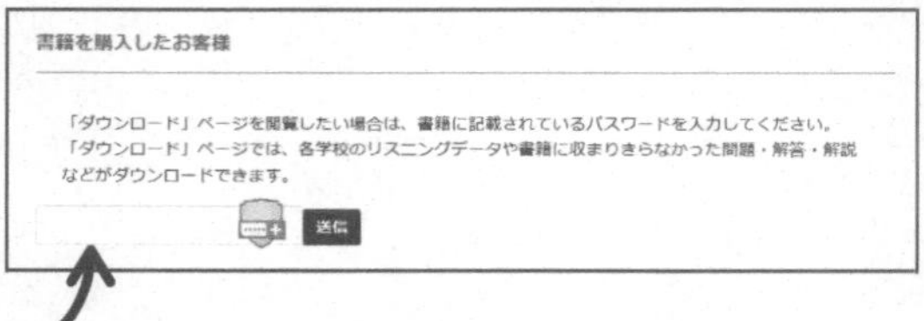

Step 6 使用したいコンテンツをクリック

※ PC ではマウス操作で保存が可能です。

2023年度

★★★★★★★★★★★★★★★★★★★★★★★★

入　試　問　題

2023年度

日本文理高等学校入試問題

【数　学】（45分）　　＜満点：100点＞

1　次の(1)～(5)の計算をし，ア～コにあてはまる数をマークしなさい。

(1)　$-2\times2+24\div(-8)=-\boxed{\text{ア}}$

(2)　$\dfrac{2}{3}-\dfrac{35}{9}\div\dfrac{5}{3}=-\dfrac{\boxed{\text{イ}}}{\boxed{\text{ウ}}}$

(3)　$2(6x+3y)-4(x-2y)=\boxed{\text{エ}}x+\boxed{\text{オ}}\boxed{\text{カ}}y$

(4)　$(-4xy)^2\div8xy^2\times x^3=\boxed{\text{キ}}x^{\boxed{\text{ク}}}$

(5)　$\sqrt{6}(2+\sqrt{3})-\sqrt{24}=\boxed{\text{ケ}}\sqrt{\boxed{\text{コ}}}$

2　次の(1)～(3)の問いに答え，ア～シにあてはまる数をマークしなさい。

(1)　次の①～③の方程式を解きなさい。

①　$\dfrac{3}{4}x-1=\dfrac{1}{2}x$ の解は，$x=\boxed{\text{ア}}$ です。

②　$\begin{cases}6x-y=-3\\4x-y=-5\end{cases}$ の解は，$x=\boxed{\text{イ}}$，$y=\boxed{\text{ウ}}$ です。

③　$x^2-4x+7=5$ の解は，$x=\boxed{\text{エ}}\pm\sqrt{\boxed{\text{オ}}}$ です。

(2)　次の①，②の式を因数分解しなさい。

①　$6a^4b^3+18a^2b^3$ を因数分解すると $\boxed{\text{カ}}a^{\boxed{\text{キ}}}b^3(a^2+3)$ です。

②　$x^2-2x-24$ を因数分解すると $(x-\boxed{\text{ク}})(x+\boxed{\text{ケ}})$ です。

(3)　1個80円のパンと，1本120円のジュースを合わせて18個買い，20円の紙箱に入れてもらったところ，代金の合計は1700円でした。このときに買ったのは，
パン $\boxed{\text{コ}}\boxed{\text{サ}}$ 個，ジュース $\boxed{\text{シ}}$ 本です。

3　図のように，放物線 $y=x^2$ と直線 $y=ax+b$ が2点A，Bで交わっています。A，Bの x 座標はそれぞれ -1，3です。Bを通り x 軸に平行な直線と放物線 $y=x^2$ との交点をCとします。
次の(1)～(3)の問いに答え，ア～カにあてはまる数をマークしなさい。

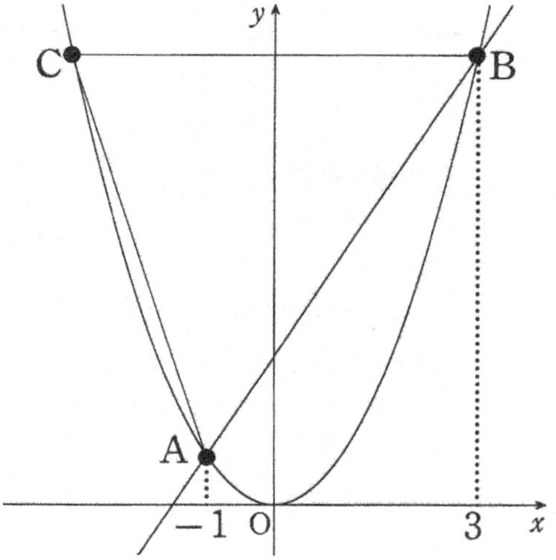

(1)　直線 $y=ax+b$ の a，b の値はそれぞれ
$a=\boxed{\text{ア}}$，$b=\boxed{\text{イ}}$ です。

(2)　△ABCの面積は $\boxed{\text{ウ}}\boxed{\text{エ}}$ です。

(3)　放物線上の点で，2点B，Cの間に，△PBC$=\dfrac{1}{2}$△ABCとなるような点Pをとる。点Pの座標は $(\sqrt{\boxed{\text{オ}}},\ \boxed{\text{カ}})$，$(-\sqrt{\boxed{\text{オ}}},\ \boxed{\text{カ}})$ です。

4　次の(1)~(2)の問いに答え，ア～スにあてはまる数をマークしなさい。

(1)　下の2つの図において，$x=$ ［ア］［イ］°，$y=$ ［ウ］［エ］°です。

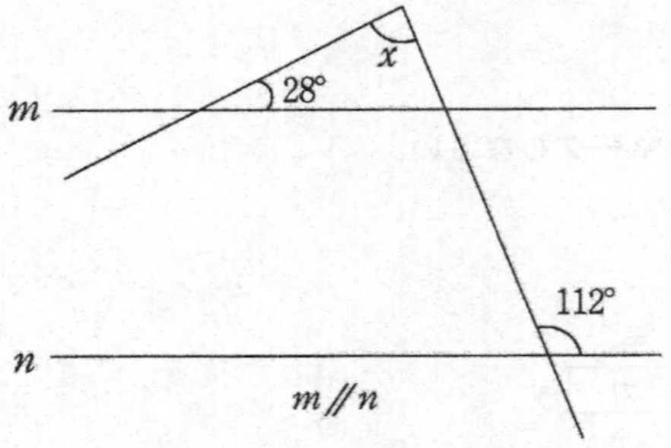

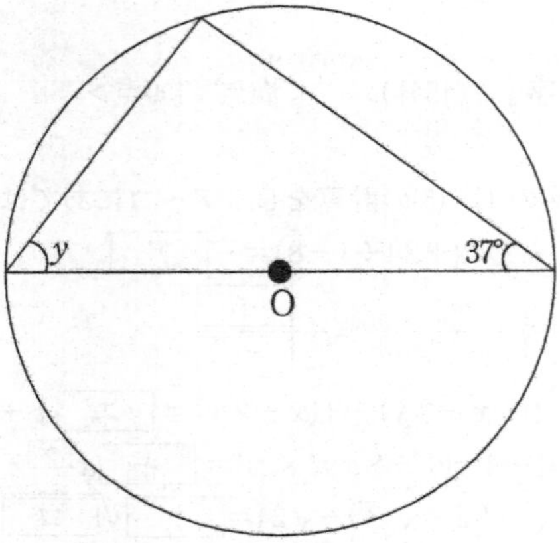

Oは円の中心

(2)　図1は母線が10㎝，高さが8㎝，底面の円の半径が6㎝の円錐です。図2は図1の円錐の展開図です。Oは底面の円の中心です。あとの①～④の問いに答えなさい。

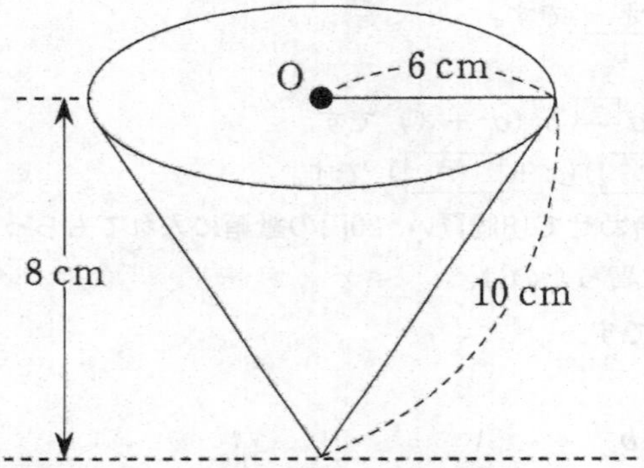

図1

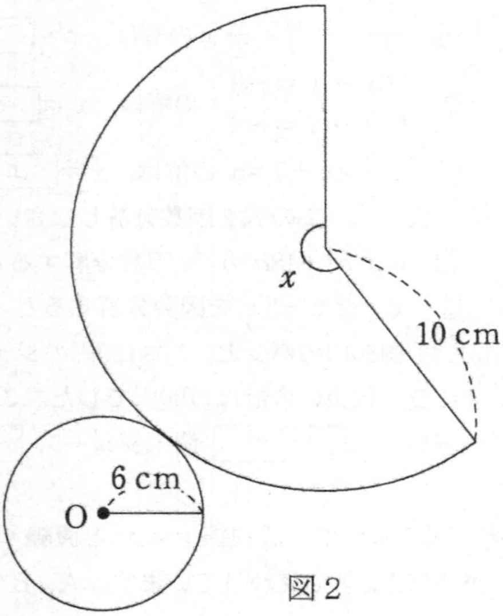

図2

①　円錐の体積は ［オ］［カ］ π ㎝^{3}です。

②　展開図において，$x=$ ［キ］［ク］［ケ］°です。

③　展開図の表面積は ［コ］［サ］ π ㎝^{2}です。

④　図1の円錐の形をした容器をつくり，深さが4㎝になるまで水を入れました。入れた水の体積は ［シ］［ス］ π ㎝^{3}です。

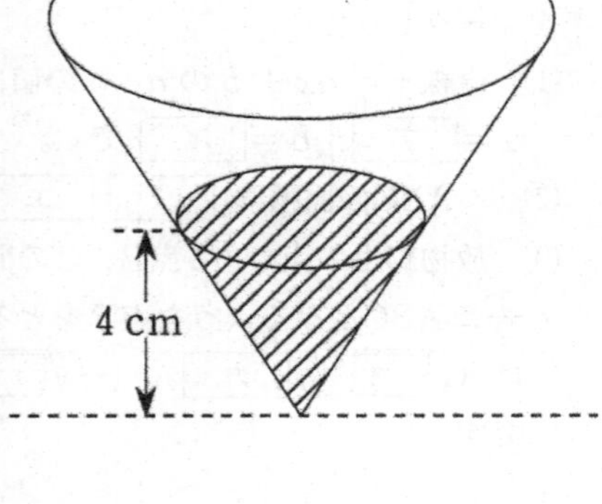

5　3枚の硬貨を同時に投げます。このとき，次の(1)～(4)の問いに答え，ア～キにあてはまる数をマークしなさい。

(1)　表裏の出方は全部で [ア] 通りです。

(2)　3枚とも裏である確率は $\frac{\boxed{イ}}{\boxed{ウ}}$ です。

(3)　少なくとも1枚が表である確率は $\frac{\boxed{エ}}{\boxed{オ}}$ です。

(4)　2枚以上，表である確率は $\frac{\boxed{カ}}{\boxed{キ}}$ です。

6　次のデータは，13人の生徒に20点満点の数学の小テストを行った結果と，それを箱ひげ図にしたものです。次の(1)～(3)の問いに答え，ア～キにあてはまる数をマークしなさい。

12, 13, 14, 15, 16, 16, 17, 17, 18, 18, 19, 19, 19

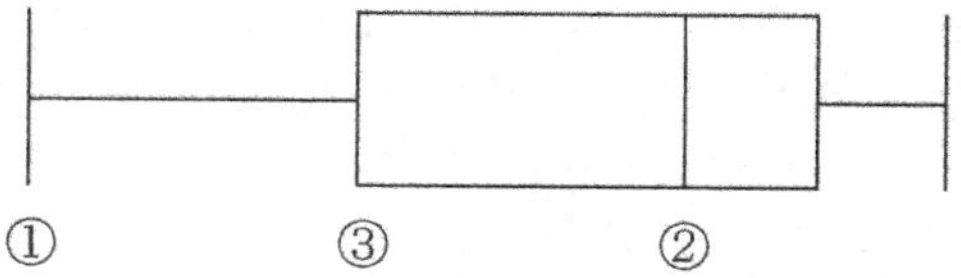

(1)　①にあてはまる数は [アイ] です。

(2)　②にあてはまる数は [ウエ] です。

(3)　③にあてはまる数は [オカ] . [キ] です。

【英　語】（50分）　＜満点：100点＞

1　音声を聞き，次の(ア)～(イ)の問いに答えなさい。

(ア)　PICTURE SECTION

絵1つにつき，4つの英文が流れます。絵の内容を最も適切に表しているものを①～④の中から1つずつ選び，その番号をマークしなさい。質問は2度ずつ読まれます。

(1)　① There is one teacher.　② There are five girls.
③ There are nine students.　④ There are ten students.

(2)　① Three kids.　② Four kids.
③ Five kids.　④ Nine kids.

(3) ① He is eating. ② He is crying.
③ He is laughing. ④ He is sleeping.

(4) ① He is cooking.
② He is playing with his sister.
③ He is washing the dishes.
④ He is cleaning the table.

(5) ① They are studying math.　② They are studying English.
③ They are studying Japanese.　④ They are studying science.

(6) ① It is a picture of different food.
② It is a picture of different animals.
③ It is a picture of different seasons.
④ It is a picture of different sports.

(7) ① It sells meat. ② It sells bread.
③ It sells hats. ④ It sells fruit.

(8) ① It is on the table. ② It is under the table.
③ It is on the chair. ④ It is under the chair.

(9) ① He is taking a picture. ② She is talking on her phone.
③ He is watching TV. ④ She is running.

(10) ① It is too heavy. ② It is an old bag.
③ It is his friend's bag. ④ It is a new bag.

(イ) PAIR TALK SECTION

これから２人の対話が流れます。１つの会話につき，質問が１つ流れます。それぞれの質問に対する最も適切な返答を①～④の中から１つずつ選び，その番号をマークしなさい。対話と質問は２度ずつ読まれます。

DIALOGUE 1

(1)

① He is twelve years old.
② He is twenty years old.
③ He is twenty-five years old.
④ He is a good swimmer.

DIALOGUE 2

(2)

① He was watching a baseball game.
② He was watching an exciting movie.
③ He was watching a sad movie.
④ He was watching a boring movie.

DIALOGUE 3

(3)

① He stayed at home.
② He stayed for one week.
③ He stayed in a park.
④ He stayed for two weeks.

DIALOGUE 4

(4)

① It will take five minutes.
② It will take ten minutes.
③ It will take twelve minutes.
④ It will take thirty minutes.

DIALOGUE 5

(5)

① He will go to the supermarket and the school.
② He will go to his friend's house.
③ He will go to the pool.
④ He will go to the library.

DIALOGUE 6

(6)

① At seven o'clock.
② At eight o'clock.
③ At nine o'clock.
④ At ten o'clock.

DIALOGUE 7

(7)

① He should bring some books.
② He should bring an umbrella.
③ He should bring a bag.
④ He should bring his dog.

DIALOGUE 8

(8)

① He wants to be a cook.

② He wants to be a teacher.

③ He wants to be a doctor.

④ He wants to be a police officer.

DIALOGUE 9

(9)

① At three years old.　② At five years old.

③ At fourteen years old.　④ At sixteen years old.

DIALOGUE 10

(10)

① Two dollars.　② Three dollars.

③ Five dollars.　④ Six dollars.

＜リスニング台本＞

1

(ア) PICTURE SECTION

(1) ① There is one teacher.　② There are five girls.

③ There are nine students.　④ There are ten students.

(2) ① Three kids.　② Four kids.

③ Five kids.　④ Nine kids.

(3) ① He is eating.　② He is crying.

③ He is laughing.　④ He is sleeping.

(4) ① He is cooking.

② He is playing with his sister.

③ He is washing the dishes.

④ He is cleaning the table.

(5) ① They are studying math.

② They are studying English.

③ They are studying Japanese.

④ They are studying science.

(6) ① It is a picture of different food.

② It is a picture of different animals.

③ It is a picture of different seasons.

④ It is a picture of different sports.

(7) ① It sells meat.　② It sells bread.

③ It sells hats.　④ It sells fruit.

(8) ① It is on the table.　② It is under the table.
③ It is on the chair.　④ It is under the chair.

(9) ① He is taking a picture.　② She is talking on her phone.
③ He is watching TV.　④ She is running.

(10) ① It is too heavy.　② It is an old bag.
③ It is his friend's bag.　④ It is a new bag.

(イ) PAIR TALK SECTION

DIALOGUE 1

A) Do you have a brother, Akira?
B) Yes, I do, Ben.
A) How old is he?
B) He is twelve years old.
A) Can he swim?
B) Yes. He can swim faster than I can.
A) That's great.

Question 1

How old is Akira's brother?

① He is twelve years old.
② He is twenty years old.
③ He is twenty-five years old.
④ He is a good swimmer.

DIALOGUE 2

A) Where were you last night, Ben?
B) I was at home, Akira.
A) What were you doing at eight o'clock?
B) I was watching a movie.
A) Was it a good movie?
B) No. It was boring.

Question 2

What was Ben doing last night at eight o'clock?

① He was watching a baseball game.
② He was watching an exciting movie.
③ He was watching a sad movie.
④ He was watching a boring movie.

DIALOGUE 3

A) What did you do on your summer vacation, Akira?
B) I went to Canada for two weeks, Ben.
A) What did you do in Canada?
B) I studied English at a high school and stayed with a host family.

A）Did you have fun?

B）In my free time, the host family and I went camping.

A）Sounds exciting.

Question 3

How long did Akira stay in Canada?

① He stayed at home. ② He stayed for one week.

③ He stayed in a park. ④ He stayed for two weeks.

DIALOGUE 4

A）Can you tell me how to get to the park, Akira?

B）Sure, Ben. It is about thirty minutes from here if you walk.

A）Ok. Can I get there by bus? I'm too tired to walk there.

B）Yes. You can take the bus from here. It takes only ten minutes.

A）That's much faster than walking.

B）The bus costs only two hundred yen. Good luck!

A）Thanks.

Question 4

How long will the bus take to get to the park?

① It will take five minutes. ② It will take ten minutes.

③ It will take twelve minutes. ④ It will take thirty minutes.

DIALOGUE 5

A）What will you do today, Ben?

B）I think I will swim today, Akira.

A）You will be busy today. You might feel tired at night.

B）I think I will be fine. I usually swim with my friends.

A）Ok. Have fun!

Question 5

Where will Ben go?

① He will go to the supermarket and the school.

② He will go to his friend’s house.

③ He will go to the pool.

④ He will go to the library.

DIALOGUE 6

A）What time did you go to bed last night, Akira?

B）I usually go to bed at nine o'clock, but I went to bed at ten o’clock last night, Ben.

A）What did you do last night?

B）I studied for my tests.

A）Good luck with your tests.

Question 6

What time did Akira go to bed last night?

① At seven o'clock.
② At eight o'clock.
③ At nine o'clock.
④ At ten o'clock.

DIALOGUE 7

A）How will the weather be this afternoon, Ben?

B）Now it is sunny, but this afternoon it will be rainy, Akira.

A）That's too bad. I wanted to play soccer with my friends.

B）Yes. It's too bad. I have to walk to my grandmother's house in the rain to help her cook.

A）Take care.

Question 7

What should Ben bring with him to his grandmother's house?

① He should bring some books.
② He should bring an umbrella.
③ He should bring a bag.
④ He should bring his dog.

DIALOGUE 8

A）How was your trip to Osaka, Akira?

B）It was fun, Ben. I went to many good restaurants.

A）Really? Plow was the food?

B）It tasted great. I want to work in a restaurant when I'm older. I like cooking.

A）I'm sure your food will taste good.

B）Thanks.

Question 8

What does Akira want to be when he is older?

① He wants to be a cook.
② He wants to be a teacher.
③ He wants to be a doctor.
④ He wants to be a police officer.

DIALOGUE 9

A）Can you play the piano, Ben?

B）No, Akira. But I can play the guitar.

A）When did you start playng the guitar?

B）I started playing at the age of five.

Question 9

When did Ben start playing the guitar?

① At three years old.
② At five years old.
③ At fourteen years old.
④ At sixteen years old.

DIALOGUE 10

A）Let's go to the park and eat some ice cream, Akira.
B）Ok. Let's go. I'm hungry, Ben.
A）Do you need to get some money?
B）I have five dollars now. How much is one ice cream?
A）It's three dollars.
B）Great. Let's go.

Question 10

How much is one ice cream?

① Two dollars.
② Three dollars.
③ Five dollars.
④ Six dollars.

2 次の英文には文法的な誤りが１つあります。誤っている箇所を①～④の中から１つずつ選び，その番号をマークしなさい。

(1) I was listen① to② the radio③ in④ my room yesterday.

(2) The main dish① cooking② by③ her④ was very delicious.

(3) Mike can① run② fast③ than④ John.

(4) Look at the boy and the girl① which② are③ walking④ along the street.

3 次の(1)～(10)の英文の（　）に入れるのに最も適切なものを①～④の中から１つずつ選び，その番号をマークしなさい。

(1) Jane (　　) to play the piano when she was five years old.
① begin　② begins　③ began　④ has begun

(2) "How (　　) is this bike?" "It's 20,000 yen."
① long　② much　③ many　④ old

(3) One of my friends went to the U.S. (　　) English.
① study　② studies　③ studied　④ to study

(4) The racket was too (　　) to buy.
① expensive　② difficult　③ important　④ beautiful

(5) Will you tell me (　　) the bus will arrive?
① why　② what　③ when　④ who

(6) Jim wants to become a police officer (　　) his father.
① like　② of　③ to　④ about

(7) Ken is interested in foreign countries, and he wants to (　　　) Africa someday.
① arrive　② visit　③ go　④ come

(8) It is very (　　　) this morning, so you should wear your jacket.
① cold　② hot　③ fine　④ cloudy

(9) Alice has to finish her work (　　　) tomorrow.
① by　② at　③ until　④ in

(10) I bought (　　　) to read on the train.
① a camera　② a newspaper　③ a picture　④ a bag

4 次の(1)～(3)の会話文の □ に入る最も適切なものを①～④の中から１つずつ選び，その番号をマークしなさい。

(1) A : Let's go on a picnic! Are you free next Friday?
B : □
A : Then, how about next Sunday?
① That's OK.
② It's a good picture.
③ Sorry, I have much work to do.
④ Yes, I am.

(2) A : Hello. May I speak to John?
B : □
A : This is Ken.
① What about him?　② Who is calling, please?
③ Where is your town?　④ What do you think about that?

(3) A : May I help you?
B : Yes, please. □
A : How about this one? It looks nice.
① The bigger one is 15 dollars.
② But where are your glasses?
③ I want you to buy the book.
④ I'm looking for a birthday present for my son.

5 次の英文は将来の夢について Ken と Mai が会話をしている場面です。これを読んで，(1)～(3)の問いに答えなさい。

Ken : I thought about my dreams for the future in class today, but I still can't find them.
Mai : Really? I've already decided.
Ken : Oh, really? What are you going to be?
Mai : I'm thinking of becoming *a dog trainer.
Ken : That's wonderful. Why do you want to become a dog trainer?

Mai : I've had a dog for two years, and I realized that I like taking care of it.

Ken : I see. I have a dog too, but I have never thought about it.

Mai : Maybe you should look around for something in your life. For example, what does your mother do?

Ken : Oh, that's a good idea. My mother is *a daycare worker. She goes to work early in the morning every day, and I think it must be hard work.

Mai : I think so. Why don't you talk to your mother about her job tonight?

Ken : I will. See you tomorrow. Bye.

(After a few days)

Ken : Today is over. It was a hard day.

Mai : Good job. The test that we had today was really difficult. *By the way, have you made a decision about your future dream?

Ken : No, I can't decide so soon. I'm studying hard in school.

Mai : You're right. But I'm afraid I'll change my future plan again.

Ken : What? Aren't you deciding too quickly? What' s wrong?

Mai : The today's class *presentation changed my mind. My friend's mother is a nurse. She is working very hard in a hospital, but the job seems very fun to me. The presentation made me *think twice.

Ken : Nursing sounds like a lot of work, but if you want to do it, you should do it. There is a *work experience program next month, so why don't you try it?

Mai : Oh, I forgot about that event. First, it's best to try it. Thank you very much.

Ken : It's good to hear that you decided so quickly.

Mai : That's not true. Things change so quickly that I sometimes don't know what I should do.

Ken : I see. It's difficult to have so many choices.

Mai : Yes. I don't know which one is right for me. It makes me feel *uneasy.

Ken : But you are thinking about your dream *seriously. I'll think about my future carefully tonight and choose *at least one!

Mai : Okay. I'll ask you tomorrow morning. I'm looking forward to it.

Ken : I'm sure I'll tell you a dream that surprises you.

Mai : Really? I can't wait until tomorrow to hear that. See you then.

*a dog trainer 犬の訓練士 *a daycare worker 保育士 *by the way ところで
*presentation 発表 * think twice よく考える *work experience program 職業体験
*uneasy 不安な *seriously 真剣に *at least 少なくとも

(1) Mai が現時点で将来なりたい職業はどれか，①～④の中から1つ選び，その番号をマークしなさい。

① 看護師 ② 作家 ③ 保育士 ④ 犬の訓練士

(2) 下線部 that と同じ役割を表すものはどれか，①～④の中から１つ選び，その番号をマークしなさい。

① I'll tell you a dream that surprises you.

② Things change so quickly that I sometimes don't know what I should do.

③ I can't wait until tomorrow to hear that.

④ The test that we had today was really difficult.

(3) 本文の内容として最も適切なものを，①～④の中から１つ選び，その番号をマークしなさい。

① Ken の将来の夢はまだ決まっていない。

② Ken の将来の夢は看護師になることである。

③ Mai の母親は昼頃仕事に出かける。

④ Mai はなりたい職業がすでに決まっており，一度も変更したことがない。

6 次の英文は中学３年生のユイ（Yui）さんが英語の授業で行ったスピーチの原稿です。これを読んで，(1)～(5)の問いに答えなさい。

We can study at school almost every day. Is it true in other countries? The answer is "No" in some countries. For example, in *Guinea, about 60% of young people can't go to school. In Japan, about 99% of young people can go to school.

Guinea is one of the *developing countries and can't build enough schools. Many families are very poor in Guinea. So, children have to ア work to *support their families. For example, they get water, take care of their brothers *and so on. Learning at school is *special for children in Guinea.

In 2002, the students at one junior high school in Japan made a great plan : Let's start *water service in Guinea. They decided to *raise 500,000 yen. The students at this school *raised funds at their school and on the street. At first, the work was *going smoothly because many people gave them money. Some of them gave the students 10,000 yen. However, it was not enough money. In 2003, they collected a lot of things from their houses or school to sell. They held a special *flea market. Many people bought many things. Finally, the students finished collecting money. The next April, the water service started in Guinea.

*Neighborhoods helped the students. One person from the neighborhoods told them an important thing. "This work will give you a good chance to know about life in other countries." I have a different idea. If we work together, we can do great things. I think they really found イ it through this work.

There are many people we need to help in the world. I would like to try some volunteer work for them. Of course, I will do it with other people.

*Guinea ギニア　*developing country 発展途上国　*support 手伝う　*and so on ～など
*special 特別な　*water service 水道　*raise （お金）を集める
*raise funds 募金活動をする　*go smoothly 順調に進む　*flea market フリーマーケット
*neighborhood 近隣住民

⑴ 下線部アが表す最も適切なものを①～④の中から１つ選び，その番号をマークしなさい。
① お金を寄付すること・学校で学ぶこと
② ゴミを集めること・靴を作ること
③ お金を集めること・ギニアに水道を作ること
④ 水を汲んでくること・兄弟の世話をすること

⑵ 次のメモはユイさんがスピーチ原稿を作る際に資料として作ったものです。メモの中の（ア）（イ）に入る数字の組み合わせとして最も適切なものを①～④の中から１つ選び，その番号をマークしなさい。

2002	年	ギニアでの水道建設企画を立てる。目標金額は（ ア ）円。
2003	年	生徒は売るためのものを集めて，フリーマーケットを開く。
（ イ ）	年	ギニアで水道の建設が始まる。

① ア 10,000 イ 2005
② ア 10,000 イ 2004
③ ア 500,000 イ 2004
④ ア 500,000 イ 2005

⑶ 近隣住民の方が述べたこの活動の意義として最も適切なものを①～④の中から１つ選び，その番号をマークしなさい。
① この活動は他国の生活を知るよい機会になるということ。
② この活動はギニアの子どもたちを救うための手助けになるということ。
③ この活動は世界における多くの問題を解決する手立てとなるということ。
④ この活動は子どもたちが夢を叶えるよい機会になるということ。

⑷ 下線部イが表す内容として最も適切なものを①～④の中から１つ選び，その番号をマークしなさい。
① 人々のためにボランティア活動をすることがとても大切だということ。
② 夢を叶えるためには大きなことをしなければならないということ。
③ 他国と自国では大きな違いがあるということ。
④ 力を合わせれば大きなことができるということ。

⑸ 本文の内容として最も適切なものを①～④の中から１つ選び，その番号をマークしなさい。
① In 2002, Guinea needed about 50 water services.
② The junior high school students in Japan could not find how they should raise money.
③ Every junior high school student in Japan began to raise money in Guinea.
④ Yui wants to do volunteer work to help people who need help.

7 次のページの⑴～⑹の日本語に合うように，①～④の語句を並べかえたとき，それぞれ［ア］，［イ］に入る最も適切なものを１つずつ選び，その番号をマークしなさい。なお，文頭に来るべき語も小文字にしてあります。

(1) その窓は次郎によって壊された。

The window (ア)( )(イ)( ).

① broken ② Jiro ③ was ④ by

(2) 今日の午後は雨が激しく降るかもしれない。

It (ア)( )(イ)( ) afternoon.

① may ② hard ③ this ④ rain

(3) この店は何時に開きますか。

(ア)( )(イ)( ) shop open?

① this ② time ③ what ④ does

(4) この公園には一本の古い木がある。

(ア)( )(イ)( ) tree in this park.

① old ② there ③ an ④ is

(5) あなたは牛肉と魚のどちらがより好きですか。

Which ( )(ア)( )(イ), beef or fish?

① you ② better ③ like ④ do

(6) 私たちは明日の朝駅に向かうつもりだ。

We ( )(ア)( )(イ) for the station tomorrow morning.

① are ② leave ③ to ④ going

の番号をマークしなさい。

① 未然形　② 連用形　③ 連体形　④ 已然形

問五 ——線部7「泳がせ給へ」の現代語訳として最も適当なものを次の①～④の中から一つ選び、その番号をマークしなさい。

① 泳がせなさい　② 泳いでください　③ 泳げますか　④ 泳ぐべきです

問六 ——線部8「一足も引かれず」とありますが、その理由として最も適当なものを次の①～④の中から一つ選び、その番号をマークしなさい。

① 河の流れに足をとられたから。
② 石に挟まって抜けなくなったから。
③ 両手に魚を抱えていたから。
④ 籠の中身が重くなったから。

問七 ——線部9「ぬ」の文法的意味として最も適当なものを次の①～④の中から一つ選び、その番号をマークしなさい。

① 完了　② 打消　③ 過去　④ 推量

問八 ——線部10「走り出で」、11「逃げ入りける」はそれぞれ誰の動作ですか。最も適当なものを次の①～④の中からそれぞれ一つずつ選び、その番号をマークしなさい。（ただし同じ番号をマークしてもよい）

① 狐　② 狼　③ けだもの　④ 人々

問九 ══線部a～dの「の」のうち、主語を表すものはどれですか。最も適当なものを次の①～④の中から一つ選び、その番号をマークしなさい。

① a　② b　③ c　④ d

問十 本文の内容として最も適当なものを次の①～④の中から一つ選び、その番号をマークしなさい。

① 狼は狐を食べるつもりだった。
② 狼は羊を食べていたため斬られた。
③ 狐は狼に魚を与えて油断させた。
④ 狐は狼をだまして人を呼んだ。

問十一 この文章にふさわしい題名をつけるとすれば何ですか。最も適当なものを次の①～④の中から一つ選び、その番号をマークしなさい。

① 楚忽者と刀　② 孤独な狼
③ 狐の策略　④ 狼の尻尾《しっぽ》

三　次の文章を読んで、後の問いに答えなさい。

ある河の辺《ほとり》に、狐《きつね》、魚《うを》を食ひける折節《をりふし》、狼《おほかみ》飢《う》ゑ《飢えて》に臨《のぞ》んで歩《あゆ》みきたれり。狐に[1]申《まう》すやう、「その魚をすこしあたへよ。[2]餌食《ゑじき》になしてん」と言ひければ、狐申しけるは、「あな《ああ》おそれ多《おほ》し。わがわけを奉《たてまつ》るべしや《食べかけを差し上げるわけにはいかない》。籠《かご》を一つ持ちきたらせ給《たま》へ《持ってきてください》。魚を取りて[3]参《まゐ》らせむ《差し上げましょう》」と言ふ。狼[4]かしこに駆《か》け廻《まは》つて、籠を取りてぞ来たり[5]けり。

狐教へける[6]やうは、「この籠を尾《を》につけて、河のまん中を[7]泳がせ給へ。あとより魚を追ひ入《い》れん」と言ふ。狼、籠を括《くく》り付けて、河を下《くだ》りに泳ぎける。狐あとより石を取り入れければ、次第に重くて、[8]一足《ひとあし》も引かれず。狼、狐に申しけるは、「[a]魚の入《い》りたるか、ことの外《ほか》に重くなりて、一足も引かれず」と言ふ。

狐申しけるは、「さん候《さぶら》ふ《そうです》。[b]ことの外に魚の入りて見え候ふほどに、わが力にては引きあげがたく候へば、けだものを雇《やと》ひてこそ参らめ《参りましょう》」とて、陸《くが》に上がり[9]ぬ。狐[c]あたりの人々に申し侍《はべ》るは、「かのあたりの[d]羊を食らひたる狼をこそ、ただ今河中《かはなか》にて魚を盗み候へ」と申しければ、われさきにと[10]走り出《い》で、さんざんに打擲《ちやうちやく》《叩いた》しける。そばより楚忽者《そこつもの》《軽率でそそっかしい人》走り出でて、刀を抜きてこれを斬るに、なにとかしたりけん、尾をふつとうち切つて、その身は山へぞ[11]逃げ入りける。

『伊曾保物語』

問一　——線部1「申すやう」、3「参らせむ」を現代仮名遣いに直すと、どれが正しいですか。最も適当なものを次の①～④の中からそれぞれ一つずつ選び、その番号をマークしなさい。

1「申すやう」　①　まうすよう　②　もうすやう　③　もうすよう　④　もうそう

3「参らせむ」　①　まいらせむ　②　まいらせん　③　まえらせむ　④　まえらせん

問二　——線部2「餌食になしてん」の現代語訳として最も適当なものを次の①～④の中から一つ選び、その番号をマークしなさい。

①　おまえを食べるぞ　②　その魚を食べよう
③　その魚で釣りをする　④　その魚を売りたい

問三　——線部4「かしこ」、6「やう」の言葉の意味として最も適当なものを次の①～④の中からそれぞれ一つずつ選び、その番号をマークしなさい。

4「かしこ」　①　あちこち　②　賢く　③　すばやく　④　ひっそり

6「やう」　①　様子　②　用事　③　要因　④　欲望

問四　——線部5「けり」を本文に合うように活用させると、活用形は何になりますか。最も適当なものを次の①～④の中から一つ選び、そじゃくった。）

① [1]　② [2]　③ [3]　④ [4]

問四　――線部1「回数券を使わずにすむ」とありますが、回数券を使いたくなかった理由として最も適当なものを次の①～④の中から一つ選び、その番号をマークしなさい。

① お小遣いが少ないので、新しい回数券を買いたくなかったから。
② 父の運転する車に乗って、毎日、母の報告をしたかったから。
③ 新しい回数券を買うと、母の退院が遠ざかってしまうようだから。
④ 新しい回数券を買うと、最後まで全部使わずに、余りそうだから。

問五　――線部2「泣きだしそうになってしまった」とありますが、その理由として最も適当なものを次の①～④の中から一つ選び、その番号をマークしなさい。

① 父が約束を破ったことが悲しかったから。
② 一人で帰るのが寂しくてたまらなかったから。
③ 財布を持ってなかったのでお金が足りないと思ったから。
④ 最後の一枚の回数券を使いたくなかったから。

問六　[B] に入れる言葉として最も適当なものを次の①～④の中から一つ選び、その番号をマークしなさい。

① どうした？
② 財布落としちゃったのか？
③ お金入れないのか？
④ 回数券無いのか？

問七　――線部3「河野さんはなにも言わなかった」とありますが、その理由として最も適当なものを次の①～④の中から一つ選び、その番号をマークしなさい。

① 少年のわがままに怒っていたから。
② 少年の母を思う気持ちが伝わったから。
③ 少年のお願いにあきれてしまったから。
④ 少年のお金がないことに同情したから。

問八　バスの運転手の河野さんの性格として、最も適当なものを次の①～④の中から一つ選び、その番号をマークしなさい。

① 仕事を正確に行おうとする、信頼できる人。
② 子どもにも容赦《ようしゃ》なく厳しい、大人として接する人。
③ 飾り気は無くそっけないが、優しく真面目な人。
④ 正義感が強く、正しく行動しないと許せない人。

問九　この文章を読んで、最も適当なものを次の①～④の中から一つ選び、その番号をマークしなさい。

① 母の病状とバスの回数券の残り枚数を結び付けて、少年の母を思う切実な気持ちを表現している。
② 優しい母と無神経なバスの運転手を対比しながら、少年の繊細な感情を表現している。
③ 病弱な母と優しい父、親思いの少年との仲むつまじい三人家族の、深い愛情を表現している。
④ 病気の母を見舞いながら、家族のきずなを深めて成長していく少年の姿を表現している。

たくない。

　整理券を運賃箱に先に入れ、回数券をつづけて入れようとしたとき、とうとう泣き声が出てしまった。

「どうした？」と河野さんが訊《き》いた。「なんで泣いてるの？」——ぶっきらぼうではない言い方をされたのは初めてだったから、逆に涙が止まらなくなってしまった。

「財布、落としちゃったのか？」

　泣きながらaかぶりを振って、回数券を見せた。

　じゃあ早く入れなさい——とは、言われなかった。

　河野さんは、「[B]」ともう一度訊いた。[3]

　その声にすうっと[C]を引かれるように、少年はb嗚咽《おえつ》交じりに、回数券を使いたくないんだと伝えた。母のこともしゃべった。新しい回数券を買うと、そのぶん、母の退院の日が遠ざかってしまう。ごめんなさい、ごめんなさい、と手の甲で[D]元を覆《おお》った。警察に捕まってもいいから、この回数券、ぼくにください、と言った。

　3河野さんはなにも言わなかった。かわりに、小銭が運賃箱に落ちる音が聞こえた。目元から手の甲をはずすと、整理券と一緒に百二十円、箱に入っていた。もう前に向き直っていた河野さんは、少年を振り向かずに、「早く降りて」と言った。「次のバス停でお客さんが待ってるんだから、早く」——声はまた、ぶっきらぼうになっていた。[4]

　次の日から、少年はお小遣いでバスに乗った。お金がなくなるか、「回数券まだあるのか？」と父に訊かれるまでは知らん顔しているつもりだったが、その心配は要《い》らなかった。

　三日目に病室に入ると、母はベッドに起き上がって、父と笑いながらしゃべっていた。会社を抜けてきたという父は、少年を振り向いてうれしそうに言った。

「お母さん、あさって退院だぞ」

重松清『1日10分のしあわせ』所収「バスに乗って」

問一　[A]・[C]・[D]に入る語として最も適当なものを次の①～④の中からそれぞれ一つずつ選び、その番号をマークしなさい。

[A]　①　口　②　唇　③　指　④　歯

[C]　①　心　②　髪　③　手　④　袖

[D]　①　目　②　口　③　足　④　手

問二　＝＝線部a「かぶりを振って」、b「嗚咽交じりに」の意味として最も適当なものを次の①～④の中からそれぞれ一つずつ選び、その番号をマークしなさい。

a　①　頭を左右に振り否定して
②　帽子を大きく振り合図して
③　帽子で目をこすり涙を振り拭って
④　頭を上下に振り納得して

b　①　大声で泣きながら
②　泣くのをこらえながら
③　怒りで泣きながら
④　声をつまらせて泣きながら

問三　文中には次の文章が抜けています。文中の[1]～[4]のどこに入るのが適当ですか。最も適当なものを次の①～④の中から一つ選び、その番号をマークしなさい。

（バスの重いエンジンの音に紛《まぎ》らせて、うめき声を漏《も》らしながら泣き

③　「お手本のデータ」がある機械学習ではラベルを特定するための特徴を特定し、新しいデータの正誤をコンピュータ自身が判断できるようになる。

④　コンピュータが人間の会話の意味を理解できたり人間の行動を予測できたりするのは、ＡＩモデルを更新していく機械学習の成果である。

［二］　次の文章を読んで、後の問いに答えなさい。

母が入院しているので、少年はバスに乗って、毎日、病院へ見舞いに出かけた。先日、運転手の河野さんに、回数券を買う際の手際の悪さを注意されていた。

夕暮れが早くなった。病院に行く途中で橋から眺める街は、炎が燃えたつような色から、もっと暗い赤に変わった。帰りは夜になる。最初の頃は帰りのバスを降りるときに広がっていた星空が、いまはバスの中から眺められる。病院の前で帰りのバスを待つとき、いまはまだかろうじて西の空に夕陽が残っているが、あとしばらくすれば、それも見えなくなってしまうだろう。

買い足した回数券の三冊目が――もうすぐ終わる。

少年は父に「迎えに来て」とねだるようになった。車で通勤している父に、会社帰りに病院に寄ってもらって一緒に帰れば、[1]回数券を使わずにすむ。

「今日は残業で遅くなるんだけどな」と父が言っても、「いい、待ってるから」とねばった。母から看護師さんに頼んでもらって、面会時間の過ぎたあとも病室で父を待つ日もあった。

それでも、行きのバスで回数券は一枚ずつ減っていく。最後から二枚目の回数券を――今日、使った。あとは表紙を兼ねた十一枚目の券だけだ。

明日からお小遣いでバスに乗ることにした。毎月のお小遣いは千円だから、あとしばらくはだいじょうぶだろう。

ところが、迎えに来てくれるはずの父から、病院のナースステーションに電話が入った。

「今日はどうしても抜けられない仕事が入っちゃったから、一人でバスで帰って、って」

看護師さんから伝言を聞くと、[2]泣きだしそうになってしまった。今日は財布を持って来ていない。回数券を使わなければ、家に帰れない。［1］

母の前では涙をこらえた。病院前のバス停のベンチに座っているときも、必死に［A］を噛《か》んで我慢した。でも、バスに乗り込み、最初は混み合っていた車内が少しずつ空《す》いてくると、急に悲しみが胸に込み上げてきた。シートに座る。窓から見えるきれいな真ん丸の月が、じわじわとにじみ、揺れはじめた。座ったままうずくまるような格好で泣いた。［2］

『本町一丁目』が近づいてきた。顔を上げると、車内には他の客は誰もいなかった。降車ボタンを押して、手の甲で涙をぬぐいながら席を立ち、ウインドブレーカーのポケットから回数券の最後の一枚を取り出した。

バスが停まる。運賃箱の前まで来ると、運転手が河野さんだと気づいた。それでまた、悲しみがつのった。こんなひとに最後の回数券を渡し

③　豊富なデータ量から機械が学習を自発的に進めていき、ＡＩモデルの精度を上げていくということ。

④　人間がこどもから大人に成長していくにつれて多くのことを学んで賢くなっていくということ。

問四　――線部２「『お手本のデータ』がある学習」とありますが、なぜそのような学習が必要なのですか。その理由として最も適当なものを次の①～④の中から一つ選び、その番号をマークしなさい。

①　自分の写真の正誤を教えていくことによって、その特徴のモデルを修正して自分の写真を見つけ出すため。

②　モノを特定するための特徴を決め、新しく類似したものが出てきたときにあてはめるＡＩモデルを作るため。

③　大量のデータを解析して、隠れたパターンを探し出したり、似ている度合いで分類したりするため。

④　あるモノを探し出すための条件を定め、そのモノを自律的に探すＡＩの技術を向上させるため。

問五　――線部３「この仕組み」とは、どのような仕組みですか。その説明として最も適当なものを次の①～④の中から一つ選び、その番号をマークしなさい。

①　大量のデータから類似度の高いものを収集し、集合の根拠を不明確にするという仕組み。

②　機械がカテゴリーの意味を理解し、その人に合ったものを選択していくという仕組み。

③　人間との対話を通してデータの意味を学び、同じ種類でグループ化するという仕組み。

④　ＡＩモデルがデジタルデータを理解し、種類や性質によって仕分けるという仕組み。

問六　――線部４「方略」の類義語として、最も適当なものを次の①～④の中から一つ選び、その番号をマークしなさい。

①　手段　②　省略　③　方針　④　進化

問七　――線部５「言葉の意味を説明できる仕組みになっているわけではない」とありますが、それはどういうことですか。最も適当なものを次の①～④の中から一つ選び、その番号をマークしなさい。

①　実際に動きながら結果を判断し、ＡＩモデルがどんどん変化していく機械学習のこと。

②　大量のデジタルデータをもとに、自律的にモノを動かせる技術を持っているということ。

③　過去や既知の大量のデータから似たような事象をみつけて、対応しているに過ぎないということ。

④　入力された大量のデータをもとに、人間の意図や言外の内容をくみ取るということ。

問八　本文の内容と一致するものとして最も適当なものを次の①～④の中から一つ選び、その番号をマークしなさい。

①　機械学習では多くのデータを与えれば与えるほど学習が進んでＡＩモデルの精度が上がり、同じ意味の集合を分類できるようになる。

②　コンピュータの処理速度の向上や大量のデジタルデータの収集が可能となったことにより、現代のＡＩ研究が飛躍的に発展してきた。

を導き出します。

実際に動きながら、結果を判断し、AIモデルがどんどん変化していく機械学習もあります。正しい結果が出れば「ご褒美《ほうび》」が与えられ、間違っていたら「罰」が与えられる。それによってモデルを更新していき、また実行する、ということを繰り返し行っていくことで、学習し、かしこくなっていきます。[B]ゲームAIでは、正解、不正解は勝ち負けとして結果が現れるため、コンピュータ自身で判断でき、学んでいくことができます。人間が一生かけても経験できない回数のゲームをコンピュータ同士なら一晩で経験することができるので、強いAIプレーヤーに成長することが可能になります。

このように学習する機械は、画像を認識、判断することだけでなく、自動運転で車を動かしたり、※2ドローンを制御したり、どんな商品が売れそうかを予測したり、顧客が欲しそうなものを[e]ススめたりという形で、私たちの生活の中に入ってきています。※3チャットボットや翻訳システムは、人間の言葉を理解し対話できているように見えますが、これは入力された音声やテキストから、キーワードや文章を拾い出し、過去のデータの中から類似のものを見つけて、人間に対応しているに過ぎません。[5]言葉の意味を説明できる仕組みになっているわけではないことを覚えておいてください。

美馬のゆり『AIの時代を生きる―未来をデザインする創造力と共感力』

※1　Facebook　ソーシャル・ネットワーキング・サービスの一つ。

※2　ドローン　無人航空機。

※3　チャットボット　自動会話プログラム。

問一　＝線部a〜eのカタカナの部分と同じ漢字を用いている言葉を次の①〜④の中からそれぞれ一つずつ選び、その番号をマークしなさい。

a　カテイ　①　過程　②　課程　③　仮定　④　家庭

b　タイショウ　①　大将　②　対照　③　対称　④　対象

c　ボウダイ　①　相棒　②　膨張　③　細胞　④　傍観

d　ケンサク　①　経験　②　険悪　③　倹約　④　点検

e　ススめる　①　観賞　②　歓迎　③　勧誘　④　進退

問二　[A]・[B]に入る語として最も適当なものを次の①〜④の中からそれぞれ一つずつ選び、その番号をマークしなさい。

①　しかし　②　例えば　③　つまり　④　なぜなら

問三　――線部1「ここでできてくる法則のまとまり」とはどういうことですか。その説明として最も適当なものを次の①〜④の中から一つ選び、その番号をマークしなさい。

①　機械学習によって見つけられた特徴や必然的な関係性がひとつに合わせられるということ。

②　反復学習によって得られた結果から目的となるモノの特徴を理解していくということ。

【国語】（四五分）〈満点：一〇〇点〉

一　次の文章を読んで、後の問いに答えなさい。

現在のAI研究の飛躍的発展を支えているのは機械学習という手法です。人間が子どもから大人になっていく[a]カテイで、多くのことを学んでかしこくなっていくように、コンピュータが自ら学んでかしこくなっていくようにするという戦略です。ある一定のデータから機械が学習することによって、精度を上げていきます。

機械学習では、大量のデータからの学習を繰り返していくことで、その結果を法則化していきます。[1]ここでできてくる法則のまとまりをAIモデルということもあります。この反復学習で、[b]タイショウとなるモノの特徴をつかんでいきます。事実と規則をあらかじめ人間が与えるのとは大きく異なり、機械学習の場合、データが多ければ多いほど学習が進み、作られるAIモデルの精度が上がっていきます。そしてこのモデルを新たなデータに対して、判断する基準となっていきます。

この機械学習には、[2]「お手本のデータ」がある学習と、そうでない学習があります。前者の場合、最初に既に正解か不正解を人間が判断した大量のデータを整理してコンピュータに与えます。例えば、この画像は猫です、と教えます。この学習の目的は、データに与える猫や犬などのラベル（標識）を特定するための特徴を特定して、そこから新しいデータで似たようなものが出てきた時に、それを適用できるようなAIモデル（学習によって見出された特徴や法則）を構築させることです。実際に、[※1]Facebookが何万枚もの写真から、あなたに似ているものを見つけたとき、「これはあなたですか?」と聞いてきて、「はいそうです」「いいえちがいます」といって、あなたがその判断の正誤を教えることになります。その結果を受けて、あなたの写真がもつ人の特徴のモデルを修正していきます。

これに対し後者は、ラベルづけや分類されたお手本のデータは存在しません。[c]ボウダイなデータを解析して、隠れたパターンを探し出したり、分類したりすることを目標としています。これはあくまでも機械側が一つ一つのデータの類似度を解釈し、分類するもので、その集合がどんな意味を持っているかを機械が理解しているわけではありません。人間が考えたラベルや分類よりも認識精度が高くなった一方で、なぜそのようになったかの根拠が見えなくなるという欠点もあります。例えばオンラインショッピングで、同じ種類の商品を[d]ケンサクしたり、実際に購入している人を見つけてグループ化し、その人たちに、「この商品を買った人は、こんなものも買っています。」とおススメするのは、[3]この仕組みを使っています。

こういった[4]方略が可能になったのは、コンピュータの処理速度が向上するとともに、大量のデジタルデータが集められるようになったことがあります。二一世紀に入り特に進んだのは、画像や動画として与えられたデータを認識して判断したり、人間の言葉を理解し対話できるようになったり、車やモノを自律的に動かしたりできる技術です。

機械学習では、過去や既知の大量のデータの中から法則性を見出すよう学習し、そこから未知のことや未来のことを予測していきます。過去の気象データから、台風や竜巻、雹《ひょう》の発生を予測したり、あなたの顔写真から特徴を抽出し、新たな写真が出てきた時にそれがあなたかどうかを判断するのです。[A]、データを解析し、AIモデルを作り、答え

MEMO

大切なことはメモしておこうネ！

2023年度

解　答　と　解　説

《2023年度の配点は解答欄に掲載してあります。》

＜数学解答＞

1　(1)　ア　7　(2)　イ　5　ウ　3　(3)　エ　8　オ　1　カ　4
(4)　キ　2　ク　4　(5)　ケ　3　コ　2

2　(1)　①　ア　4　②　イ　1　ウ　9　③　エ　2　オ　2
(2)　①　カ　6　キ　2　②　ク　6　ケ　4　(3)　コ　1　サ　2　シ　6

3　(1)　ア　2　イ　3　(2)　ウ　2　エ　4　(3)　オ　5　カ　5

4　(1)　ア　8　イ　4　ウ　5　エ　3　(2)　①　オ　9　カ　6
②　キ　2　ク　1　ケ　6　③　コ　9　サ　6　④　シ　1　ス　2

5　(1)　ア　8　(2)　イ　1　ウ　8　(3)　エ　7　オ　8　(4)　カ　1　キ　2

6　(1)　ア　1　イ　2　(2)　ウ　1　エ　7　(3)　オ　1　カ　4　キ　5

○配点○

1・2　各3点×12　3～6　各4点×16　計100点

＜数学解説＞

基本　1　（正負の数，式の計算，平方根）

(1)　$-2\times2+24\div(-8)=-4-3=-7$

(2)　$\frac{2}{3}-\frac{35}{9}\div\frac{5}{3}=\frac{2}{3}-\frac{35}{9}\times\frac{3}{5}=\frac{2}{3}-\frac{7}{3}=-\frac{5}{3}$

(3)　$2(6x+3y)-4(x-2y)=12x+6y-4x+8y=8x+14y$

(4)　$(-4xy)^2\div8xy^2\times x^3=\frac{16x^2y^2\times x^3}{8xy^2}=2x^4$

(5)　$\sqrt{6}(2+\sqrt{3})-\sqrt{24}=2\sqrt{6}+3\sqrt{2}-2\sqrt{6}=3\sqrt{2}$

基本　2　（1次方程式，連立方程式，2次方程式，因数分解，方程式の利用）

(1)　①　$\frac{3}{4}x-1=\frac{1}{2}x$　$3x-4=2x$　$x=4$

②　$6x-y=-3\cdots$(ⅰ)　$4x-y=-5\cdots$(ⅱ)　(ⅰ)－(ⅱ)より，$2x=2$　$x=1$　これを(ⅰ)に代入して，$6-y=-3$　$y=9$

③　$x^2-4x+7=5$　$x^2-4x+4=5-3$　$(x-2)^2=2$　$x-2=\pm\sqrt{2}$　$x=2\pm\sqrt{2}$

(2)　①　$6a^4b^3+18a^2b^3=6a^2b^3(a^2+3)$

②　和が－2，積が－24となる2数は－6と4だから，$x^2-2x-24=(x-6)(x+4)$

(3)　パンをx個，ジュースをy本とすると，$x+y=18\cdots$(ⅰ)　$80x+120y+20=1700$より，$2x+3y=42\cdots$(ⅱ)　(ⅰ)×3－(ⅱ)より，$x=12$　これを(ⅰ)に代入して，$y=6$

3　（図形と関数・グラフの融合問題）

基本　(1)　$y=x^2$に$x=-1$，3をそれぞれ代入して，$y=1$，9　よって，A$(-1,\ 1)$，B$(3,\ 9)$　直線$y=ax+b$は，2点A，Bを通るから，$1=-a+b$，$9=3a+b$　この連立方程式を解いて，$a=2$，$b=3$

基本 (2)　C$(-3,\ 9)$より，BC$=3-(-3)=6$　よって，△ABC$=\frac{1}{2}\times6\times(9-1)=24$

重要 (3)　線分ACの中点をDとすると，点Dのx座標は$\frac{-1-3}{2}=-2$，y座標は$\frac{1+9}{2}=5$　よって，D$(-2,\ 5)$　このとき，△DBC$=\frac{1}{2}$△ABCであるから，△PBC＝△DBC より，BC // DP　よって，点Pのy座標は5　$y=x^2$に$y=5$を代入して，$x^2=5$　$x=\pm\sqrt{5}$　よって，点Pの座標は，$(\sqrt{5},\ 5)$，$(-\sqrt{5},\ 5)$

基本 **4** （角度，空間図形）

(1)　平行線の同位角は等しく，三角形の内角と外角の関係より，$\angle x=112^\circ-28^\circ=84^\circ$　直径に対する円周角は90°だから，$\angle y=180^\circ-90^\circ-37^\circ=53^\circ$

(2)　①　円錐の体積は，$\frac{1}{3}\pi\times6^2\times8=96\pi$ (cm^3)

②　$2\pi\times10\times\frac{x}{360}=2\pi\times6$　$x=360\times\frac{6}{10}=216$

③　表面積は，$\pi\times6^2+\pi\times10^2\times\frac{216}{360}=96\pi$ (cm^2)

重要 ④　水の部分と容器は相似で，相似比は4：8＝1：2より，体積比は$1^3:2^3=1:8$　よって，水の体積は，$96\pi\times\frac{1}{8}=12\pi$ (cm^3)

基本 **5** （確率）

(1)　硬貨の表裏の出方の総数は$2\times2\times2=8$(通り)

(2)　題意を満たすのは，1通りだから，求める確率は，$\frac{1}{8}$

(3)　(2)の余事象だから，求める確率は，$\frac{8-1}{8}=\frac{7}{8}$

(4)　(表，表，裏)，(表，裏，表)，(裏，表，表)，(表，表，表)の4通りだから，求める確率は，$\frac{4}{8}=\frac{1}{2}$

基本 **6** （箱ひげ図）

(1)　最小値は12

(2)　中央値は17

(3)　第1四分位数は，$\frac{14+15}{2}=14.5$

★ワンポイントアドバイス★

基礎力重視の出題構成，難易度とも変わらない。あらゆる分野の基礎をしっかりと固めておこう。

＜英語解答＞

1 (ア) (1) ③ (2) ② (3) ② (4) ③ (5) ① (6) ③ (7) ④
(8) ① (9) ① (10) ①
(イ) (1) ① (2) ④ (3) ④ (4) ② (5) ③ (6) ④ (7) ②
(8) ① (9) ② (10) ②

2 (1) ① (2) ② (3) ③ (4) ②

3 (1) ③ (2) ② (3) ④ (4) ① (5) ③ (6) ① (7) ②
(8) ① (9) ① (10) ②

4 (1) ③ (2) ② (3) ④

5 (1) ① (2) ③ (3) ①

6 (1) ④ (2) ③ (3) ① (4) ④ (5) ④

7 (1) ア ③ イ ④ (2) ア ① イ ② (3) ア ③ イ ④
(4) ア ② イ ③ (5) ア ① イ ② (6) ア ④ イ ②

○配点○
1 ア 各1点×10 イ 各2点×10 2 各2点×4 3 各2点×10 4 各2点×3
5 各3点×3 6 各3点×5 7 各2点×6(各完答) 計100点

＜英語解説＞

1 リスニング問題解説省略。

重要 2 **(文法：正誤問題，進行形，分詞，比較，関係代名詞)**

(1) 「昨日，私は自分の部屋でラジオを聞いていた」was[be動詞]の後なので，①は listening と現在分詞にして，過去進行形にしなければならない。進行形<be動詞 + 現在分詞[原形 + -ing]>「～しているところだ」

(2) 「彼女によって調理された主菜は非常においしかった」②は cooked と過去分詞にするべき。<名詞 + 過去分詞 + 他の語句>「～された名詞」過去分詞の形容詞的用法

(3) 「マイクはジョンよりも速く走ることができる」後ろに than が来ているので，③は比較級 faster「より速い」にしなければならない。<比較級 than A>「Aと比べてより～」

(4) 「通りに沿って歩いている少年と少女を見なさい」先行詞が the boy and the girl と人なので，②では，関係代名詞 who を使わなければならない。are walking ← <be動詞 + 現在分詞[原形 + -ing]>進行形

重要 3 **(語句補充・選択，語い・単語・慣用句，現在完了，不定詞，助動詞，間接疑問文，前置詞，受動態，接続詞)**

(1) 「彼女が5歳の時に，ジェーンはピアノを弾き始めた」<when 主語 + 過去形>「主語が～した時に」のように，過去の一時点を表す際は，主節の動詞は過去形を使う。正解は，begin「始める」の過去形 ③ began。①・②は過去形でないので，不可。④ has begun は現在完了形であり，過去の一時点を表す文では使われない。

(2) 「この自転車はいくらですか」／「20,000円です」「いくら」と値段を尋ねる表現は，How much ～？よって，正解は，② much。How long ～？長さを尋ねる表現。<How many + 複数名詞 ～？> 数を尋ねる表現。How old ～？年齢を尋ねる表現。

(3) 「私の友人の1人は，英語を勉強するために，アメリカへ行った」正解は，④ to study「勉強するために」。←「～するために」(目的)を示す不定詞[to + 原形]の副詞的用法。他の選択肢

では文が成立しない。

(4) 「そのラケットは買うには高すぎた」<too … 不定詞[to + 原形]>「～ [不定詞]するには…すぎる，…すぎて～ [不定詞]できない」意味が成立するのは，① expensive「高価な」。 ② 「難しい」 ③ 「重要な」 ④ 「美しい」

(5) 「いつバスが到着するかを私に教えてくれませんか」文意が成立するのは，③ when「いつ」のみ。Will you ～？「～してくれますか」(依頼)Will you tell me when the bus will arrive？ ← 疑問文(When will the bus arrive？)が他の文に組み込まれる[間接疑問文]と，<疑問詞 + 主語 + 動詞>の語順になる。 ① 「なぜ」 ② 「何」 ④ 「誰」

(6) 「ジムは彼のお父さんのように警察官になりたい」正解は，① 前置詞の like「～のような，に似ている」。 ② 「～の」 ③ 「～へ，まで」 ④ 「～について」

(7) 「ケンは外国に興味があり，いつの日か，アフリカを訪問したいと考えている」正解は，② 「～を訪れる」の visit。<be動詞 + interested in>「～に興味がある」他の選択肢は，Africa という語に直接つながらないので，不可。 ① arrive at[in／on]「～に到着する」 ③ go to 「～へ行く」 ④ come to「～へ来る」

(8) 「今朝はとても寒いので，上着を着るべきです」文脈から，空所に当てはまるのは，① 「寒い」のみ。～ , so …「～である，だから[そういうわけで／それで] …」 should「～すべきである，するはずだ」 ② 「暑い」 ③ 「天候が良い」 ④ 「曇っている」

(9) 「アリスは明日までには彼女の仕事を終えなければならない」正解は，「～までには」の① by。has to finish ← <have／has + 不定詞[to + 原形]>「～しなければならない，であるに違いない」 ③ until「～までずっと」

(10) 「電車で読むために新聞を買った」to read に意味上つながるものを選択肢から選ぶこと。正解は，② a newspaper「新聞」。① 「カメラ」 ③ 「絵／写真」 ④ 「カバン」

重要 4 (会話文：文挿入，進行形，比較級，不定詞)

(1) A：「ピクニックへ行きましょう！ 次の金曜日に予定は空いていますか」／B：③「すみません，しなければならない仕事が沢山あります」／A：「それでは，次の日曜日はいかがですか」空所の発言を受けて，別の曜日を再提案していることから，空所では，都合が悪いと答えた，と考えられる。<Let's + 原形>「～しようか」How about ～？「～はどうか」(提案・勧誘) ① 「それで大丈夫です」 ② 「それは良い写真[絵]ですね」 ④ 「はい，予定は空いています」

(2) A：「もしもし。ジョンをお願いします」／B：②「どなたが電話をおかけですか」／A：「ケンです」空所の発言を受けて，名前を名乗っていることから，空所では，相手が誰かを尋ねていると推測される。Hello. May I speak to X, please？(電話の応対)「もしもし。Xさんを電話口にお願いします」 Who is calling, please？ ← 進行形<be動詞 + 現在分詞[原形 + -ing]> ① 「彼はいかがですか」 What about ～？「～はどうですか」 ③ 「あなたの町はどこですか」 ④ 「それについて何とあなたは考えますか」

(3) A：「何か御用ですか」／B：「ええ。④私の息子のために，誕生日プレゼントを探しています」／A：「これはいかがですか。良いように思えますが」空所後で，How about this one？とある商品を勧めていることを考慮して，May I help you？「何か御用ですか」に対してふさわしい応答文を選ぶこと。May I help you？(店員の言葉)「何にいたしましょうか，いらっしゃいませ，何かお手伝いしましょうか，何か御用ですか」 I'm looking for ～ ← 進行形<be動詞 + 現在分詞[原形 + -ing> look for「～を探す」 How about ～？「～はいかがですか」 ① 「より大きいのは15ドルです」 bigger ← big「大きい」の比較級 ② 「でも，あなたの眼鏡はどこですか」 ③ 「あなたにその本を買って欲しい」<want + 人 + 不定詞[to + 原形]>「人に～

[不定詞]して欲しい」

5 **（長文読解問題・会話文：内容吟味，指示語，要旨把握，進行形，前置詞，動名詞，関係代名詞，接続詞，間接疑問文，助動詞，現在完了）**

（全訳） ケン(以下K)：今日，授業で，将来に対する自分の夢について考えたけれども，未だに見つけることができないよ。／マイ(以下M)：本当に？ 私は既に決まっているわ。／K：えっ，本当？ 君は何になるつもりなの。／M：私は犬の訓練士になろうと考えているわ。／K：それは素晴らしいね。なぜ君は犬の訓練士になりたいのかな。／M：私は犬を2年間飼っていて，それを世話するのが好きだ，と気づいたの。／K：なるほど。僕も犬を飼っているけれど，そのことについて考えたことはないね。／M：多分，自分の生活において，何かを探し回るべきだわ。例えば，あなたのお母さんは何をしているの？／K：あっ，それは良い考えだね。僕の母は保育士だよ。彼女は毎日朝早く仕事に出かけるので，大変な仕事に違いない，と僕は思っている。／M：そうだと思うわ。今晩，彼女の仕事について，あなたのお母さんに話しかけてみたらどうかしら。／K：そうするよ。また明日。さようなら。

（数日後）

K：今日はおしまい。大変な日だった。／M：頑張ったわね。今日，私達が受けた試験は，本当に難しかった。ところで，あなたの将来の夢について，決まったかしら？／K：いいや，そんなに速くは決められないよ。学校では懸命に勉強しているからね。／M：あなたが言う通りだわ。でも，再び，私の将来の計画を変えようと思っているの。／K：何だって？ 君は決定を急ぎすぎていないかなあ。どうしたの？／M：今日の授業での発表が，私の気持ちを変化させたの。私の友人のお母さんは看護師なのよ。彼女は病院でとても熱心に働いているのだけれども，その仕事が私にはとても楽しそうに思えるの。その発表で，よく考えてみたのよ。／K：看護師として働くのは，沢山の仕事を伴っているように思えるけれど，もし君がそれをやりたいのならば，それをすべきだね。来月，職業体験があるので，それを試しにやってみたらどうかなあ。／M：その行事については，忘れていたわ。まず，やってみるのが一番ね。どうもありがとう。／K：そんなに速く君が決定したことを聞けて，良かった。／M：それは事実ではないわ。物事があまりにも速く変化して，時には何をするべきかが，わからなくなるの。／K：なるほど。あまりにも多くの選択肢があって，大変だからね。／M：ええ。どれが私にとってふさわしいかがわからないわ。そのことで，不安になるの。／K：でも，君は真剣に自身の夢について考えているよね。今晩，自分の夢について注意深く考えてみて，少なくとも1つは選ぼうと思う。／M：わかった。明日の朝，あなたに尋ねようと思うわ。楽しみにね。／K：きっと，君を驚かすような夢について報告できると思う。／M：本当？ それを聞くことを，明日まで待ちきれないわ。それじゃあ。

基本 (1) マイは当初，I'm thinking of becoming a dog trainer. と言っていたが，But I'm afraid I'll change my future plan again. と気持ちが変化したことに言及し，最終的には，My friend's mother is a nurse. She is working very hard in a hospital, but the job seems very fun to me. The presentation made me think twice. と述べている。I'm thinking of ～「～と思っている」／ She is working ～「彼女は働いている」← <be動詞 + 現在分詞[原形 + -ing] 進行形> of becoming ← <前置詞 + 動名詞[原形 + -ing]> made me think twice「私をよく考えさせた」← <make + O + 原形>「Oに～させる」使役

やや難 (2) That's wonderful. の that は，既述・既知の人・物・事をさして，「あれ，それ」の意の指示代名詞のthat。同じ用法は，③ I can't wait until tomorrow to hear that.「それを聞くのは明日まで待ちきれない」。① 「あなたを驚かす夢をあなたに告げよう」a dream that surprises you ← 主格の関係代名詞の that。② 「物事があまりにも速く変化するので，何をするべきか

が時にはわからなくなる」 so ~ that…「とても～なので…」接続詞の that。I sometimes don't know what I should do. ← 疑問文(What should I do ?)が他の文に組み込まれる[間接疑問文]と，＜疑問詞 + 主語 + 動詞＞の語順になる。should「～すべきだ，するはずだ」 ④ 「私達が今日受けた試験は本当に難しかった」 the test that we had today ~ ← 目的格の関係代名詞 that。

重要 (3) ①(○) ケンは冒頭で，I thought about my dreams for the future in class today, but I still can't find them. と述べている。また，マイの By the way, have you made a decision about your future dream ? という問いかけに対して，ケンは No, I can't decide so soon. と答えている。したがって，ケンの将来の夢はまだ決まっていない。have you made a decision ~ ?「決定したか」← 現在完了＜have + 過去分詞＞／make a decision「決定する」 ②(×) 看護師になりたいのはマイ。 ③(×) 母親に関しては，ケンとマイの友人の母親の記述しかない。 ④(×) マイは I'm afraid I'll change my future plan again. と述べており，なりたい職業に関して変更している。

6 **(長文読解問題・論説文：語句解釈，内容吟味，要旨把握，接続詞，助動詞，不定詞，間接疑問文，関係代名詞)**

(全訳) 私達はほぼ毎日学校で勉強することができる。このことは他の国でも当てはまるのか。答えは，国によっては“いいえ”である。例えば，ギニアでは，若者の約60%が，学校へ行くことができない。日本では，若者の約99%が学校へ通うことができる。

ギニアは発展途上国の1つで，十分な学校を建設することができない。ギニアでは，多くの家族が非常に貧しい。そこで，子供達は彼らの家族を支えるためにア働かなければならない。例えば，彼らは水を入手したり，彼らの兄弟の面倒をみたり，などする。学校で学ぶことは，ギニアの子供達にとっては特別なことなのである。

2002年に，日本のある中学校の生徒達が，壮大な計画を立案した。「ギニアに水道を起こそう」である。彼らは500,000円を集めることにした。この学校の生徒たちは，彼らの学校や通りで，募金活動をした。多くの人々が彼らに献金したので，当初，活動は順調に進んでいた。彼らの中には，10,000円を生徒達に献金する者もいた。しかしながら，それは十分な金額ではなかった。2003年には，売るために，自宅や学校から，多くのものを彼らは集めた。彼らは特別なフリーマーケットを開催した。多くの人々が沢山のものを購入した。ついに，生徒達は集金を終えた。翌4月には，ギニアで水道が提供されるようになった。

近隣住民が生徒達を手助けした。近隣に住むある人物が，彼らに重要な事柄を告げた。「この活動は，他国の生活について知る良い機会をあなた達に与えるでしょう」私の考えは異なっている。もし私達が協力すれば，偉大なことを成し遂げることができる。この活動を通じて，彼らが本当にイそのことを見つけた，と私は感じている。

世界には，私達が手助けすることが必要な多くの人々がいる。彼らのために，私はボランティア活動をしてみたいと思う。もちろん，私は，そのことを他の人々と協力して，行うつもりである。

基本 (1) 下線部アを含む文「そこで，子供達は彼らの家族を手助けするために，ア働くことをしなければならない」に続いて，具体例が記されている(For example, they get water, take care of their brothers and so on.)ので，参照すること。接続詞 so「だから，そういうわけで，それで」 have to work ← ＜have + 不定詞[to + 原形]＞「～しなければならない，であるに違いない」 to support their families ← 不定詞の理由「～するために」を表す副詞的用法 for example「例えば」 take care of「～の世話をする，面倒をみる」

基本 (2) 第3段落第2文に，They decided to raise 500,000 yen. とある。第3段落後半には，In 2003, they collected a lot of things from their houses or school to sell. They held a special flea market. ~ The next April, the water service started in Guinea. と記されていて，ここでの the next April とは2004年の4月のことである。 a lot of「多くの～」

基本 (3) 近隣の住民が述べた活動の意義に関しては，第4段落第2文で，One person from the neighborhoods told them an important thing. “This work will give you a good chance to know about life in other countries.”と記されている。a good chance to know about ～「～に関して知る好機」← 不定詞の形容詞的用法<名詞 + 不定詞[to + 原形]>「～するための名詞」

やや難 (4) If we work together, we do great things. I think they really found イ it through this work. 下線部イの it は，前文 If we work together, we do great things. を指す。

重要 (5) ①「2002年には，ギニアは50の水道が必要だった」(×) 記述なし。 ②「日本の中学生は，どのようにお金を集めるべきかを見つけることができなかった」(×) 中学生の募金計画 Let’s start water service in Guinea に関しては，第3段落で詳述されている。～ could not find how they should raise money ← 疑問文(How should they raise money ?)が他の文に組み込まれる[間接疑問文]と，<疑問詞 + 主語 + 動詞>の語順になる。 ③「日本のありとあらゆる中学生が，ギニアでお金を集め出した」(×) 記述なし。 ④「ユイは，手助けが必要な人々を助けるために，ボランティア活動を行いたいと考えている」(○) 第7段落に一致。people who need help ← <先行詞(人)+ 主格の関係代名詞 who + 動詞>「動詞する先行詞」There are many people▼we need to help in the world.「世界には，私達が助ける必要がある多くの人々がいる」← <There + be動詞 + S>「Sがある，いる」／<先行詞(+ 目的格の関係代名詞)+ 主語 + 動詞>「主語が動詞する先行詞」目的格の関係代名詞の省略 would like to try「～したい」← <would like + 不定詞>「～したい」(話し手の希望を控えめに述べる)

7 (文法・作文：語句整序，受動態，助動詞，比較，不定詞)

(1) (The window) was broken by Jiro(.) <be動詞 + 過去分詞 + by ～>受動態「～によって…される，されている」

(2) (It) may rain hard this (afternoon.) may「～かもしれない，してもよい」 this afternoon「今日の午後」

(3) What time does this (shop open ?)「何時に～」What time ～ ? 時間を尋ねる表現。<Does + 3人称単数の主語 + 原形 ～ ?>主語が3人称単数で，時制が現在の一般動詞の疑問文。

(4) There is an old (tree in this park.) <There + be動詞 + S + 場所>「～［場所］にSがある，いる」

(5) (Which) do you like better (, beef or fish ?) Which do you like better, A or B ?「A，Bのどちらがより好きですか」 better「より良い[良く]」← good／well の比較級

(6) (We) are going to leave (for the station tomorrow morning.) <be動詞 + going + 不定詞(to + 原形)>「～するつもり[予定]である，しそうである」 leave for A「Aに向かう」tomorrow morning「明日の朝」

★ワンポイントアドバイス★

[2]の正誤問題を取り上げる。小問4題から構成されていて，1つの英文に対して，4箇所に下線が引かれて，その中から1つずつ誤っているものを選択する問題。広く文法の問題演習に取り組み，文法の基礎固めをすること。

＜国語解答＞

[一] 問一 a ① b ④ c ② d ④ e ③ 問二 A ③ B ①
問三 ① 問四 ② 問五 ④ 問六 ① 問七 ③ 問八 ②

[二] 問一 A ② C ③ D ① 問二 a ① b ④ 問三 ② 問四 ③
問五 ④ 問六 ① 問七 ② 問八 ③ 問九 ①

[三] 問一 1 ③ 3 ② 問二 ② 問三 4 ① 6 ① 問四 ③ 問五 ②
問六 ④ 問七 ① 問八 10 ④ 11 ② 問九 ① 問十 ④
問十一 ③

○配点○

[一] 問一・問二 各2点×7 他 各3点×6 [二] 問一・問二 各2点×5 他 各3点×7
[三] 問一・問四・問七・問九 各2点×5 他 各3点×9 計100点

＜国語解説＞

[一] （論説文－漢字の読み書き，脱語補充，接続語，文脈把握，内容吟味，指示語，類義語，要旨）

問一 a 「過程」は，物事が進んだり変化したりしていく筋道や様子，という意味，「過」を使った熟語はほかに「過失」「過剰」など。訓読みは「す(ぎる)」「す(ごす)」「あやま(つ)」「あやま(ち)」。 b 「対象」は，人が考えたり，見たり，働きかけたりするときの目的となるもの。同音の「対称」は「左右対称」，「対照」は「対照的」などと使われる。「象」を使った熟語はほかに「象徴」「印象」など。音読みはほかに「ゾウ」。訓読みは「かたど(る)」。 c 「膨大」は，量がとても多い様子，ふくれて大きくなる，という意味。訓読みは「ふく(らむ)」「ふく(れる)」。 d 「検索」は，調べて探すこと。「検」を使った熟語はほかに「検査」「検討」など。 e 「勧」を使った熟語はほかに「勧善懲悪」「勧誘」など。

問二 A 直前に「機械学習では，過去や既知の大量のデータの中から法則性を見出すよう学習し，そこから未知のことや未来のことを予測していきます」とあり，直後で「データを解析し，AIモデルを作り，答えを導き出します」と要約しているので，説明・言い換えを表す「つまり」が入る。 B 直前に「……ということを繰り返し行っていくことで，学習し，かしこくなっていきます」とあるのに対し，直後では「ゲームAIでは，正解，不正解は勝ち負けとして結果が現れるため，コンピュータ自身で判断でき，学んでいくことができます」とあるので，逆接を表す「しかし」が入る。

問三 直前に「大量のデータからの学習を繰り返していくことで，その結果を法則化していきます」とあるので，「法則化」を「機械学習によって見つけられた特徴や必然的な関係性」と言い換えている①が適切。

やや難 問四 「お手本のデータ」の必要性については，直前の段落に「データが多ければ多いほど学習が進み，作られるAIモデルの精度が上がっていきます」と説明されているので，「AIモデルの精度が上がっていく」を「新しく類似したものが出てきたときにあてはめるAIモデルを作る」と言い換えている②が適切。

やや難 問五　「この仕組み」は，同段落の初めの「ボウ大なデータを解析して，隠れたパターンを探し出したり，分類したりすること」を指すので，④が適切。

問六　直前に「この仕組みを使っています」とあるので，①の「手段」が適切。「方略」は，計画，計略，という意味。

問七　直前に「過去のデータの中から類似のものを見つけて，人間に対応しているに過ぎません」とあるので，③が適切。

やや難 問八　②は，「こういった……」で始まる段落に「こういった方略が可能になったのは，コンピュータの処理速度が向上するとともに，大量のデジタルデータが集められるようになったことがあります。二一世紀に入り特に進んだのは，画像や動画として与えられたデータを認識して判断したり，……車やモノを自律的に動かしたりできる技術です」とあることと合致する。

二　**（小説－慣用句，語句の意味，脱文・脱語補充，文脈把握，内容吟味，情景・心情，大意）**

問一　A　「唇をかむ」は，悔しさや怒りを我慢する様子。　C　「手を引かれる」は，導かれる，という意味。「河野さん」の声に導かれるようにして「少年」は，回数券を使いたくない理由を話し始めたのである。　D　「目元を覆う」は，直視することができず，目をふさいでみないようにすること。「目を覆う」ともいう。

問二　a　「かぶり」は「頭」のことで，「かぶりを振る」は，頭を左右に振って否定の意を表すこと。　b　「嗚咽」は，声を殺してむせび泣くことなので，④の「声をつまらせて泣きながら」が適切。

問三　脱落文に「泣きじゃくった」とあり，[2]の直前に「座ったままうずくまるような格好で泣いた」あるので，[2]に補うのが適切。泣き続ける様子である。

やや難 問四　前に「買い足した回数券の三冊目が――もうすぐ終わる」とあることから，三冊目の回数券を使い切りたくないという思いが読み取れる。「少年」の心情は，「その声に……」で始まる段落に「新しい回数券を買うと，そのぶん，母の退院の日が遠ざかってしまう」とあるので③が適切。

やや難 問五　直後に「今日は財布を持ってきていない。回数券を使わなければ，家に帰れない」とあることから，回数券を使いたくないという気持ちが読み取れるので④が適切。

問六　直後に「もう一度訊いた」とある。前の「『財布，落としちゃったのか？』」という問いかけのあと，「泣きながらかぶりを振って，回数券を見せた」とあることから，「少年」が回数券を持っていることはわかっており，「じゃあ早く入れなさい――とは言われなかった」とあるので，①が適切。泣いていること，回数券を持っているのに入れないことを心配しているのである。

問七　直前に「少年は嗚咽交じりに，回数券を使いたくないんだと伝えた。母のこともしゃべった。新しい回数券を買うと，そのぶん，母の退院の日が遠ざかってしまう。……警察に捕まってもいいから，この回数券，ぼくにください，と言った」とある。「少年」のつらい気持ちを聞き，少年の心情を慮っているので②が適切。

問八　「河野さん」については，「――ぶっきらぼうではない言い方をされたのは初めてだった」とあることから，普段はぶっきらぼうな言い方をする人だとわかる。また，本文後半で，「少年」が回数券を使いたくない理由を知り，「整理券と一緒に百二十円，箱に入っていた」「少年を振り向かずに，『早く降りて』と言った」とあることからは，思いやりのある人であることがうかがわれるので③が適切。

問九　本文には「買い足した回数券の三冊目が――もうすぐ終わる」「行きのバスで回数券は一枚ずつ減っていく。最後から二枚目の回数券を――今日，使った。あとは表紙を兼ねた十一枚目の券だけだ」「少年は嗚咽交じりに，回数券を使いたくないんだと伝えた。新しい回数券を買うと，そのぶん，母の退院の日が遠ざかってしまう」とあり，母の入院とバスの回数券を結び付けて，母を案ずる少年の気持が表現されているので，①が適切。

三 （古文－仮名遣い，口語訳，語句の意味，係り結び，文脈把握，品詞・用法，要旨，主題）

〈口語訳〉 ある川のほとりで狐が魚を食べている時に，狼が飢えて歩いてきた。狼が「その魚を少しくれ。食べよう」と言ったので，狐は「ああ，恐れ多いことです。食べかけを差し上げるわけにはいかない。籠を一つ持ってきてください。魚を差し上げましょう」と言う。狼はあちこち駆け回って，籠を取って来た。

狐は「この魚を尾につけて，川の真ん中を泳いでください。あとから魚を入れましょう」と教えた。狼は，籠を(尾に)くくり付けて，川を下って泳いだ。狐は後から(籠に)石を入れたので，だんだん重くなって，少しも前に進めない。狼は「魚が入ったのか，ことのほか重くなって，少しも前へ進めない」と言う。

狐は「ことのほか(多く)魚が入ってるように見えるので(重いのでしょう)。私の力では引き上げられないので，獣を雇って参りましょう」と言って，陸に上がった。狐が周囲の人々に「このあたりで羊を食う(という)狼が，たった今，川の中で魚を盗んでいます」と言ったので，(人々は)われ先にと走り出して，(狼を)さんざんに叩いた。

そこで，軽率でそそっかしい者が走り出て，刀を抜いてこれを切ると，どうしたことか，(狼の)尾をぷつりと切り，その身(狼)は山へ逃げ行ったのであった。

問一　1 「やう」は「よー」と発音し，現代仮名遣いでは「よう」となり，「申すよう」となるので，「もうすよう」となる。 3 「せむ」は「せん」と発音し，現代仮名遣いでは「せん」となり，「参らせん」となるので，「まいらせん」となる。

問二　「餌食」には，食物，という意味がある。「餌食にする」は，(自分の)食べ物にする，という意味になり，「なん(なむ)」は，～しよう，という意味なので，「その魚を食べよう」とする②が適切。

問三　4 「かしこ」は「彼処」と書き，あそこ，あちら，という意味なので，①の「あちこち」が適切。 6 「やう」は「様」と書き，様子，状態，事情，わけ，などの意味があるので，①の「様子」が適切。

問四　前に，強調の係助詞「ぞ」があるので，係り結びの法則により文末は連体形の「ける」になる。

問五　「給へ」は，活用語に付いて尊敬表現になるので，「泳がせ給へ」は，「泳いでください」となる。

問六　直前に「狐あとより石を取り入れければ」とあるので④が適切。狼が尾にくくり付けた籠に狐が石を入れたので，狼は重くて動けなくなったのである。

問七　「陸に上がりぬ」は，「陸に上がった」という意味になるので，「完了」が適切。

問八　10 直後に「さんざんに打擲しける」とあるので，狼を叩いた人が主語になる。前に「狐あたりの人々に申し侍るは，『かのあたりの羊を食らひたる狼をこそ，ただ今河中にて魚を盗み候へ』と申しければ」とあるので，「走り出で」たのは，狐の話を聞いた「人々」。 11 直前に「尾をふつとうち切つて」とある。「狼」が，刀で斬りつけられて尾を切られ，逃げて行ったので，主語は「狼」。

問九　aの「の」は，主格であることを示す「の」で，「が」に置き換えられる用法。b・c・dの「の」は，直後の名詞に係り，連体修飾格であることを示す用法。

問十　①は，狼は狐に「『その魚をすこしあたへよ。餌食にしてしてなん』」と言っているので，あてはまらない。②は，本文で「狼」は羊を食ってはいないので，あてはまらない。③は，「狐」は「狼」に「『あなおそれ多し。わがわけを奉るべしや……』」と言っているので，あてはまらない。④は，「狐」が「狼」に「『籠を一つ持ちきたらせ給へ。魚を取りて参らせむ』」と言って「狼」の尾に籠をくくり付けて川の中に入れ，あたりの人々に「『かのあたりの羊を食らひたる狼をこそ，ただ今河中にて魚を盗み候へ』」と言っていることと合致する。

問十一　本文に描かれているのは，「狐」が「狼」をだまして川の中に入れ，人々に偽りを言って狼を斬り殺させようとした話なので，「狐の策略」が適切。

★ワンポイントアドバイス★

漢字，語句の意味，ことわざ・慣用句などは，幅広い知識を身に付けておこう！
古文は，文語文法も視野に入れた対策を講じておこう！

MEMO

大切なことはメモしておこうネ！

2022年度

入　試　問　題

2022年度

日本文理高等学校入試問題

【数　学】（45分）〈満点：100点〉

$\boxed{1}$ 次の（１）～（５）のア～クにあてはまる数をマークしなさい。

（１）　$3-2\times(-3)=\boxed{\text{ア}}$

（２）　$3\times\dfrac{5}{12}-\dfrac{5}{12}=\dfrac{\boxed{\text{イ}}}{\boxed{\text{ウ}}}$

（３）　$10x-2y-2(5x+y)=-\boxed{\text{エ}}\,y$

（４）　$6x^2\div 2xy\times(-2x^2y^2)=-\boxed{\text{オ}}\,x^{\boxed{\text{カ}}}y$

（５）　$\sqrt{18}-\sqrt{8}+2(2-\sqrt{2})=\boxed{\text{キ}}-\sqrt{\boxed{\text{ク}}}$

$\boxed{2}$ 次の（１）～（６）のア～スにあてはまる数をマークしなさい。

（１）　$6x-19=10x-3$　の解は，$x=-\boxed{\text{ア}}$ です。

（２）　$\begin{cases}2x-3y=10\\-x-4y=6\end{cases}$　の解は，$x=\boxed{\text{イ}}$，$y=-\boxed{\text{ウ}}$ です。

（３）　$2x^2-8x+4=0$　の解は，$x=\boxed{\text{エ}}\pm\sqrt{\boxed{\text{オ}}}$ です。

（４）　x^2-64　を因数分解すると，$\left(x+\boxed{\text{カ}}\right)\left(x-\boxed{\text{キ}}\right)$ です。

（５）　x^2-x-6　を因数分解すると，$\left(x+\boxed{\text{ク}}\right)\left(x-\boxed{\text{ケ}}\right)$ です。

（６）　2つの数の和が60であり，一方の数が他方の数の3倍であるとき，この2つの数は $\boxed{\text{コサ}}$ と $\boxed{\text{シス}}$ です。ただし，$\boxed{\text{コサ}}<\boxed{\text{シス}}$ とします。

$\boxed{3}$ 3点A(0, 8)，B(3, 0)，C(0, 2)がある。点Cを通り△AOBの面積を2等分する直線 ℓ と直線ABの交点をDとする。このとき，次の（１）～（４）のア～サにあてはまる数をマークしなさい。

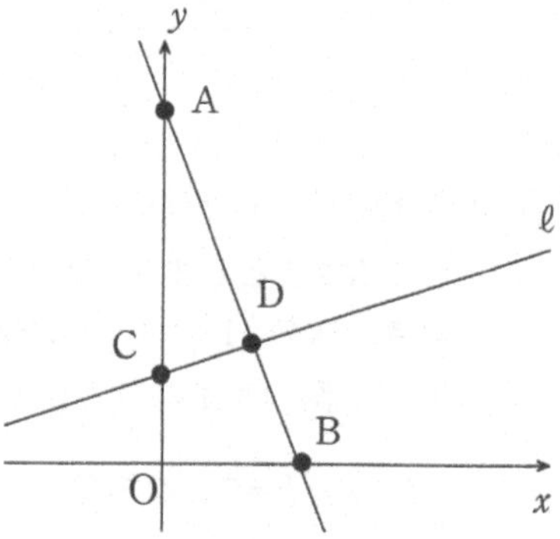

（１）　△AOBの面積は $\boxed{\text{アイ}}$ です。

（２）　直線ABの式は $y=-\dfrac{\boxed{\text{ウ}}}{\boxed{\text{エ}}}x+\boxed{\text{オ}}$ です。

（３）　点Dの座標は $\left(\boxed{\text{カ}},\ \dfrac{\boxed{\text{キ}}}{\boxed{\text{ク}}}\right)$ です。

（４）　直線 ℓ の式は $y=\dfrac{\boxed{\text{ケ}}}{\boxed{\text{コ}}}x+\boxed{\text{サ}}$ です。

4 次の(1)～(3)の問いに答え，ア～カにあてはまる数をマークしなさい。

(1) $\angle x$の大きさは アイ °です。

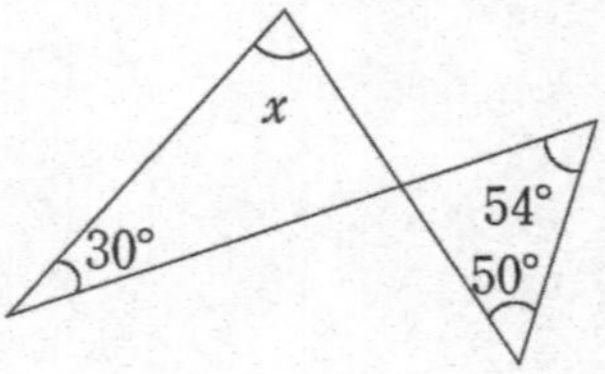

(2) $\angle x$の大きさは ウエ °です。ただし，$\ell /\!/ m$である。

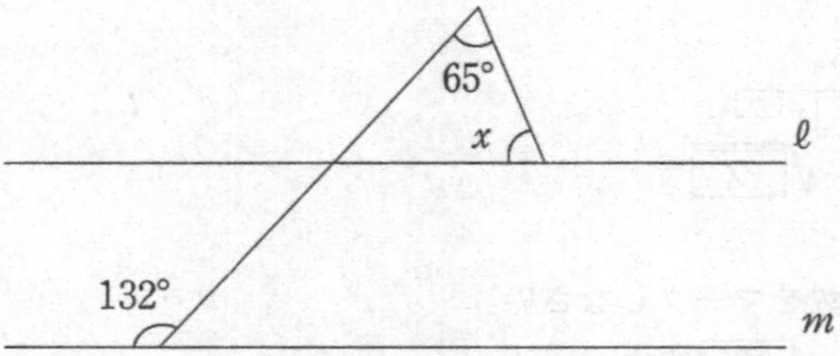

(3) 次の図は，長方形の紙ABCDを線分EFを折り目として折り返したものである。$\angle x$の大きさは オカ °です。

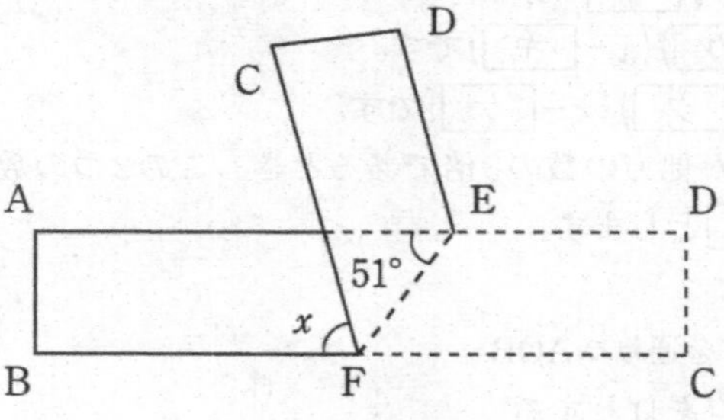

5 大小2個のサイコロを同時に投げます。大きいサイコロの出た目の数をa，小さいサイコロの出た目の数をbとします。ただし，サイコロのどの目が出ることも同様に確からしいとします。このとき，次の(1)～(4)の問いに答え，ア～ケにあてはまる数をマークしなさい。

(1) 2個のサイコロの目の出方は全部で アイ 通りあります。

(2) $a+b=7$となる確率は$\dfrac{\text{ウ}}{\text{エ}}$です。

(3) 積abが4の倍数になるときの確率は$\dfrac{\text{オ}}{\text{カキ}}$です。

(4) $10a+b$が3の倍数になる確率は$\dfrac{\text{ク}}{\text{ケ}}$です。

6 下の表は，ある中学校の男子生徒200人から無作為に抽出した40人の100 m走のタイムを調べ，度数分布表にまとめたものです。

階級(秒)	度数(人)
11.5 以上 12.0 未満	1
12.0 ～ 12.5	3
12.5 ～ 13.0	3
13.0 ～ 13.5	a
13.5 ～ 14.0	7
14.0 ～ 14.5	12
14.5 ～ 15.0	5
15.0 ～ 15.5	3
15.5 ～ 16.0	2
計	40

このとき，次の(1)～(4)のア～カにあてはまる数をマークしなさい。

(1) 表の a にあてはまる数は ア です。

(2) タイムが12.0秒以上14.0秒未満の人数は イウ 人です。

(3) タイムが14.0秒以上14.5秒未満の階級の相対度数は0. エ です。

(4) この結果をもとにすると，この中学校の男子生徒200人のうち，100 m走のタイムが14.0秒以上14.5秒未満の生徒はおよそ オカ 人と推定されます。

【英　語】（50分）〈満点：100点〉

1 音声を聞き，次の(ア)～(イ)の問いに答えなさい。

(ア) 10 QUESTIONS SECTION

これから10の質問を聞きます。それぞれの質問に対する最も適切な返答をⒶ～Ⓓの中から1つずつ選び，その記号をマークしなさい。質問は2度ずつ読まれます。

(1) Question 1
Ⓐ I went to the zoo.
Ⓑ I like to sleep.
Ⓒ I want to read a book.
Ⓓ I'm happy.

(2) Question 2
Ⓐ My parents went to watch a movie.
Ⓑ I came home at 7:00.
Ⓒ I'm seventeen years old.
Ⓓ My room is small.

(3) Question 3
Ⓐ I'm 10 years old.
Ⓑ I'm tired.
Ⓒ I'm a baseball player.
Ⓓ I got up at 10:30.

(4) Question 4
Ⓐ It's red.
Ⓑ It's big.
Ⓒ It's new.
Ⓓ It's hers.

(5) Question 5
Ⓐ I like carrots.
Ⓑ I like grapes.
Ⓒ I like rice.
Ⓓ The fruit is fresh.

(6) Question 6
Ⓐ They are on the table.
Ⓑ They are small.
Ⓒ The library is closed.
Ⓓ The boxes are big.

(7) Question 7
Ⓐ My pencil is in my pencil case.
Ⓑ I don't have an eraser.
Ⓒ It's his pencil.
Ⓓ I have three pencils.

(8) Question 8
Ⓐ Because the winter is cold. I can ski.
Ⓑ Because I have a bicycle.
Ⓒ Because I like to go camping with my family.
Ⓓ Yes, I do.

(9) Question 9
Ⓐ No. I can't.
Ⓑ The beach is fun.
Ⓒ The pool is open on the weekend.
Ⓓ The water is cold.

(10) Question 10
Ⓐ She is short.
Ⓑ He is tall.
Ⓒ Her dress is red.
Ⓓ She is my mother.

(イ) PAIR TALK SECTION

これから2人の対話を聞きます。1つの対話につき，質問が2つ流れます。それぞれの質問に対する最も適切な返答をⒶ～Ⓓの中から1つずつ選び，その記号をマークしなさい。対話と質問は2度ずつ読まれます。

DIALOGUE 1

(1) Question 1

Ⓐ It will come at 5:00 o'clock.
Ⓑ It will come at 5:30.
Ⓒ It will come at 10:30.
Ⓓ It will be free.

(2) Question 2

Ⓐ It costs 500 yen.
Ⓑ It is free.
Ⓒ It's closed.
Ⓓ It costs 100 yen.

DIALOGUE 2

(1) Question 1

Ⓐ He has been playing soccer since elementary school.
Ⓑ He has been playing soccer since junior high school.
Ⓒ He will play soccer after eating ice cream.
Ⓓ He will play soccer in high school.

(2) Question 2

Ⓐ He plays at his junior high school.
Ⓑ He plays at home.
Ⓒ He plays at his friend's house.
Ⓓ He plays in the park.

DIALOGUE 3

(1) Question 1

Ⓐ It is near the boy's house.
Ⓑ It is in the supermarket.
Ⓒ It is near the park.
Ⓓ It is near the Chinese restaurant.

(2) Question 2

Ⓐ noodles
Ⓑ soup
Ⓒ pasta
Ⓓ sushi

DIALOGUE 4

(1) Question 1

Ⓐ It is bad for our ears.
Ⓑ It is bad for our legs.
Ⓒ It is bad for our hands.
Ⓓ It is bad for our eyes.

(2) Question 2

Ⓐ They should play outside and read more books.
Ⓑ They should play more video games.
Ⓒ They should watch more TV.
Ⓓ They should sleep.

DIALOGUE 5

(1) Question 1

Ⓐ They have to go to the shoe store.
Ⓑ They have to go to the living room.
Ⓒ They have to go to school.
Ⓓ They have to go to the baseball game.

(2) Question 2

Ⓐ They should leave in 10 minutes.
Ⓑ They should leave after they clean their rooms.
Ⓒ They should leave in one hour.
Ⓓ They should leave after school.

<リスニング放送台本>

1

(ア) 10 QUESTIONS SECTION

1．What do you want to do today?

A）I went to the zoo.

B）I like to sleep.

C）I want to read a book.

D）I'm happy.

2．What time did you come home last night?

A）My parents went to watch a movie.

B）I came home at 7:00.

C）I'm seventeen years old.

D）My room is small.

3．How old are you?

A）I'm 10 years old.

B）I'm tired.

C）I'm a baseball player.

D）I got up at 10:30.

4．Whose schoolbag is this?

A）It's red.

B）It's big.

C）It's new.

D）It's hers.

5．What fruit do you like?

A）I like carrots.

B）I like grapes.

C）I like rice.

D）The fruit is fresh.

6．Where are the boxes?

A）They are on the table.

B）They are small.

C）The library is closed.

D）The boxes are big.

7．How many pencils do you have?

A）My pencil is in my pencil case.

B）I don't have an eraser.

C）It's his pencil.

D）I have three pencils.

8．Why do you like summer?

A）Because the winter is cold. I can ski.

B）Because I have a bicycle.

C）Because I like to go camping with my family.

D）Yes, I do.

9．Can you swim?

A）No. I can't.

B）The beach is fun.

C）The pool is open on the weekend.

D）The water is cold.

10. Who is that woman?

A）She is short.

B）He is tall.

C）Her dress is red.

D）She is my mother.

(イ) PAIR TALK SECTION

DIALOGUE　1

A．Excuse me. I want to go to the museum. Can you tell me what time the next bus for the museum will come?

B．Ok. The next bus that goes to the museum is at 10:30. The bus is free for people that are going to the museum.

A．Great. Thanks a lot.

B．You're welcome. You can buy your ticket to enter the museum here at the bus station. The ticket is 500 yen.

Question 1

What time is the next bus going to the museum?

A）It will come at 5:00 o clock.

B）It will come at 5:30.

C）It will come at 10:30.

D）It will be free.

Question 2

How much does the ticket for the museum cost?

A）It costs 500 yen.

B）It is free.

C）It's closed.

D）It costs 100 yen.

DIALOGUE 2

A．You are really good at playing soccer.

B．I have played soccer since I was in junior high school.

A． You can run really fast.

B． I like to play with my friends in the park when I have some free time.

A． Good job. Let's go eat some ice cream at the ice cream shop.

B． Ok. Let's go.

Question 1

How long has the boy been playing soccer?

A） He has been playing soccer since elementary school.

B） He has been playing soccer since junior high school.

C） He will play soccer after eating ice cream.

D） He will play soccer in high school.

Question 2

Where does the boy play soccer in his free time?

A） He plays at his Jr. high school.

B） He plays at home.

C） He plays at his friend's house.

D） He plays in the park.

DIALOGUE 3

A） What do you want to eat for lunch today?

B） I think I want to eat Chinese food. And you?

A） I ate Chinese food yesterday. I want to eat Japanese food today.

B） Ok. Let's go to a noodle shop. We can eat many kinds of noodles.

A） There is a noodle shop near my house.

Question 1

Where is the noodle shop?

A） It is near the boy's house.

B） It is in the supermarket.

C） It is near the park.

D） It is near the Chinese restaurant.

Question 2

What kind of food will they eat?

A） noodles

B） soup

C） pasta

D） sushi

DIALOGUE 4

A） I like to watch movies after school. What do you like to do?

B） I like to play video games.

A） My mother says watching TV and playing video games is bad for our eyes.

B） That's right. We can't watch TV or play video games too much.

A）We should read more books and play outside.

Question 1

Why are playing video games and watching movies too much bad for you?

A）It is bad for our ears.

B）It is bad for our legs.

C）It is bad for our hands.

D）It is bad for our eyes.

Question 2

What should the boys do?

A）They should play outside and read more books.

B）They should play more video games.

C）They should watch more TV.

D）They should sleep.

DIALOGUE 5

A）What are you looking for?

B）I'm looking for my shoes. Have you seen them?

A）No. Did you look under the chair?

B）Yes. I didn't see them. Maybe they are in my room in my closet.

A）I hope you can find them. We have to go to school in 10 minutes!

B）I will do my best to look for them.

Question 1

Where do they have to go?

A）They have to go to the shoe store.

B）They have to go to the living room.

C）They have to go to school.

D）They have to go to the baseball game.

Question 2

When should they leave the house?

A）They should leave in 10 minutes.

B）They should leave after they clean their rooms.

C）They should leave in one hour.

D）They should leave after school.

2 次の英文には文法的な誤りが1つあります。誤っている箇所を①～④の中から1つずつ選び，その番号をマークしなさい。

(1) I have① book② about③ Japanese food④.

(2) John thinks play① soccer② is③ fun④.

(3) A：How long① have② you work③ there④?

B：Since 2017.

(4) There① was② a big event who③ introduced Japanese culture④ to the world.

3 次の(1)～(10)の英文の(　　)に入れるのに最も適切なものを①～④の中から1つずつ選び，その番号をマークしなさい。

(1) He (　　) like tomatoes very much.

① don't　② doesn't　③ isn't　④ wasn't

(2) Mother：(　　) are you so happy?

Boy　：Because my aunt gave me some video games.

① What　② Where　③ When　④ Why

(3) I have never (　　) Italy.

① visit　② visiting　③ visited　④ am visited

(4) That is the car (　　) my father drives every weekend.

① who　② which　③ whose　④ what

(5) Hey, look at the man (　　) on the wall!

① climb　② climbed　③ climbing　④ is climbing

(6) My sister went to the library (　　) books.

① read　② reads　③ has read　④ to read

(7) I'll show you (　　) to make a banana cake.

① what　② when　③ how　④ where

(8) English is (　　) than math.

① easy　② easier　③ easiest　④ more

(9) She (　　) leave home early tomorrow morning.

① do　② will　③ has　④ have

(10) She was (　　) busy that she couldn't go shopping yesterday.

① such　② not　③ so　④ much

4 次の(1)～(3)の会話文の[　　　]に入る最も適切なものを①～④の中から1つずつ選び，その番号をマークしなさい。

(1) A：Your bag is very nice! [　　　　　　]

B：I bought this at the department store in Australia.

① Where did you get it?

② When did you get it?

③ Who gave it to you?

④ What did you give me?

(2) A：Why aren't you eating your food very much?

B：I'm not so hungry. [　　　　　　]

A：That's too bad. You should go to see a doctor.

① I will eat two hamburgers at lunch.

② I won't eat very much.

③ I'm fine.

④ I have been sick since last night.

(3) A：Do you know Ken? He is very cool.

B：Yes. He is one of my friends. He is good at badminton.

A：Is he better than you?

B：Yeah. When we play together, [　　　　　　]

① I always lose.

② He goes shopping.

③ He always loses.

④ I always win easily.

5 次の英文はショッピングモールに遊びに出かけたMei，Aoi，Hinaの会話です。これを読んで，(1)，(2)の問いに答えなさい。

Mei：It's really cold today.

Aoi：I think so, too. What are you doing today?

Hina：I want to buy a pen, so I want to go to the *stationery store there.

Mei：Okay.

Hina：This pen is cute, isn't it?

Aoi：Yes. It's new. I will buy it, too.

Mei：Ah, I'm hungry. Let's go to the *food court.

Hina：Sounds good.

⋮

Aoi：There are many shops for eating, so I can't choose what I want to eat now.

Mei：I want to eat ice cream. But I also want to have a hamburger.

Hina：You should eat both if you can.

Mei：If I do so, I will get fat. Umm, I'll take a hamburger!

Aoi ：Then I'll eat an ice cream.

Hina：I'll have the same one too.

⋮

Aoi ：I'm full. Why don't we go to see a movie?

Mei ：I don't want to go to the theater because I'm going to sleep there. I want to go to see some new clothes for our trip.

Hina：Good. I agree with you. We made a plan for our graduation trip in March.

Aoi ：Then let's go to that clothing store.

⋮

Mei ：These gloves are so cute.

Aoi ：Yes, they look good.

Hina：I will buy a scarf.

Aoi ：Both of you have chosen so quickly.

Mei ：Ah, it is fun to choose clothes. Oh, I need to buy some bread for my family. I want to eat some pizza, too.

Hina：Didn't you just eat that hamburger?

Aoi ：Okay, I'm going to buy a sandwich. Let's go to the bakery store.

Mei ：Sounds nice!

Hina：Okay!

*stationery 文房具 *food court フードコート

(1) Meiがショッピングモール内で食べたものを①～④の中から1つ選び，その番号をマークしなさい。

① a hamburger ② a sandwich ③ pizza ④ an ice cream

(2) 3人がショッピングモール内で入った店の正しい順番を①～④の中から1つ選び，その番号をマークしなさい。

① Clothing store ⇒ Stationery store ⇒ Food court ⇒ Bakery store

② Clothing store ⇒ Stationery store ⇒ Movie theater ⇒ Bakery store

③ Stationery store ⇒ Food court ⇒ Movie theater ⇒ Bakery store

④ Stationery store ⇒ Food court ⇒ Clothing store ⇒ Bakery store

6 次の英文は雄二(Yuji)のスピーチ原稿です。これを読んで，(1)～(6)の問いに答えなさい。

I will talk about my summer memories. I visited my uncle who lives in Singapore during summer vacation. (①) This was my first trip to go abroad, so I was really looking forward to ア it. Singapore has a lot of places to visit. There are some beautiful parks, old buildings, and *fancy hotels. Do you know there is *a theme park named Central Movies Singapore? I have visited Central Movies Japan before, but I didn't know there was a same kind of theme park in Singapore. (②) Central Movies Singapore has different kinds of *attractions from the Japanese one, so イ I had a lot of fun.

I was also moved because every place in Singapore was clean, and I didn't see any *garbage on the street during my trip. (③) He told me the reason, and I was really surprised to hear ウone thing. We must not eat *chewing gum in Singapore because of the laws! Can you believe it? Also, you cannot eat or drink anything on trains or public buses. Singapore has very * strict rules to keep the country clean.

My trip to Singapore was full of *surprises. Everything I saw エthere was exciting and interesting for me. (④) I think going abroad *broadens our mind, so I want to visit other countries someday and try to find something that I don't know there.

Thank you for your listening.

*fancy　豪華な　*a theme park　テーマパーク，遊園地　*attractions　乗り物，アトラクション
*garbage　ごみ　*chewing gum　チューインガム　*strict　厳しい　*surprise　驚き
*broaden　広げる

(1) I wondered why Singapore was so clean, and asked my uncle. という文を入れる最も適切な場所を，本文中の(①)～(④)の中から1つ選び，その番号をマークしなさい。

(2) 下線部アが表す最も適切なものを①～④の中から1つ選び，その番号をマークしなさい。
① 初めておじに会うこと。
② 初めて思い出を話すこと。
③ 初めて夏休みを家族と過ごすこと。
④ 初めて海外に行くこと。

(3) 下線部イの理由として最も適切なものを①～④の中から1つ選び，その番号をマークしなさい。
① 日本にあるテーマパークと同じアトラクションがあったから。
② 日本にあるテーマパークとは違うアトラクションがあったから。
③ シンガポールにテーマパークがあるとは知らなかったから。
④ シンガポールにテーマパークがあることを知っていたから。

(4) 下線部ウが表す内容として最も適切なものを①～④の中から1つ選び，その番号をマークしなさい。
① おじが理由を教えてくれたこと。
② シンガポールは道がきれいだということ。
③ 日本にあるのと同じチューインガムがあること。
④ チューインガムを食べてはいけないという法律があること。

(5) 下線部エが表す最も適切なものを①～④の中から1つ選び，その番号をマークしなさい。
① 日本　② シンガポール　③ 公園　④ ホテル

(6) 本文の内容として最も適切なものを①～④の中から1つ選び，その番号をマークしなさい。
① 雄二は以前にも海外に行ったことがある。
② 雄二は日本にあるのと同じようなテーマパークがシンガポールにあることを知らなかった。
③ 雄二のシンガポールへの旅行はつまらないものだった。
④ 雄二は今度は国内旅行をしたいと思った。

7 次の(1)～(6)の日本語に合うように，①～④の語句を並べかえたとき，それぞれ［ア］，［イ］に入る最も適切なものを1つずつ選び，その番号をマークしなさい。

(1) 私たちは昨日学校に行く必要はありませんでした。

We (［ア］) (　　) (［イ］) (　　) to school yesterday.

① go　② to　③ have　④ didn't

(2) 彼はこの町で最も有名な医者です。

He is (［ア］) (　　) (［イ］) (　　) this town.

① in　② the　③ famous doctor　④ most

(3) あなたたちはこの湖で泳ぐべきではありません。

You (　　) (［ア］) (　　) (［イ］) this lake.

① not　② in　③ swim　④ should

(4) 私はケンタほどバスケットボールが上手ではありません。

I can't play (［ア］) (　　) (［イ］) (　　) Kenta.

① as　② basketball　③ as　④ well

(5) 彼女は将来，数学の先生になりたいと思っています。

She (［ア］) (　　) (［イ］) (　　) in the future.

① to　② wants　③ a math teacher　④ be

(6) あなたは今，何をしていますか。

What (　　) (ア) (　　) (イ)?

① doing　② are　③ now　④ you

① 霜月《しもつき》　② 弥生《やよい》　③ 長月《ながつき》　④ 卯月《うづき》

問二　――線部2「いと」の言葉の意味として最も適当なものを次の①～④の中から一つ選び、その番号をマークしなさい。

① 本当に　② とても　③ たぶん　④ あまり

問三　══線部a～dの「の」のうち、主語を表すものはどれですか。最も適当なものを次の①～④の中から一つ選び、その番号をマークしなさい。

① a　② b　③ c　④ d

問四　A の二か所に当てはまるものとして最も適当なものを次の①～④の中から一つ選び、その番号をマークしなさい。

① ぞ　② なむ　③ や　④ こそ

問五　――線部3「やうなる」、4「いみじう」を現代仮名遣いに直すと、どれが正しいですか。最も適当なものを次の①～④の中からそれぞれ一つずつ選び、その番号をマークしなさい。

3「やうなる」　① ようなる　② よくなる　③ やうなゑ　④ やうなれ

4「いみじう」　① いみじく　② いみじゅう　③ いみぢう　④ いんじゅう

問六　――線部5「重げなる」の理由として最も適当なものを次の①～④の中から一つ選び、その番号をマークしなさい。

① 風が強く吹くから。　② 蜘蛛が巣を張るから。
③ 露が葉についているから。　④ 虫が葉に止まるから。

問七　――線部6「をかし」の主語として最も適当なものを次の①～④の中から一つ選び、その番号をマークしなさい。

① 作者　② 作者以外の人　③ 日　④ 露

問八　――線部7「またをかしけれ」はどのようなことを「をかし」と言っていますか。その説明として最も適当なものを次の①～④の中から一つ選び、その番号をマークしなさい。

① 夜通し激しく降った雨が、今朝はやんだが、建物が壊れてしまい悲しい気持ちになったこと。
② 日が高く昇ったときに誰も手を触れないのに枝が急に上の方へ上がって不思議に思ったこと。
③ 一晩中、雨が降っていたが、翌日やんで草木がいきいきとしてさわやかな気持ちになったこと。
④ 自分がおもしろいと思うことを、他の人は少しもおもしろいとは思わないだろうということ。

問九　この文章にふさわしい題名をつけるとすれば何ですか。最も適当なものを次の①～④の中から一つ選び、その番号をマークしなさい。

① 夜の雨　② 蜘蛛の巣
③ 露の美　④ 枝の動き

問十　この文章は「枕草子」の一節です。Ⅰ「作者名」とⅡ「作品のジャンル」として最も適当なものを次の①～④の中からそれぞれ一つずつ選び、その番号をマークしなさい。

Ⅰ「作者名」　① 紀貫之　② 清少納言　③ 鴨長明　④ 紫式部

Ⅱ「作品のジャンル」　① 随筆　② 日記　③ 紀行　④ 物語

① 話の内容をより理解したいと思うから。
② ページ数が多く子供には読み切れない量だから。
③ 失った友達がよみがえってくるように思えるから。
④ いつも泣いてしまい、最後まで読めないから。

問七　――線部4「そっと絵本を挿した」理由として最も適当なものを次の①～④の中から一つ選び、その番号をマークしなさい。
① 本が傷んでしまい、人に知られないように捨ててしまいたかったから。
② 今までの悲しさを埋めてくれるものができ、絵本が必要ではなくなったから。
③ この本を他の人にも読んでもらい、感動を共感してもらいたいから。
④ この絵本を飾るのには、緑が調和した最も適当な木だと思ったから。

問八　――線部5「あたたかなピンク色で、それが木漏れ日のようにきらきらと穏やかな光りを投げている」とありますが、何を表現していますか。最も適当なものを次の①～④の中から一つ選び、その番号をマークしなさい。
① 本が次の人の手に旅するために変化したこと。
② 絵本が少年に、自分の存在を示していること。
③ その本に似合うように絵本が変化したこと。
④ 木漏れ日の美しさを反映していること。

問九　この文章を読んで、「本」を表現したものとして、最も適当なものを次の①～④の中から一つ選び、その番号をマークしなさい。
① 本はその時代に合うように体裁だけを整えてきた。
② 本は人から人の手に、貸し出されることで存在してきた。
③ 本は形を変え、誰かに寄り添うように存在してきた。
④ 本は子供のために作られ、その成長を助けてきた。

三

次の文章を読んで、後の問いに答えなさい。

九月ばかり[1]、夜一夜《よひとよ》降り明かしつる雨《降りとおした雨》の、今朝はやみて《やんで》、朝日いとけざやかに《あざやかに》[2]さし出《い》でたるに、前栽《せんざい》[※1][a]の露はこぼるばかり濡《ぬ》れかかりたるも、いとをかし。透垣《すいがい》[※2][b]の羅文《らんもん》[※3]、軒《のき》の上などはかいたる《かかってあった》蜘蛛《くも》の巣[c]のこぼれ《こわれて》残りたるに、雨のかかりたるが、白き玉を貫きたるやうなる[3]こそ、

[A]、いみじうあはれにをかしけれ[4]。

少し日たけぬれば《高くあがってしまうと》、萩《はぎ》[d]などの、いと重げなる[5]に、露の落つるに、枝うち動きて、人も手触れぬに、ふと上《かみ》ざまへ《急に上の方へ》上がりたるも、いみじうをかし[6]。と言ひたることどもの、人の心には、つゆ《少しも》をかしからじと思ふ[A]、またをかしけれ[7]。

※1　前栽　庭の植え込み。
※2　透垣　竹や細い板を、間を透かして編んだ垣根。
※3　羅文　戸や垣根などの上に細い木や竹を、二、三本斜めに菱形《ひしがた》に組み合わせた飾り。

問一　――線部1「九月」の月の異名として最も適当なものを次の①～④の中から一つ選び、その番号をマークしなさい。

母親の呼ぶ声で男の子は坂のしたにむかって駆けだした。数メートル離れたところで急停止し，うしろを振り返る。あれ、クッキーの絵本ってあんな色の表紙だったかな。風に揺れる木の葉のあいだに見えるのは、あたたかなピンク色で、それが木漏れ日のようにきらきらと穏やかな光りを投げている。

一瞬、男の子は迷ったけれど、走りだした勢いはとまらなかった。だってまだ日曜日はまるまる手つかずで残っているのだ。スニーカーの底が歩道を打つやわらかな音を響かせて、男の子は遥かに続く坂のしたに消えた。

問一 [A]～[C]に入る語として最も適当なものを次の①～④の中からそれぞれ一つずつ選び、その番号をマークしなさい。

[A] ① 美声 ② 歓声 ③ 怒声 ④ 嘆声

[B] ① 満足 ② 不機嫌 ③ 愉快 ④ 悲壮

[C] ① 視線 ② 関心 ③ 注意 ④ 敬意

問二 ――線部a「大往生」、b「無二」の意味として最も適当なものを次の①～④の中からそれぞれ一つずつ選び、その番号をマークしなさい。

a「大往生」
① 健康で過ごすこと。
② 死に際の苦痛のこと。
③ 長寿を祝うこと。
④ 安らかに死ぬこと。

b「無二」
① かけがえのないこと。
② 仲良しであること。
③ 特別であること。
④ 異色であること。

問三 本文中には次の文章が抜けています。文中の[1]～[4]のどこに入るのが適当ですか。最も適当なものを次の①～④の中から一つ選び、その番号をマークしなさい。

(これはまるでクッキーとぼくのお話みたいだ。この本は誰かが、ぼくひとりのために書いてくれた本なのかなあ)

① [1] ② [2] ③ [3] ④ [4]

問四 ――線部1「足をひきずりながら」とありますが、その理由として最も適当なものを次の①～④の中から一つ選び、その番号をマークしなさい。

① 転んで怪我をしてしまったから。
② ランドセルが重くて歩きづらいから。
③ 大切なものを失い悲しいから。
④ 公園の遊具がつまらないから。

問五 ――線部2「抽象的」の対義語として、最も適当なものを次の①～④の中から一つ選び、その番号をマークしなさい。

① 創造的 ② 対照的 ③ 象徴的 ④ 具体的

問六 ――線部3「その日、男の子は夕方に一度、さらに夜寝るまえにもう一度、その絵本を読むことになるだろう」とありますが、なぜですか。最も適当なものを次の①～④の中から一つ選び、その番号をマークしなさい。

ブランコのうえにその本を見つけたのは、涙で曇った目にそこだけ穏やかな光りがさしているように見えたからかもしれない。男の子は柵《さく》をくぐって、ブランコの横に立った。本の表紙を確かめてみる。抽象的な緑のなかを、灰色に白い斑《ぶち》のダックスフンドが澄まして散歩している絵柄だった。

（クッキーと同じ模様だ）

男の子はその絵が死んだ犬に似ているだけで、[A]をあげそうになった。本を手にしてみる。それはB5ほどのおおきさの横長の絵本だった。五十ページほどだが、表紙が厚いので、子どもの手にはかなりのもちごたえがあった。

男の子はブランコに座り、誰かがおいていった絵本を開いた。それは一匹の犬の幸福な一生を描いた物語だった。子犬を買った若い夫婦は、臆病でお腹をこわしてばかりいるダックスフンドに優しかった。やがて生まれてくるひとりっ子の長男とその犬は、兄弟のように育てられ、ベッドをともにするようになるだろう。いくつかの四季を重ねて、ふたりは無二の親友に成長していく。

[1]

だが、犬の時間と人の時間は異なっていた。犬は何倍もの早さで年をとっていき、いつかは少年にお別れをすることになる。ベッドの隅のいつもの場所で、少年に抱かれたままこの世を去る朝、ダックスフンドの顔には[B]そうな表情が浮かんでいた。さよなら、ともだち。いっしょに遊べて、すごくうれしかった。

引きこまれて読み終えて、自分が涙を流していることさえ気づかないまま、男の子は思った。

[2]

男の子は薄い絵本を両手で胸に抱き、晩ごはんまでにもう一度読み直すつもりで、家に帰った。その日、男の子は夕方に一度、さらに夜寝るまえにもう一度、その絵本を読むことになるだろう。

[3]

その日課がつぎの一週間も続くことになる。男の子のなかでクッキーを失った痛みが薄れ、かつて元気だった友達の姿がいきいきとよみがえるようになるまで、男の子はその本に熱中することだろう。

[4]

本と出会って二度目の日曜日、両親といっしょに男の子がはいったのは、大通りに面したオープンカフェだった。ダックスフンドの絵本はいつももち歩いていたせいで、カバーがやぶけ、ページの端は黒ずんで角を丸めている。あれほど夢中になった絵本だったが、新しい子犬がペットショップから届くと、男の子の気もちは醒《さ》めてしまっていた。だって、今度はすごくかわいいミニチュアシュナウザーなのだ。

遅めのブランチを終えた家族は席を離れた。レジで順番を待つ両親よりひと足早く、男の子は幅の広い遊歩道にでた。ゆるやかな坂沿いにケヤキ並木が続く、都心の参道である。

男の子は周囲を見まわした。誰も自分に[C]を払っていないのを確認する。つま先立ちすればようやく手に届くケヤキの枝の分かれ目に、そっと絵本を挿した。深緑の本は若葉となじんで、とてもきれいだった。その本のために植えられたディスプレイ用の樹木にさえ見える。

「いくよ、トモくん」

を確かめるため。

② 自分のオリジナリティが相手に伝わるものであるかを客観的に確認するため。

③ 自分のオリジナリティが本当に自分の伝えたいことであるかを見直すため。

④ 自分のオリジナリティが相手よりすぐれているものかについて吟味するため。

問七 ――線部5「個人としての存在意義をもたらす」とありますが、もたらされるのはどのようなときですか。説明した文として最も適当なものを次の①～④の中から一つ選び、その番号をマークしなさい。

① 個人の問題として考えたことを、社会的な問題に結びつけて語ることで、多くの人に理解されたとき。

② 経験の積み重ねによって完成した自己のオリジナリティが、他者のオリジナリティと重なっていたとき。

③ 他者との相互的なやりとりの中で表現されたオリジナリティが、さまざまな人に共通了解されたとき。

④ 自分がすぐれていると考え、自分の言葉を用いて語った内容に対し、相手が理解を示してくれたとき。

問八 本文の内容と一致するものとして最も適当なものを次の①～④の中から一つ選び、その番号をマークしなさい。

① さまざまな人間関係のなかで相手に自分の語る内容に注目してもらうために、メジャーかつ社会的な問題を取り入れ、わかりやすくするべきである。

② 対話では、自分の思考を相対化し、さまざまな人と相互的なやりとりをすることで、自分のオリジナリティを相手に把握されるものにする必要がある。

③ 対話における最終的な目的は、共有化されたオリジナリティが相手に影響を及ぼすことで、自分の意見が正しいことが多数の人に伝わることである。

④ 対話を進めていく上では、自己の意見と相手の意見とがそれぞれ影響することが重要であり、自分の語る内容や表現に相手が共感を示す必要はない。

二

次の文章を読んで、後の問いに答えなさい。

本は自分がいつ生まれたのか知らなかった。

遥か昔は乾いた葉を束ねただけだったような気がしたけれど、それがいつ手漉《てす》きの紙を綴《と》じたものに変わったのかもわからなかった。本はその時代の書物の形に変身を繰り返しながら、百年千年の時間を、ただ人の手から人の手に旅して生きてきたのである。

（中略）

（だって、クッキーは死んじゃったんだ）

男の子はランドセルを背に、[1]足をひきずりながら、公園を横切っていた。築山《つきやま》、ジャングルジム、シーソーにブランコ。いつもならたのしげな公園の遊具が、意味のないグロテスクなものに見えた。クッキーは男の子が生まれたときからいっしょに暮らしたミニチュアダックスフンドである。十七歳という年齢は[a]大往生といってよかったけれど、男の子にはまだ死を理解することも、納得することもできなかった。

義をもたらすものになるのでしょう。そこには、よりよく生きようとするわたしたちの意志とそのためのことばが重なるのです。

問一　――線部a～eのそれぞれのカタカナの部分と同じ漢字を用いている言葉を次の①～④の中からそれぞれ一つずつ選び、その番号をマークしなさい。

a　ツイキュウ　①　希求　②　究明　③　休憩　④　窮屈

b　チョウセイ　①　成長　②　生物　③　静観　④　整頓

c　テッテイ　①　撤収　②　体裁　③　徹夜　④　低圧

d　ダンカイ　①　階段　②　会議　③　解除　④　回数

e　サンドウ　①　解散　②　産地　③　参加　④　協賛

問二　[A]・[B]に入る語として最も適当なものを次の①～④の中からそれぞれ一つずつ選び、その番号をマークしなさい。

①　なぜなら　②　一方　③　もちろん　④　しかし

問三　――線部1「対話という活動の課題」とはどういうことですか。その説明として最も適当なものを次の①～④の中から一つ選び、その番号をマークしなさい。

①　自分の考えを整理することと、オリジナリティを加えることとをどのように結びつけるかということ。

②　オリジナルの言葉で語ることと、わかりやすく伝えることとをどのように結びつけるかということ。

③　相手の思考を理解することと、自分の気持ちを伝えることとをどのように結びつけるかということ。

④　自分のオリジナリティと、相手の個性を受容することとを、どのように結びつけるかということ。

問四　――線部2「インターアクション（相互作用）」とありますが、どのようなものですか。その説明として最も適当なものを次の①～④の中から一つ選び、その番号をマークしなさい。

①　自分の考えをオリジナルのものとして相手に理解させ、その上で、相手に対して受容を促すもの。

②　相手の考えを理解した上で自分の考えを相手に伝えることで、互いに活発な議論を行うためのもの。

③　自分の思考を自分の表現として相手に伝え、それを共有した上で、相手からの反応を求めるもの。

④　相手のすぐれた部分を認めることで、自己の独りよがりな意見を反省したことを相手に伝えるもの。

問五　――線部3「相対」の対義語として、最も適当なものを次の①～④の中から一つ選び、その番号をマークしなさい。

①　対比　②　応対　③　対偶　④　絶対

問六　――線部4「さまざまな人とのインターアクションが不可欠である」とありますが、この理由として最も適当なものを次の①～④の中から一つ選び、その番号をマークしなさい。

①　自分のオリジナリティが他者のものと同じになっていないか

【国　語】（四五分）〈満点：一〇〇点〉

一　次の文章を読んで、後の問いに答えなさい。

相手にわかるように話すことと、自分のオリジナリティを[a]ツイキュウすることは、一見矛盾する反対のことのように感じる人もいるかもしれません。［A］、この二つは、それぞれバラバラに存在するものではないのです。

伝えたいことを相手にわかるように話すことが自分と他者の関係における課題であるのに対し、オリジナリティを出すということは、自己内の思考を整理・[b]チョウセイする課題であるといえます。この二つをどのようにして結ぶかということが、[1]対話という活動の課題でもあります。

どんなにすぐれたもののつもりでも相手に伝わらなければ、単なる独りよがりに過ぎません。また、「言っていることはわかるが、あなたの考えが見えない」というようなコメントが相手から返ってくるようでは、個人の顔の見えない、中身のないものになってしまいます。一人ひとりのオリジナリティを、どのようにして相手に伝えるか、ということが、ここでの課題となります。

ここで、自分の考えを相手にも受け止めてもらうという活動が必要になります。[2]これをインターアクション（相互作用）と呼びます。インターアクションとは、さまざまな人との相互的なやりとりのことです。自分の内側にある「伝えたいこと」を相手に向けて自らの表現として発信し、その表現の意味を相手と共有し、そこから相手の発信を促《うなが》すことだと言い換えることもできるでしょう。

テーマを自分の問題としてとらえることで[c]テッテイ的に自己に即しつつ、これをもう一度[3]相対化して自分をつきはなし、説得力のある意見を導き出すためには、[4]さまざまな人とのインターアクションが不可欠であるといえます。このインターアクションによって、今まで見えなかった自らの中にあるものが次第に姿を現し、それが相手に伝わるものとして、自らに把握《はあく》されるとき、自分のことばで表現されたあなたのオリジナリティが受け止められ、相手にとっても理解できるものとして把握されたとき、対話は次の[d]ダンカイにすすむと考えることができます。

相手に伝わるということは、それぞれのオリジナリティをさまざまな人との間で認め合える、ということであり、自分の意見が通るということとは、その共有化されたオリジナリティがまた相手に影響を及ぼしつつ、次の新しいオリジナリティとしてあなた自身の中でとらえなおされるということなのです。これこそが対話という活動の意味だということができるでしょう。

そして、あなたの語る内容に相手が[e]サンドウしてくれるかどうかが、対話での最終的な課題となります。［B］、さまざまな人間関係の中で、わたしたちを結びつけているのは、「わかった、わかってもらった」という共通了解の実感だからです。

どんな社会的な問題でも、わたしたちはそれぞれの個をくぐらせて、その問題を見つめています。この「私」と問題とのかかわりが、異なる視点と出会い、対話を通して相互の「個」が理解に至ったとき、「わかった、わかってもらった」という実感が喜びをともなって立ち現れてくるのです。この実感がわたしたちに[5]個人としての存在意

MEMO

大切なことはメモしておこうネ！

2022年度

解　答　と　解　説

《2022年度の配点は解答欄に掲載してあります。》

＜数学解答＞

1　(1)　ア　9　(2)　イ　5　ウ　6　(3)　エ　4　(4)　オ　6　カ　3
(5)　キ　4　ク　2

2　(1)　ア　4　(2)　イ　2　ウ　2　(3)　エ　2　オ　2　(4)　カ　8　キ　8
(5)　ク　2　ケ　3　(6)　コ　1　サ　5　シ　4　ス　5

3　(1)　ア　1　イ　2　(2)　ウ　8　エ　3　オ　8　(3)　カ　2　キ　8
ク　3　(4)　ケ　1　コ　3　サ　2

4　(1)　ア　7　イ　4　(2)　ウ　6　エ　7　(3)　オ　7　カ　8

5　(1)　ア　3　イ　6　(2)　ウ　1　エ　6　(3)　オ　5　カ　1　キ　2
(4)　ク　1　ケ　3

6　(1)　ア　4　(2)　イ　1　ウ　7　(3)　エ　3　(4)　オ　6　カ　0

○配点○

1　各4点×5　2　各4点×6　3　各3点×4　4　各4点×3　5　各4点×4
6　各4点×4　計100点

＜数学解説＞

基本　1　(正負の数，式の計算，平方根)

(1)　$3-2\times(-3)=3+6=9$

(2)　$3\times\frac{5}{12}-\frac{5}{12}=\frac{15}{12}-\frac{5}{12}=\frac{10}{12}=\frac{5}{6}$

(3)　$10x-2y-2(5x+y)=10x-2y-10x-2y=-4y$

(4)　$6x^2\div2xy\times(-2x^2y^2)=-\frac{6x^2\times2x^2y^2}{2xy}=-6x^3y$

(5)　$\sqrt{18}-\sqrt{8}+2(2-\sqrt{2})=3\sqrt{2}-2\sqrt{2}+4-2\sqrt{2}=4-\sqrt{2}$

基本　2　(1次方程式，連立方程式，2次方程式，因数分解，方程式の利用)

(1)　$6x-19=10x-3$　$6x-10x=-3+19$　$-4x=16$　$x=-4$

(2)　$2x-3y=10$…①　$-x-4y=6$…②　①＋②×2より，$-11y=22$　$y=-2$　これを②に代入して，$-x+8=6$　$x=2$

(3)　$2x^2-8x+4=0$　$x^2-4x+2=0$　$x^2-4x+4=-2+4$　$(x-2)^2=2$　$x-2=\pm\sqrt{2}$　$x=2\pm\sqrt{2}$

(4)　$x^2-64=x^2-8^2=(x+8)(x-8)$

(5)　和が-1，積が-6となる2数は2と-3だから，$x^2-x-6=(x+2)(x-3)$

(6)　小さい方の数をxとすると，$x+3x=60$　$4x=60$　$x=15$　よって，15と45

3 （図形と関数・グラフの融合問題）

基本 (1) $\triangle AOB=\frac{1}{2}\times OA\times OB=\frac{1}{2}\times 8\times 3=12$

基本 (2) 傾きは，$\frac{0-8}{3-0}=-\frac{8}{3}$　切片は8　よって，$y=-\frac{8}{3}x+8$

重要 (3) $\triangle ACD=\frac{1}{2}\triangle AOB=\frac{1}{2}\times 12=6$　点Dのx座標をtとすると，$\triangle ACD=\frac{1}{2}\times(8-2)\times t=3t$ よって，$3t=6$　$t=2$　$y=-\frac{8}{3}x+8$にxに$x=2$を代入して，$y=-\frac{8}{3}\times 2+8=\frac{8}{3}$　よって，$D\left(2,\ \frac{8}{3}\right)$

基本 (4) 直線ℓの式を$y=ax+2$とすると，点Dを通るから，$\frac{8}{3}=2a+2$　$2a=\frac{2}{3}$　$a=\frac{1}{3}$　よって，$y=\frac{1}{3}x+2$

基本 4 （角度）

(1) $\angle x=54^\circ+50^\circ-30^\circ=74^\circ$

(2) 平行線の同位角は等しく，三角形の内角と外角の関係より，$\angle x=132^\circ-65^\circ=67^\circ$

(3) 平行線の錯角は等しく，折り返した角は等しいから，$\angle x=180^\circ-51^\circ\times 2=78^\circ$

5 （確率）

基本 (1) サイコロの目の出方の総数は$6\times 6=36$(通り)

基本 (2) 題意を満たすのは，$(a,\ b)=(1,\ 6)$，$(2,\ 5)$，$(3,\ 4)$，$(4,\ 3)$，$(5,\ 2)$，$(6,\ 1)$の6通りだから，求める確率は，$\frac{6}{36}=\frac{1}{6}$

(3) 題意を満たすのは，$(a,\ b)=(1,\ 4)$，$(2,\ 2)$，$(2,\ 4)$，$(2,\ 6)$，$(3,\ 4)$，$(4,\ 1)$，$(4,\ 2)$，$(4,\ 3)$，$(4,\ 4)$，$(4,\ 5)$，$(4,\ 6)$，$(5,\ 4)$，$(6,\ 2)$，$(6,\ 4)$，$(6,\ 6)$の15通りだから，求める確率は，$\frac{15}{36}=\frac{5}{12}$

(4) 題意を満たすのは，$(a,\ b)=(1,\ 2)$，$(1,\ 5)$，$(2,\ 1)$，$(2,\ 4)$，$(3,\ 3)$，$(3,\ 6)$，$(4,\ 2)$，$(4,\ 5)$，$(5,\ 1)$，$(5,\ 4)$，$(6,\ 3)$，$(6,\ 6)$の12通りだから，求める確率は，$\frac{12}{36}=\frac{1}{3}$

基本 6 （資料の整理）

(1) $a=40-(1+3+3+7+12+5+3+2)=4$

(2) $3+3+4+7=17$(人)

(3) $\frac{12}{40}=0.3$

(4) $200\times 0.3=60$(人)

★ワンポイントアドバイス★

基礎力重視の出題構成，難易度とも変わらない。あらゆる分野の基礎をしっかりと固めておこう。

＜英語解答＞

1　(ア)　(1)　Ⓒ　(2)　Ⓑ　(3)　Ⓐ　(4)　Ⓓ　(5)　Ⓑ　(6)　Ⓐ　(7)　Ⓓ
(8)　Ⓒ　(9)　Ⓐ　(10)　Ⓓ
(イ)　D1　(1)　Ⓒ　(2)　Ⓐ　D2　(1)　Ⓑ　(2)　Ⓓ　D3　(1)　Ⓐ　(2)　Ⓐ
D4　(1)　Ⓓ　(2)　Ⓐ　D5　(1)　Ⓒ　(2)　Ⓐ

2　(1)　②　(2)　①　(3)　③　(4)　③

3　(1)　②　(2)　④　(3)　③　(4)　②　(5)　③　(6)　④　(7)　③
(8)　②　(9)　②　(10)　③

4　(1)　①　(2)　④　(3)　①　**5**　(1)　①　(2)　④

6　(1)　③　(2)　④　(3)　②　(4)　④　(5)　②　(6)　②

7　(1)　ア　④　イ　②　(2)　ア　②　イ　③　(3)　ア　①　イ　②
(4)　ア　②　イ　④　(5)　ア　②　イ　④　(6)　ア　④　イ　③

○配点○
1　(ア)　各1点×10　(イ)　各2点×10　2　各2点×4　3　各2点×10
4　各2点×3　5　各3点×2　6　各3点×6　7　各2点×6(各完答)　計100点

＜英語解説＞

1　リスニング問題解説省略。

重要 **2**　(文法・正誤問題，動名詞，現在完了，関係代名詞)

(1)　「私は和食に関する本を持っている」　②　book は数えられる名詞なので，正しくは a book としなければならない。

(2)　「サッカーをすることは楽しい，とジョンは考えている」　ジョンが考えているのは，「サッカーをすること」なので，正しくは，①　play を playing と動名詞にする。

(3)　A：「あなたはそこでどのくらいの期間働いていますか」／B：「2017年からです」　時間の幅を表す表現(継続)なので，正しくは，③を worked(過去分詞)として，現在完了＜have + 過去分詞＞(完了・経験・結果・継続)の文にする。

(4)　「日本文化を世界へ紹介する大きな行事がありました」　先行詞は‘もの’なので，③は which[that]にしなければならない。＜先行詞(もの) + 主格の関係代名詞 which[that] + 動詞＞「動詞する先行詞」

基本 **3**　(文法：語句補充・選択，接続詞，現在完了，関係代名詞，分詞，不定詞，比較，助動詞)

(1)　「彼はそれほどトマトが好きではない」一般動詞[like]で，3人称単数現在形の否定なので，②　doesn't が正解。

(2)　母：「なぜそんなにうれしそうなのかしら」／少年：「叔母が僕にビデオゲームをくれたからだよ」少年が because と理由を述べているので，母親のせりふは理由を問う疑問文でなければならない。したがって，正解は，④　Why「なぜ」。①「何」②「どこ」③「いつ」

(3)　「私はイタリアへ行ったことがない」　have never に過去分詞を続けることで，現在完了＜have + 過去分詞＞(完了・経験・結果・継続)の文が完成する。したがって，正解は，③　visited。他の選択肢は過去分詞でないので，不可。

(4)　「あれは私の父が毎週末に運転している車です」　空所には，先行詞がもの(the car)で，目的格の関係代名詞 which が当てはまる。したがって，正解は，②　which。＜先行詞(もの)+ 目的格の関係代名詞 which + 主語 + 動詞＞「主語が動詞する先行詞」

(5) 「やあ，壁を登っている男性を見てください」「壁を登っている男性」なので，正解は現在分詞の③　climbing。the man climbing on the wall「壁を登っている男性」← 現在分詞の形容詞的用法＜名詞 + 現在分詞[原形 + -ing]+ 他の語句＞「～している名詞」

(6) 「私の姉[妹]は本を読むために図書館へ行った」「～するために」は不定詞[to + 原形]の副詞的用法で表わすことができる。よって，正解は，④　to read。他の選択肢は不定詞でないので，不可。

(7) 「バナナケーキの作り方をお見せしましょう」＜how + to不定詞＞「いかに～するか，～する方法」なので，正解は，③　how。①　＜what + to不定詞＞「何を～するか」②　＜when + to不定詞＞「いつ～するか」④　＜where + to不定詞＞「どこで～するか」

(8) 「英語は数学よりも簡単である」空所の後に than があるので，比較級が空所に当てはまることになる。正解は，easy の比較級である②　easier。＜比較級 + than＞「～よりも…」他の選択肢は次の通り。①「簡単な」easy の原級　③「最も簡単な」easy の最上級　④　more「もっと多く(の)」many／much の比較級

(9) 「彼女は明日の朝早く家を出発することになっている」tomorrow morning なので，未来を表す助動詞 will が当てはまる。＜will + 原形＞「～するだろう，するつもりである」他の選択肢は未来にならないので，不可。

(10) 「彼女はとても忙しいので，昨日，買い物に行けなかった」＜so ～ that …＞「とても～なので…」正解は，③　so。couldn't ← can't「できない」の過去形

やや難 **4** （会話文：文挿入，進行形，助動詞，現在完了，比較）

(1) A：「あなたのかばんはとても素晴らしいです！□」／B：「私はこれをオーストラリアのデパートで買いました」空所の発言を受けて，かばんの入手場所を答えていることから考えること。正解は，①「どこでそれを入手しましたか」②「いつそれを入手しましたか」③「だれがそれをあなたに与えましたか」④「何をあなたは私に与えましたか」

(2) A：「なぜあなたはそんなに多く食事を食べないのですか」／B：「私はそんなにお腹がすいていません。□」／A：それはお気の毒に。医師に診てもらうべきです」Bの空所の発言を受けて，That's too bad.　You should go to see a doctor. とAが答えていることから，空所には，体調が良くないという趣旨の発言が当てはまることが推測される。正解は，④「昨夜以来体調がすぐれません」。Why aren't you eating ～？← ＜be動詞 + 現在分詞[原形 + -ing]＞進行形「～しているところである」have been sick since「～以来病気である」←＜have + been (be動詞の過去分詞)+ X + since Y＞「Y以来Xである」現在完了(継続)That's too bad.「お気の毒に」should「~~～すべきである~~，するはずだ」①「昼食にハンバーガーを2つ食べましょう」②「私はそんなに食べるつもりはないです」won't = will not(未来の助動詞の否定形)③「体調は良いです」

(3) A：「ケンを知っていますか。彼はとてもかっこいいです」／B：「ええ。彼は私の友人の一人です。彼はバドミントンが上手です」／A：「彼はあなたより上手ですか」／B：「ええ。一緒にプレーすると，□」ケンはBよりもバドミントンが上手である，ということが，文脈より明白であり，一緒にバドミントンをすると，その結果Bがどうなるかを考える。正解は，①「私はいつも負けます」。＜be動詞 + good at＞「～が上手である」better「もっとよい，もっとよく」good／well の比較級。②「彼は買い物に行きます」go shopping「買い物に行く」③「彼がいつも負けます」④「私がいつも簡単に勝ちます」

5 （会話文：内容吟味，要旨把握，不定詞，助動詞）

（全訳）メイ(以下M)：今日は本当に寒いです。／アオイ(以下A)：私もそう思います。今日は

何をするつもりですか。／ヒナ(以下H)：私はペンを1本買いたいので，そこにある文房具店へ行きたいです。／M；わかりました。／H：このペンはかわいいですね。／A：ええ。それは新品です。私もそれを買おうと思います。／M：あっ，私はお腹が空いています。フードコートへ行きましょう。／H：それは良いですね。…

A：食べるのに多くの場所があるので，今，何を食べたいかを選ぶことができません。／M：私はアイスクリームを食べたいです。でも，ハンバーガーも食べたいです。／H：可能ならば，両方食べるべきです。／M：もしそうすれば，私は太ってしまうでしょう。そうですね，私はハンバーガーを食べることにします！／A：それでは，私はアイスクリームを食べます。／H：私も同じものを食べます。…

A：お腹が一杯です。映画を見に行きませんか。／M：そこで寝てしまうので，私は劇場へ行きたくありません。私たちの旅行のための新しい服を見に行きたいです。／H:いいですね。賛成です。私たちは，3月の卒業旅行の計画を立てましたよね。／A：では，あの洋服店へ行きましょう。…

M：この手袋はとてもかわいいです。／A：ええ，とても良さそうですね。／H：私はスカーフを買おうと思います。／A：あなた方二人とも，とても早く選びましたね。／M：ええ，服を選ぶのは楽しいです。あっ，私は家族のためにパンを買う必要があります。それに，ピザも少し食べたいです。／H：あなたはあのハンバーガーを食べたばかりではなかったですか。／A：わかりました，私はサンドイッチを買おうと思います。パン屋へ行きましょう。／M：すばらしいですね！／H：オーケー！

基本 (1) メイは最初，I want to eat ice cream. But I also want to have a hamburger. と述べているが，ヒナの You should eat both if you can.「可能ならば，両方を食べるべきです」という発言に対して，If I do so, I will get fat. Umm, I'll take a hamburger ! と最終的に言っていることから，考えること。<want + to不定詞>「～したい」should「～すべきである，するはずだ」 ② 「サンドイッチ」 ③ 「ピザ」 ④ 「アイスクリーム」

基本 (2) 来店順を本文で確認すること。

6 **(長文読解問題・エッセイ:文挿入，指示語，内容吟味，要旨把握，間接疑問文，接続詞，受動態，不定詞，助動詞，関係代名詞，現在完了，動名詞)**

(全訳) 私の夏の記憶について話します。私は夏休み中にシンガポールに住む私の叔父を訪れました。これが私にとって初めて海外へ行く旅だったので，アそのことを本当に楽しみにしていました。シンガポールには訪れるべき場所が多くあります。美しい公園，古い建物，そして，豪華なホテルがあります。セントラル・ムービーズ・シンガポールと名付けられた遊園地があるのを知っていますか。私はセントラル・ムービーズ・ジャパンを以前に訪れたことがありますが，シンガポールに同じ種類の遊園地があるということを知りませんでした。セントラル・ムービーズ・シンガポールには，日本のものと異なった乗り物があったので，イ私はおおいに楽しみました。

シンガポールのあらゆる場所がきれいだったので，私は感動もしましたが，私の旅行中に，通りにごみを落ちているのを見かけることは全くありませんでした。③なぜシンガポールがそんなにきれいなのか不思議に思い，私の叔父に尋ねてみました。彼は私にその理由を告げましたが，ウひとつのことを聞き，私は本当に驚きました。法律があるので，シンガポールではチューインガムを食べてはいけないのです！ 信じられますか。また，電車や公共のバスでは，何かを食べたり，飲んだりすることができません。シンガポールには，国をきれいに維持するために，非常に厳しい規則が存在します。

私のシンガポールへの旅行は驚きで一杯でした。エそこで私が見かけたすべてのものは，私にとって，ワクワクして，興味深いものでした。外国へ行くことで私たちの心は広がる，と感じたので，いつか他の国々を訪れて，私が知らないものをそこで見つけようとしてみたい，と思います。

やや難 (1)　挿入文は「なぜシンガポールがそんなにきれいなのか不思議に思い，私の叔父に尋ねてみた」であるが，③の箇所に入れれば，直後の He told me the reason,「彼がその理由を私に告げた」に，上手く接続する。I wondered why Singapore was so clean, ← Why was Singapore so clean ? が I wondered に挿入された形。疑問文が他の文に組み込まれる間接疑問文では，＜疑問詞 + 主語 + 動詞＞の語順になるので，注意。

やや難 (2)　下線部アを含む文は「これが私にとって初めて海外へ行く旅だったので，アそのことを本当に楽しみにしていた」の意味。以上の文脈から判断すること。＜～, so …＞「～である, だから…」

やや難 (3)　下線部イを含む文(Central Movies Singapore has different kinds of attractions from Japanese one, so イI had a lot of fun.)は，「セントラル・ムービーズ・シンガポールには，日本のものと異なった乗り物があったので，イ私はおおいに楽しみました」の意味であり，＜～, so …＞「～である，だから…」なので，下線部イの理由は，下線部イの直前に書かれていることになる。one には，前に出た同種類の単数名詞を指す用法がある。

やや難 (4)　下線部ウを含む箇所は「ウひとつのことを聞いて，私は本当に驚いた」の意。下線部ウが指す内容は，直後の文(We must not eat chewing gum in Singapore because of the laws ！「法律があるので，シンガポールではチューイングガムを食べてはいけない」)が該当する。was really surprised to hear ← surprise「(…が) ～を驚かす」の受動態／＜感情を表す語 + to 不定詞＞「～してある感情がわきあがる」must not「～してはいけない」because of「～が理由で」

基本 (5)「私のシンガポールへの旅行は驚きで一杯だった。私がエそこで見かけたすべてのものが，私にとって，ワクワクするもので，興味深かった」以上の文脈より，エ　there は，②「シンガポール」を指していることが明らかである。full of「～で一杯な」everything I saw「私が見たすべてのもの」← 目的格の関係代名詞の省略＜先行詞(+ 目的格の関係代名詞)+ 主語 + 動詞＞「主語が動詞する先行詞」

重要 (6)　①　第1段落第3文で，This was my first trip to go abroad「これが私にとって外国へ行く初めての旅行だった」と述べられているので，不一致。my first trip to go ← ＜名詞 + to 不定詞＞不定詞の形容詞的用法　②　第1段落第7文に I have visited Central Movies Japan before, but I didn't know there was a same kind of theme park in Singapore.「セントラル・ムービーズ・ジャパンは以前に訪れていたが，シンガポールに同じ種類の遊園地があるということを私は知らなかった」とあるので，一致。have visited ← ＜have + 過去分詞＞現在完了(完了・経験・結果・継続)＜There + be動詞 + S + 場所＞「Sが～にある，いる」　③　雄二はシンガポールの感想を Everything I saw there was exciting and interesting for me.「そこで見たものすべてが，私にとってワクワクして興味深かった」(第3段落第2文)と述べているので，不一致。everything I saw「私が見たすべてのもの」← 目的格の関係代名詞の省略＜先行詞(+ 目的格の関係代名詞)+ 主語 + 動詞＞「主語が動詞する先行詞」　④　最後に I think going abroad broadens our mind, so I want to visit other countries someday and try to find something that I don't know there.「外国へ行くことで私たちの心が広がると感じているので，いつか他の国々を訪れて，知らないものをそこで見つけようとしてみたい」と述べているので，不一致。going abroad「外国へ行くこと」← 動名詞[原形 + -ing]「～すること」＜～, so …＞「～である，だから…だ」something that I don't know「私の知らない何か」← ＜先行詞 + 目的格の関係代名詞 that + 主語 + 動詞＞「主語が動詞する先行詞」

重要 7 (文法：語句整序問題，助動詞，比較，不定詞，進行形)

(1)　(We) didn't have to go (to school yesterday.)　＜have + to不定詞＞「～しなければなら

ない，であるに違いない」→ ＜have + to不定詞の否定形＞「～する必要はない」

(2)　(He is) the most famous doctor in (this town.)　most famous「最も有名な」← famous の最上級　＜最上級 + in + 単数名詞［of + 複数名詞］＞「～［範囲］で最も…」

(3)　(You) should not swim in (this lake.)　should not「～すべきでない」←助動詞を含む文の否定形は＜助動詞 + not + 原形＞となる。

(4)　(I can't play) basketball as well as (Kenta.)　＜as + 原級 + as＞「同じくらい～」→＜A + 動詞の否定形 + as + 原級 + as B＞「AはBほど～でない」

(5)　(She) wants to be a math teacher (in the future.)　＜want + 不定詞［to + 原形］＞「～したい」beはbe動詞の原形。

(6)　(What) are you doing now (?)　＜be動詞 + 現在分詞［原形 + -ing］＞「～しているところだ」進行形　疑問詞付きの進行形の疑問文＜疑問詞 + be動詞 + 主語 + -ing ?＞

★ワンポイントアドバイス★

4と5の会話問題を取り上げる。今年度は文挿入と内容吟味という形式で出題された。内容は高度なわけではないが，ある程度形式に慣れておくことが必要なので，過去問や類題で問題演習を繰り返すことが大切である。

＜国語解答＞

一　問一　a ①　b ④　c ③　d ①　e ④　問二　A ④　B ①
問三　②　問四　③　問五　④　問六　②　問七　③　問八　②

二　問一　A ②　B ①　C ③　問二　a ④　b ①　問三　②　問四　③
問五　④　問六　①　問七　②　問八　①　問九　③

三　問一　③　問二　②　問三　④　問四　④　問五　3 ①　4 ②　問六　③
問七　①　問八　④　問九　③　問十　Ⅰ ②　Ⅱ ①

○配点○

一　問一　各2点×5　他　各3点×8　二　問一　各2点×3　他　各3点×9
三　問一・問五　各2点×3　他　各3点×9　計100点

＜国語解説＞

一　**（論説文－漢字の書き取り，接続語の問題，内容吟味，対義語，文脈把握，大意）**

問一　a「追求」とは，どこまでも後を追いかけ求めること。「希求」とは，願いもとめること。 b「調整」とは，調子をととのえ過不足をなくし，程よくすること。「整頓」とは，きちんとかたづけること。 c「徹底」とは，底まで貫き通ること。またある一つの思想や態度などで全ての面を貫くこと。「徹夜」とは，一晩中，寝ないでいること。 d「段階」とは，順序や階級，物事の進展過程の区切りのこと。「階段」とは，段になった昇降用の通路。 e「賛同」とは同意すること。「協賛」とは，事業の趣旨に賛同し協力すること。

問二　A　空欄の前後で，「一見矛盾する反対のように感じる人もいるかもしれません」「バラバラに存在するものではない」と反対の事を述べているので，逆接の接続詞が入る。 B　空欄の後に「～だからです」とある事に着目する。

問三　傍線部の前に，「伝えたいことを相手にわかるように話すことが自分と他者の関係における課題であるのに対し，オリジナリティを出すということは，自己内の思考を整理・調整する課題」として，この二つを結ぶことが対話の課題であるとしている。

問四　傍線部の後に,「自分の内側にある『伝えたいこと』を相手に向けて自らの表現として発信し，その表現の意味を相手と共有し，そこから相手の発信を促すこと」がインターアクションであるとしている。

問五　「相対」とは他に対して在るもの。他との関係において在るもの。「絶対」とは，他に並ぶもののないことを表す。

問六　傍線部の後に，「自分のことばで表現されたあなたのオリジナリティが受け止められ，相手にとっても理解できるものとして把握されたとき，対話は次の段階にすすむ」とあることから，対話を進めるためにインターアクションは欠かせないものだとしている。

問七　傍線部の前に，最終的には自分のオリジナリティが「『わかった，わかってもらった』という共通了解の実感」できることで，自分の存在意味が見出されるとしている。

基本　問八　まずは自分の中でテーマを自己に即して徹底的にとらえ，次にこれを相対化して自分をつきはなして客観的に検討した後，インターアクションによって自分のオリジナリティを相手に理解してもらうことが大切であると述べている。

二　（物語文－脱文・脱語補充，語句の意味，文脈把握，対義語，内容吟味，大意）

問一　A　絵本に載っている犬と，飼っていた犬が似ていたので，喜んでいる。 B　空欄の後に，「いっしょに遊べて，すごくうれしかった」とあることから，一緒に家族と過ごせた事に満足を覚えている。 C 「注意を払う」とは，人や物ごとなどについて，動向や詳細を強く念頭に置いて意識すること。

問二　a 「大往生」とは，安らかに少しの苦しみもなく死ぬこと。 b 「無二」とは，二つとなく，かけがえのないこと。

問三　抜けている文をみると，「まるでクッキーとぼくのお話みたい」「この本は誰かが，ぼくひとりのために書いてくれた本」と，本を読み終えた後の感想を述べている。よって，「男の子は思った」の次として，2に入れるのが適当。

問四　クッキーという名前で飼っていた犬を失くしてしまい，その悲しみによって足取りが重くなっている。

問五　「抽象的」とは，現実から離れて具体性を欠いているさま。反対に「具体的」とは，形を備えており，存在が感知できるさま。

問六　傍線部の前に，「男の子は薄い絵本を両手で胸に抱き」とあることから，大事に持って帰っていた様子が伺える。また，「晩ごはんまでにもう一度読み直すつもり」とあることから，先ほど，一度，読んだにもかかわらず，晩ごはん前までにもう一度読み，また夕方，夜寝る前と何度も何度も読んで本の内容をより深く理解しようと思ったのである。

問七　新しい子犬をペットショップで買ったことにより，その絵本の必要性はもうないと感じたので，絵本を公園に戻したのである。

問八　男の子が拾った時の本の表紙は「抽象的な緑のなかを，灰色に白い斑のダックスフンドが澄まして散歩している絵柄」だったのに，それが公園に戻した途端，次の機会を待つように色を変化させている。

基本　問九　冒頭に，「本はその時代の書物の形に変身を繰り返しながら，百年千年の時間を，ただ人の手から人の手に旅して生きてきた」という内容に注目する。

三　（古文－語句の意味，文脈把握，脱語補充，仮名遣い，内容吟味，主題，文学史）

〈口語訳〉 九月ごろ，一晩中明け方まで降り通した雨が，今朝はやんで，朝日がとても鮮やかに差し始めたときに，庭に植えた草木の露がこぼれ落ちるほど濡れかかっているのも，とても趣があります。透垣の垣根や，軒の上などにかかってあった蜘蛛の巣が壊れて残っているところに，雨粒がかかっているのが，白い玉を(蜘蛛の糸で)貫いているようであって，とても風情があって趣深いです。

少し日が高くあがってしまうと，萩などがとても重たそうであるのに，露が落ちると，枝がすこし揺れ動いて，人が手を触れないのに，急に上の方へ跳ね上がることも，とても趣があります。と(私が)言ったことなどが，他の人の心には，少しも趣深くないのだろうと思うことが，また面白いのです。

問一 「長月」は陰暦9月の異称である。

問二 「いと」ははなはだしく，極めて，全く，大して，とてもという意味。

問三 「萩がとても重たそうである」という文になっている。

問四 文末が「けれ」と形容詞「をかし」の已然形となっているので，係助詞「こそ」が入る。

問五 3 「やう」を現代仮名遣いで表す場合は，「よう」と書く。 4 「じう」を現代仮名遣いで表す場合は，「じゅう」と書く。

問六 傍線部の後に，「露が落ちると，枝がすこし揺れ動いて」とあることから，萩に露がついていたので重そうに感じたのである。

問七 露が落ちると，枝が急に上の方へ跳ね上がるのを見て，作者は面白いと感じている。

問八 「(私が)言ったことなどが，他の人の心には，少しも趣深くないのだろうと思うことが，また面白いのです。」とあるように，他人が面白く思う所と自分が面白く思う所の違いを表している。

問九 前半と後半の段落ともに「露」の様子について描かれている。

問十 『枕草子』は，平安時代中期に中宮定子に仕えた女房，清少納言により執筆されたと伝わる随筆である。

★ワンポイントアドバイス★

論説文・小説文・古文ともに内容に関する問題が出題されているので，本文の内容を時間内にいかに把握できるかが重要だ。そのために，なるべくたくさんの練習問題にあたり，文章への理解力を養っておこう。

MEMO

大切なことはメモしておこうネ！

2021年度

★★★★★★★★★★★★★★★★★★★★★★★★★

入　試　問　題

2021年度

日本文理高等学校入試問題

【数　学】（45分）〈満点：100点〉

1 次の（1）～（5）のア～シにあてはまる数をマークしなさい。

（1）$6-8\times3=-\boxed{\text{アイ}}$

（2）$\dfrac{7}{6}-\dfrac{4}{3}+0.4=\dfrac{\boxed{\text{ウ}}}{\boxed{\text{エオ}}}$

（3）$2(a+3b)-3(2a-b)=-\boxed{\text{カ}}\,a+\boxed{\text{キ}}\,b$

（4）$6x^5\div(-3xy)\times2y^3=-\boxed{\text{ク}}\,x^{\boxed{\text{ケ}}}y^{\boxed{\text{コ}}}$

（5）$5\sqrt{2}+\sqrt{6}\div\sqrt{3}=\boxed{\text{サ}}\sqrt{\boxed{\text{シ}}}$

2 次の（1）～（5）のア～サにあてはまる数をマークしなさい。

（1）等式　$a=\dfrac{2b-c}{3}$　をcについて解くと，$c=-\boxed{\text{ア}}\,a+\boxed{\text{イ}}\,b$です。

（2）連立方程式 $\begin{cases}3x-5y=7\\x+4y=-9\end{cases}$　の解は，$x=-\boxed{\text{ウ}}$，$y=-\boxed{\text{エ}}$ です。

（3）2次方程式　$x^2-8x-2=0$　の解は，$x=\boxed{\text{オ}}\pm\boxed{\text{カ}}\sqrt{\boxed{\text{キ}}}$ です。

（4）$x^2-3x-18$　を因数分解すると，$(x-\boxed{\text{ク}})(x+\boxed{\text{ケ}})$です。

（5）連続する3つの整数があり，それらの和が102であるとき，これらの3つの整数の真ん中の数は$\boxed{\text{コサ}}$です。

3 表は，30人の生徒のボール投げの結果をまとめたものです。
このとき，次の（1）～（3）のア～カにあてはまる数をマークしなさい。

階級（m）	度数（人）
10 以上 14 未満	2
14 ～ 18	1
18 ～ 22	15
22 ～ 26	8
26 ～ 30	a
30 ～ 34	1
計	30

（1）表中のaにあてはまる値は$\boxed{\text{ア}}$です。

（2）最頻値は$\boxed{\text{イウ}}$（m）です。

（3）平均値は$\boxed{\text{エオ}}.\boxed{\text{カ}}$（m）です。

[4] 図のような袋から，よくかき混ぜてカードを1枚取り出します。出たカードの数字を記録し，十の位と考えます。取り出したカードを袋に戻し，再びよくかき混ぜてから1枚取り出し，カードの数字を記録し，一の位と考えます。このような方法で整数を作ります。
このとき，次の（1）～（3）のア～クにあてはまる数をマークしなさい。

（1） 整数は全部で[アイ]個できます。

（2） 整数が42より大きくなる確率は$\frac{\text{ウ}}{\text{エ}}$です。

（3） この袋の中に0が書かれたカードを1枚追加し，同じ方法で整数を作ります。ただし，[0][4]のような場合は1桁の整数4を表すものとします。

このとき，2桁の整数で5の倍数である確率は$\frac{\text{オカ}}{\text{キク}}$です。

[5] （1） 下の図において，線分ABは円Oの直径であり，2点C，Dは円Oの周上の点です。
このとき，x，yの角度を求め，ア～エにあてはまる数をマークしなさい。

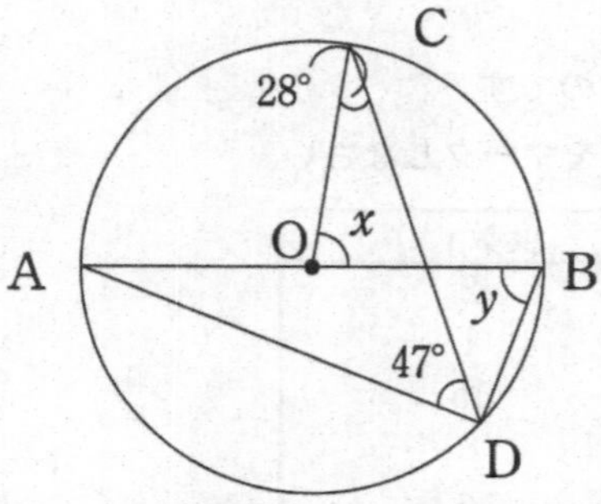

$x=$[アイ]°

$y=$[ウエ]°

（2） 半径2 cmの球の表面積と体積を求め，オ～ケにあてはまる数をマークしなさい。

表面積は[オカ]π cm^2，体積は$\frac{\text{キク}}{\text{ケ}}\pi$ cm^{3}です。

[6] 下の図のように，2つの関数$y=\dfrac{a}{x}$(ただし$a>0$)，$y=-3x$のグラフがあります。
このグラフ上で，x座標が2である点をそれぞれA，Bとします。
次の(1)～(4)のア～キにあてはまる数をマークしなさい。

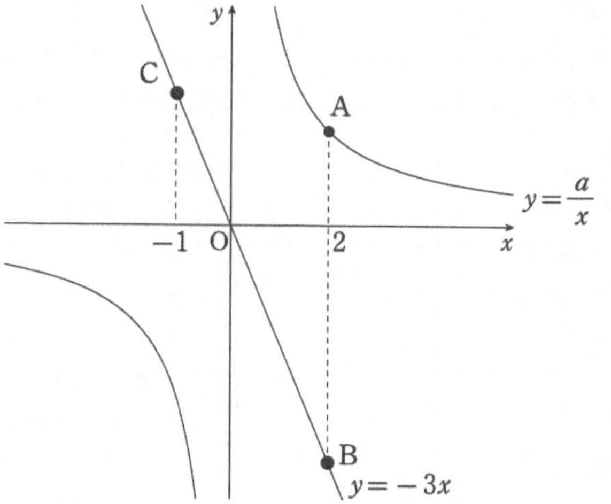

(1)　Bのy座標は－[ア]です。

(2)　ABの長さが8のとき，Aのy座標は[イ]であり，$a=$[ウ]です。

(3)　$y=-3x$で，xの変域が$-1\leqq x\leqq 2$のとき，yの変域は－[エ]$\leqq y\leqq$[オ]です。

(4)　$y=-3x$上で，x座標が-1である点をCとします。△ABCの面積は[カキ]です。

【英　語】（50分）〈満点：100点〉

1 音声を聞き，次の(ア)～(イ)の問いに答えなさい。

(ア) 10 QUESTIONS SECTION

これから10の質問を聞きます。それぞれの質問に対する最も適切な返答をⒶ～Ⓓの中から1つずつ選び，その記号をマークしなさい。質問は2度ずつ読まれます。

(1) Question 1
Ⓐ I like rice.
Ⓑ I want to eat fruit.
Ⓒ I want to go home.
Ⓓ Yes, I do.

(2) Question 2
Ⓐ At 10:30.
Ⓑ Yesterday.
Ⓒ Tomorrow.
Ⓓ In the morning.

(3) Question 3
Ⓐ I have two cats.
Ⓑ I have one dog.
Ⓒ One sister.
Ⓓ Two brothers.

(4) Question 4
Ⓐ I went yesterday.
Ⓑ My school is big.
Ⓒ By bus.
Ⓓ I didn't go to school.

(5) Question 5
Ⓐ Yes, I am.
Ⓑ No, I'm not.
Ⓒ No, I don't.
Ⓓ I like J-POP music.

(6) Question 6
Ⓐ Yes. Can I have a blanket?
Ⓑ No. It's too small.
Ⓒ Yes. I'm happy.
Ⓓ I'm sorry.

(7) Question 7
Ⓐ Swimming is fun.
Ⓑ The water was cold.
Ⓒ Yes, I can.
Ⓓ No. I don't have a bicycle.

(8) Question 8
Ⓐ Yes. Orange juice please.
Ⓑ I don't like brown tea.
Ⓒ No, I don't.
Ⓓ I like black coffee.

(9) Question 9
Ⓐ I like to paint pictures.
Ⓑ I want to visit China.
Ⓒ Sorry I can't.
Ⓓ Let's go.

(10) Question 10
Ⓐ Yes. I study at home.
Ⓑ Mr. Adams.
Ⓒ No, she isn't.
Ⓓ She is young.

(イ) PAIR TALK SECTION

これから2人の対話を聞きます。1つの対話につき，質問が2つ流れます。それぞれの質問に対する最も適切な返答をⒶ～Ⓓの中から1つずつ選び，その記号をマークしなさい。対話と質問は2度ずつ読まれます。

DIALOGUE 1

(1) Question 1

Ⓐ At 3:30.
Ⓑ At 5:00 o'clock.
Ⓒ At 5:30.
Ⓓ At 3:15.

(2) Question 2

Ⓐ He will make some food.
Ⓑ He will go to the supermarket.
Ⓒ He will buy a TV.
Ⓓ He will buy a watch.

DIALOGUE 2

(1) Question 1

Ⓐ Red.
Ⓑ Blue.
Ⓒ Gray.
Ⓓ White.

(2) Question 2

Ⓐ The supermarket.
Ⓑ The sports store.
Ⓒ Home.
Ⓓ School.

DIALOGUE 3

(1) Question 1

Ⓐ It's on the first floor.
Ⓑ It's on the second floor.
Ⓒ It's on the third floor.
Ⓓ The shop has been closed.

(2) Question 2

Ⓐ The boy.
Ⓑ The father.
Ⓒ The sister.
Ⓓ The boy's brother.

DIALOGUE 4

(1) Question 1

Ⓐ They have to do their homework.
Ⓑ They will go to a school.
Ⓒ One boy will go to a restaurant with his family.
Ⓓ One boy will have a test.

(2) Question 2

Ⓐ Tomorrow.
Ⓑ Today.
Ⓒ On the weekend.
Ⓓ Next week.

DIALOGUE 5

(1) Question 1

Ⓐ The Central park.
Ⓑ The museum.
Ⓒ The airport.
Ⓓ The school.

(2) Question 2

Ⓐ Take a bus.
Ⓑ Take a train.
Ⓒ Eat lunch.
Ⓓ Walk home.

＜リスニング放送台本＞

Part 1

Choose the best answer for the questions you hear.
You will hear each question twice.
Let's begin.

1. Where do you want to go?

A. I like rice.　　B. I want to eat fruit.

C．I want to go home.　D．Yes. I do.

2．What time do you usually go to bed?

A．At 10:30.　B．Yesterday.

C．Tomorrow.　D．In the morning.

3．How many brothers do you have?

A．I have two cats.　B．I have one dog.

C．One sister.　D．Two brothers.

4．How do you go to school?

A．I went yesterday.　B．My school is big.

C．By bus.　D．I didn't go to school.

5．Do you like to watch TV?

A．Yes. I am.　B．No. I'm not.

C．No. I don't.　D．I like J pop music.

6．Are you cold?

A．Yes. Can I have a blanket?　B．No. It's too small.

C．Yes. I'm happy.　D．I'm sorry.

7．Can you swim?

A．Swimming is fun.　B．The water was cold.

C．Yes. I can.　D．No. I don't have a bicycle.

8．Which do you like, coffee or tea?

A．Yes. Orange juice please.　B．I don't like brown tea.

C．No. I don't.　D．I like black coffee.

9．What is your hobby?

A．I like to paint pictures.　B．I want to visit China.

C．Sorry. I can't.　D．Let's go.

10．Who is your teacher?

A．Yes. I study at home.　B．Mr. Adams.

C．No. She isn't.　D．She is young.

Part 2　Pair dialogue

Listen to the dialogues and questions. You will hear a question

After each dialogue. Choose the best answer for the questions you hear.

1．

A．Hey dad! What time is it now?　B．It's 3:00 o'clock.

A．OK. The baseball game starts at 5:00. Let's watch it!　B．Great. I'll make some food too.

Question 1：What time will the game start?

A．At 3:30.　B．At 5:00 o'clock.　C．At 5:30.　D．At 3:15.

Question 2：What will the father do?

A．He will make some food.　B．He will go to the supermarket.

C．He will buy a TV.　D．He will buy a watch.

2.

A. I want to buy some soccer shoes today. The red ones are very old.

B. What color do you want?

A. I like blue.

B. Ok. Let's buy some soccer shoes at the sports store. After we finish, we can go to the supermarket.

Question 1 : Which color of shoes do the boy want?

A. Red. B. Blue. C. Gray. D. White.

Question 2 : Where will they go after they buy shoes?

A. The supermarket. B. The sports store.

C. Home. D. School.

3.

A. Excuse me. Can you tell me where the men's t-shirts are?

B. The men's t-shirts are on the first floor.

A. Thank you.

B. Are you buying a t-shirt for yourself?

A. No. It's for my brother's birthday. His birthday is tomorrow.

Question 1 : Where is the men's t-shirt?

A. It's on the first floor. B. It's on the second floor.

C. It's on the third floor. D. The shop has been closed.

Question 2 : Who is the boy buying the t-shirt for?

A. The boy. B. The father C. The sister D. The boy's brother.

4.

A. Hello Steve. This is Kenji.

B. Hi Kenji. How are you?

A. I'm fine. And you?

B. I'm fine too. Do you want to play video games tomorrow night?

A. I'd like to but I have a test. I have to study.

B. Ok. Maybe we can play on the weekend.

A. Sounds good. I'll call you.

B. Bye

A. Goodbye.

Question 1 : What is the problem?

A. They have to do their homework. B. They will go to a school.

C. One boy will go to a restaurant with his family. D. One boy will have a test.

Question 2 : When will they play video games?

A. Tomorrow B. Today. C. On the weekend D. Next week

5．

A．Good morning

B．Good morning

A．I'd like to go to the museum today. How do I get there?

B．First, you need to take the no. 6 bus to the train station. Then you can take the 2A train to the central station. The museum is next to the station. Here is a map with the bus and train times. It's easy.

A．Thank you so much.

B．Have a nice day.

Question 1：Where does the boy want to go

A．The Central park.　B．The museum.　C．The airport.　D．The school.

Question 2：What will the boy do next?

A．Take a bus　B．Take a train　C．Eat lunch　D．Walk home

2　次のA，Bの問いに答えなさい。

A　次の(1)～(5)の単語について，下線部の発音が他と違うものを①～④の中から1つずつ選び，その番号をマークしなさい。

(1)　①　build　②　must　③　jump　④　sunny

(2)　①　excite　②　quickly　③　right　④　tired

(3)　①　agree　②　heavy　③　dream　④　teach

(4)　①　cat　②　dance　③　hat　④　take

(5)　①　close　②　cover　③　culture　④　enough

B　次の(1)～(3)の単語について，最も強く発音する箇所を①～④の中から1つずつ選び，その番号をマークしなさい。

(1)　con・ti・nue（① con　② ti　③ nue）

(2)　ev・ery・thing（① ev　② ery　③ thing）

(3)　in・for・ma・tion（① in　② for　③ ma　④ tion）

3　次の(1)～(10)の英文の(　　)に入れるのに最も適切なものを①～④の中から1つずつ選び，その番号をマークしなさい。

(1)　Susan and I (　　) very busy now.

①　are　②　am　③　was　④　were

(2)　Asuka (　　) the piano when she isn't busy.

①　play　②　plays　③　played　④　playing

(3)　(　　) your brother play video games every day?

①　Do　②　Does　③　Is　④　Are

(4)　Haruki must (　　) hard today, because there is a math test tomorrow.

①　study　②　studies　③　studied　④　studying

(5)　Have you ever (　　) the Tokyo Skytree?

①　see　②　saw　③　seen　④　seeing

(6) The man (　　) on the smartphone is my father.

① talk　② talked　③ talking　④ to talk

(7) I can't forget the girl (　　) I met in Kyoto.

① who　② which　③ what　④ whose

(8) Mr. Dustin teaches English to you, (　　)?

① does he　② do you　③ shall we　④ doesn't he

(9) This pencil is longer (　　) that one.

① that　② as　③ than　④ in

(10) A：(　　) ask you a few questions?

B：Yes, of course.

① May I　② Shall we　③ Will you　④ Can you

4 次の英文は高校生のErikaとALT（外国語指導助手）のMasonの会話です。これを読んで，(1)〜(3)の問いに答えなさい。

Erika：Hello, Mason. How are you?

Mason：Hi, Erika. I'm very good, and you?

Erika：I'm fine, thank you. Listen! I have big news!

Mason：Oh, what is it?

Erika：An Australian girl is going to come to my house and do a homestay next month.

Mason：That sounds great! I hope you will be good friends.

Erika：Thank you. So, I want to introduce her to some places and food in our city. Do you have any ideas?

Mason：Well, how about "Iwanami Spa Resort"? When I first came to this city, I went there. It was a really good place.

Erika：What is the word "Spa"? "Iwanami ..." Oh, I got it! Does it mean "Onsen" in Japanese?

Mason：That's right.

Erika：That is a good idea! That resort has a great view. You can see the sea from that Onsen. The *bathtub is made of wood, so it smells good. I will take her there. And I think that "Yume-Tappuri Don" is very famous in our city, so I want her to eat it. What do you think?

Mason：Oh, I have never heard of the dish. How is it?

Erika：It is one of the "Donburi" dishes. There are many kinds of *raw fish over rice. You can enjoy a variety of tastes. It's like a wonderful dream, so it is called "Yume-Tappuri." "Red pork Yakisoba" is also famous in our city, but I like the "Yume-Tappuri Don" better than the "Red pork Yakisoba."

Mason：It sounds delicious!

Erika：I know a good restaurant that serves it. I will tell you about it later.

Mason：OK, I will try it. Thank you for telling me about that food.

Erika：Thank you for your advice, too. See you again!

*bathtub　湯船　　*raw　生の

(1) MasonとErikaが話している"Iwanami Spa Resort"の特徴として最も適切なものを①～④の中から1つ選び，その番号をマークしなさい。

① スパゲッティが有名である。　② 森の中に建っている。
③ プールに入ることができる。　④ 温泉から海が見える。

(2) Erikaが説明した"Yume-Tappuri Don"とはどのような料理なのか，最も適切な絵を①～④の中から1つ選び，その番号をマークしなさい。

①

②
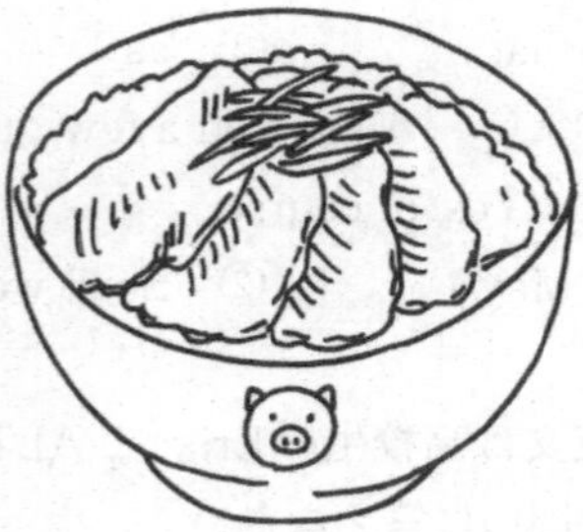

③
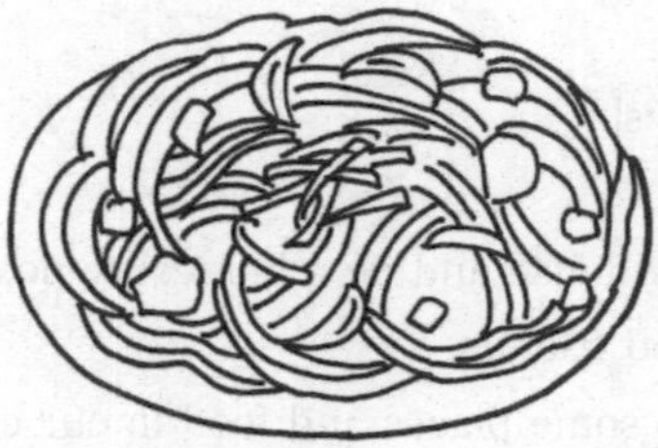

④

(3) 本文の内容に合うものを①～④の中から1つ選び，その番号をマークしなさい。

① 来月Erikaの家にフランス人の男の子がホームステイにやってくる。
② 来月Masonの家にオーストラリア人の女の子がホームステイにやってくる。
③ Erikaはホームステイにやってくる子に，この街の良い場所や食べ物を教えてあげたい。
④ Masonはすでに"Yume-Tappuri Don"がおいしいレストランを知っていた。

5 次の(1)～(3)の会話文の[　　　　]に入る最も適切なものを①～④の中から1つずつ選び，その番号をマークしなさい。

(1) A：Hey, [　　　　]
B：I'm studying English. I have an English test tomorrow.

① Where are you from?　② What are you doing?
③ How much is it?　④ When is your birthday?

(2) A：What do you want to eat for lunch?
B：[　　　　]
A：OK. I'll cook it.

① I went to the supermarket yesterday.　② Let's go to the restaurant.
③ Do you want something to eat?　④ I want to eat hot dogs.

(3) A：Hey, where is my cell phone? I can't find it.

B：Did you lose your phone in this room?

A：Yes, I did.

B：［　　　　　　　］ You may hear the phone call and you will be able to find it.

A：OK, let's try. ... Oh, I found it! Thank you very much.

① I have no idea.　　② Sorry, I haven't seen it.

③ I will call your phone.　　④ I saw it in the bathroom.

6 次の英文は高校の新入生歓迎会でこうたろうさんが英語部（English Speaking Society）の紹介に使った原稿です。これを読んで，(1)～(5)の問いに答えなさい。

Hi, everyone. I'm Kotaro Noguchi. I belong to the English Speaking Society. Please let me introduce our club. What do you *imagine about an English club? We speak English not only for exams but also for fun. ［ア］ we talk in English, sing English songs, play games, make *presentations and *communicate in English online with foreign people. Mr. Toda, our English teacher, helps us with our activities.

We have three important points in our activities. First, we speak English during our activities. So you have to talk about yourself in English. イIt is very difficult for you but it makes your English better. Second, you can join a speech contest in Autumn. We try hard to get the first prize every year. Third, you can talk with ウthe university students who come from foreign countries. I love the last activity best because I have been friends with them.

We have activities every Wednesday and Thursday in the English room. It is between the library and the meeting room on the 5th floor.

If you want to join our club, please come to the English room today. エWe are looking forward to doing a lot of activities with new members. You don't have to be good at English, but if you want to be a good English speaker, let's enjoy English together.

*imagine　想像する　*presentation　プレゼンテーション，発表　*communicate　やりとりをする

(1) 文中［ア］に入る最も適切なものを①～④の中から1つ選び，その番号をマークしなさい。

① But　② Because　③ For example,　④ Also,

(2) 下線部イが表す内容として最も適切なものを①～④の中から1つ選び，その番号をマークしなさい。

① 英語で自分について話すこと　② 英語が上達すること

③ 英語の歌を歌うこと　④ 英語で手紙を書くこと

(3) 下線部ウの説明として，最も適切なものを①～④の中から1つ選び，その番号をマークしなさい。

① 海外にいる日本人の大学生　② 海外から来た大学生

③ 海外にいる日本人の高校生　④ 海外から来た高校生

(4) 下線部エが表す意味として最も適切なものを①～④の中から1つ選び，その番号をマークしなさい。

① 私たちは新入部員とたくさんの活動を行うことを楽しみにしています。

② 私たちはたくさんの活動を行うために新入部員を探しています。

③ 私たちは新入部員とたくさんの活動を行うことを計画しています。

④ 私たちは入部希望の生徒に，たくさんの活動について説明したいです。

(5) 本文の内容に合うものを①～④の中から1つ選び，その番号をマークしなさい。

① In ESS, the members talk in English.

② In ESS, you can join the speech contest in spring.

③ In ESS, we have activities three times a week.

④ In ESS, it is necessary for the members to speak English well.

7 次の(1)～(6)の日本語に合うように，①～⑤の語句を並べかえたとき，それぞれ（ ア ），（ イ ）に入る最も適切なものを1つずつ選び，その番号をマークしなさい。なお，文頭に来るべき語も小文字にしてあります。

(1) あなたは駅でだれを待っていたのですか。

（ ）（ ア ）（ ）（ イ ）（ ） at the station?

① were　② for　③ you　④ who　⑤ waiting

(2) 新潟ではたくさん雪が降りますか。

（ ）（ ア ）（ イ ）（ ）（ ） in Niigata?

① snow　② you　③ much　④ do　⑤ have

(3) 父は私に時計をくれました。

（ ）（ ）（ ア ）（ イ ）（ ）.

① gave　② father　③ me　④ my　⑤ a watch

(4) ジョンはトムほど背は高くない。

John（ ）（ ア ） as（ イ ）（ ）（ ）.

① not　② as　③ Tom　④ is　⑤ tall

(5) カナダでは何語が話されていますか。

（ ）（ ア ）（ ）（ イ ）（ ） Canada?

① language　② in　③ what　④ spoken　⑤ is

(6) 私たちは英語を勉強するためにオーストラリアに行く予定です。

We（ ）（ ）（ ア ）（ ）（ イ ） English.

① to study　② going　③ to visit　④ are　⑤ Australia

問二 ――線部a「ついゐて」、b「いたう」、c「あやふき」を現代仮名遣いに直すと、どれが正しいですか。最も適当なものを次の①～④の中からそれぞれ一つずつ選び、その番号をマークしなさい。

a ① つきえて ② づいえて ③ ついるて ④ ついいて

b ① いとお ② いちょう ③ いとう ④ いたく

c ① あやうき ② あようき ③ あやうく ④ あようく

問三 ――線部2「やう」を漢字で表すと次のどれがよいですか。最も適当なものを次の①～④の中から一つ選び、その番号をマークしなさい。

① 様 ② 容 ③ 葉 ④ 要

問四 ――線部3「言ふに」、4「言ひたれば」の主語として最も適当なものを次の①～④の中からそれぞれ一つずつ選び、その番号をマークしなさい。

① 作者 ② 雑人 ③ 法師 ④ 仏様

問五 A に当てはまるものとして最も適当なものを次の①～④の中から一つ選び、その番号をマークしなさい。

① ぞ ② なむ ③ や ④ こそ

問六 ――線部5「もつとも愚かに候ふ」は、誰を指して言っていますか。最も適当なものを次の①～④の中から一つ選び、その番号をマークしなさい。

① 競馬に出場している人。
② 競馬を見物している人々。
③ 棟の木の下で休憩する法師。
④ 木に登って居眠りする法師。

問七 ――線部6「かほどのことわり」の内容に当たる語句を本文中から、はじめと終わりの五字ずつ（ただし、句読点を含まない。）で示すとどの部分ですか。最も適当なものを次の①～④の中から一つ選び、その番号をマークしなさい。

① 世のしれも ～ ぶるらんよ
② われらが生 ～ たるものを
③ まことにさ ～ 愚かに候ふ
④ 皆後を見か ～ れ侍りにき

問八 本文の内容を二段落に分けると後段はどこからですか。後段のはじめの五字として最も適当なものを次の①～④の中から一つ選び、その番号をマークしなさい。

① かかる折に ② とりつきな
③ これを見る ④ かほどのこ

問九 この文章は「徒然草」で、日本の古典「三大随筆」の一つです。「徒然草」「枕草子」の他に、もう一つは何ですか。最も適当なものを次の①～④の中から一つ選び、その番号をマークしなさい。

① 今昔物語集 ② おくのほそ道
③ 方丈記 ④ 十訓抄

③ 贈り物が想像していたよりも小さかったから。
④ 贈り物をもらえるとは思っていなかったから。

問八 ――線部8「おうめ婆さんはいつもの反応のよさで答えてくれた」から分かる「おうめ婆さん」の性格として最も適当なものを次の①～④の中から一つ選び、その番号をマークしなさい。

① 愛想が良く、しっかりしていること。
② あまり人と話すのが好きではないこと。
③ やり過ぎないくらいお節介であること。
④ あまり、要領が良い人ではないこと。

問九 本文中の寒さを表現した文として**適当でないもの**を次の①～④の中から一つ選び、その番号をマークしなさい。

① 火鉢の上で手をこすり合わせ
② 立って足踏みしながら
③ 頰の艶もよく、すこぶる元気
④ 腰のうしろに隙間風があたり

三

次の文章を読んで、後の問いに答えなさい。

[1]五月五日、※1賀茂《かも》の競《くら》べ馬を見侍《はべ》りしに、車の前に雑人《ざふにん》《一般の人》立ちへだてて見えざりしかば、おのおの下《お》りて、埒《らち》のきはに《柵の近くに》寄りたれど、ことに人多く立ちこみて、分け入りぬべき[2]やうもなし。かかる折に、向かひなる棟《あふち》の木に、法師の、登りて木のまたに[a]ついゐて《腰を下ろして》物見るあり。とりつきながら《木につかまったまま》、[b]いたうねぶりて、落ちぬべき時に目をさます事、たびたびなり。これを見る人、あざけりあさみて《あきれて》、「世のしれもの《愚か者》かな。かく[c]あやふき枝の上にて、安き心ありてねぶるらんよ。」と[3]言ふに、わが心にふと思ひしままに、「われらが生死《しやうじ》の到来《死期が来るのは》、ただ今にもやあらん。それを忘れて、物見て日を暮らす。愚《おろ》かなる事はなほまさりたるものを。」と[4]言ひたれば、前なる人ども、「まことにさに A 候《さうら》ひけれ。[5]もつとも《いかにも》愚かに候ふ。」と言ひて、皆後《うしろ》を見かへりて、「ここへ入らせ給《たま》へ。」とて、所を去りて《場所を開けて》、呼び入れ侍りにき。[6]かほどのことわり《このくらいの道理は》、たれかは思ひよらざらんなれども、折からの《ちょうどその場合》、思ひかけぬ心地《ここち》して、胸にあたりけるにや。人、木石《ぼくせき》にあらねば、時にとりて、物に感ずる事なきにあらず。

※1 賀茂の競べ馬　上賀茂神社で行われる競馬

問一 ――線部1「五月」の月の異名として最も適当なものを次の①～④の中から一つ選び、その番号をマークしなさい。

① 皐月《さつき》　② 睦月《むつき》　③ 葉月《はづき》　④ 卯月《うづき》

問二 ――線部1「そこまで踏み込むにはためらいがあった」とありますが、その理由として最も適当なものを次の①～④の中から一つ選び、その番号をマークしなさい。

① 所詮、おうめ婆さんは他人だから。
② すぐ受け入れる自信がなかったから。
③ おうめ婆さんが気難しい人だから。
④ 美智子がこの話を快く思わないから。

問三 ――線部2「その用意もなしに」とありますが、質問することが失礼になる理由として最も適当なものを次の①～④の中から一つ選び、その番号をマークしなさい。

① 家で世話をする覚悟もなしに質問しても、「おうめ婆さん」を困らせてしまうから。
② 断って欲しいと思いながら世間体を気にしてきいただけであることが分かるから。
③ 本当は「おうめ婆さん」ではなくて、自分の祖母に優しくしたいだけであるから。
④ おもてなしをするならば、総ての準備をしてから声をかけるのが礼儀であるから。

問四 ――線部3「俗世」、6「すこぶる」の意味として最も適当なものを次の①～④の中からそれぞれ一つずつ選び、その番号をマークしなさい。

3 「俗世」
① 世の中　② 未来
③ あの世　④ 過去

6 「すこぶる」
① 反対に　② 以前
③ 健康に　④ 非常に

問五 ――線部4「祖母の枯れた笑顔」とありますが、なぜ枯れた笑顔なのですか。最も適当なものを次の①～④の中から一つ選び、その番号をマークしなさい。

① まったく孝行をしてくれない孫に愛想が尽きたから。
② 世間的な欲がなくなり、自然のまま生きているから。
③ 重い病気を患っており、その苦しさを隠していたから。
④ 人に優しくできない孫のことを見て呆れていたから。

問六 ――線部5「阿弥陀堂の前庭はきれいに雪が掃いてあり」から分かることとして最も適当なものを次の①～④の中から一つ選び、その番号をマークしなさい。

① 「おうめ婆さん」が健康であること。
② 阿弥陀堂にはあまり雪が降らないこと。
③ 阿弥陀堂にあまり人が近寄らないこと。
④ 小百合ちゃんが遊びに来ていること。

問七 ――線部7「ためらっていたおうめ婆さんは紙包みのリボンをはずした」とありますが、「おうめ婆さん」がためらった理由として最も適当なものを次の①～④の中から一つ選び、その番号をマークしなさい。

① 小百合ちゃんとはあまり親しくなかったから。
② 今日は別に誕生日や記念日ではなかったから。

孝夫がラッセル※4しながら登った。十歩で息が切れ、二十歩で足が上がらなくなった。夏場ならば十五分で登れた路に一時間以上かかってしまった。

5阿弥陀堂の前庭はきれいに雪が掃いてあり、おうめ婆さんは障子に目張り※5をしていた。孝夫の心配をよそに、頬の艶もよく、6すこぶる元気であった。

小百合ちゃんは紙包みを畳の上に置いてから、ダウンジャケットのポケットに丸めて入れていた大学ノートを出すと、立ったまま素早く書いた。

今年もお話をいっぱい聞かせていただいたお礼です。

小百合ちゃんがノートを見せると、おうめ婆さんは、あれ、まあ、と大きく口を開けた。見てみたらどうですか、と孝夫がうながすと、7ためらっていたおうめ婆さんは紙包みのリボンをはずした。中から出てきたのはざっくり編まれた茶色の膝掛けだった。おうめ婆さんが首に巻いたので、小百合ちゃんが手振りで膝に置くものですと教えた。

「まあ、ありがてえことであります」

おうめ婆さんの膝は小さかったので、膝掛けは二つ折りにしても余裕があり、あたたかそうだった。

それから孝夫と小百合ちゃんは障子の目張りを手伝い、座敷に上がって茶をもらった。坐っていると腰の後ろに隙間風があたり、C の芯から冷えてきた。火鉢に手をかざしているのは小百合ちゃんと孝夫だけで、おうめ婆さんは白い息を吐きながら平気な顔をしていた。

小百合ちゃんは手がかじかんで字が書きづらそうだったので、代わりに孝夫が阿弥陀堂で冬を迎える感想をおうめ婆さんに聞いた。8おうめ婆さんはいつもの反応のよさで答えてくれた。小百合ちゃんは火鉢の上で手をこすり合わせながら要点をメモしていた。

「最後に、こんなこと聞いたら失礼かも知れませんが、もしカゼで寝込んだりしたらどうするんですか。冬は誰も来ないでしょうに」

孝夫は寒さに耐えかねて、立って足踏みしながら聞いてみた。

「これまでに何度か冬に寝込むことはありましたがな。これも寿命で今日まで生きておるであります。これからも寿命におまかせするほかはないであります」

※1　森平　美智子の診療所がある場所。
※2　小百合ちゃん　難病で声が出せない美智子の患者。
※3　X線写真　X線を用いて撮影した、体内がうつる写真。レントゲン写真。
※4　ラッセル　登山で、深い雪をはらいのけて道を進むこと。
※5　目張り　物のすきまなどに、紙をはってふさぐこと。

問一　A ～ C に入る語として最も適当なものを次の①～④の中からそれぞれ一つずつ選び、その番号をマークしなさい。

A　①　叩いて　②　下げて　③　広げて　④　合わせて

B　①　晴ればれ　②　動揺　③　心配　④　がっかり

C　①　心　②　体　③　耳　④　家

生み出した。

② 日本は製品を小型化することで、天然資源の乏しさを補ってきた。

③ 日本の文化の根底で育まれた感覚は世界でも優位性を発揮している。

④ 日本を発展させたのは、繊細にものをしつらえる理性である。

問八　本文の展開・構成として最も適当なものを次の①～④の中から一つ選び、その番号をマークしなさい。

① [1]～[3]はものづくりに必要な資源について説明している。

② [3]～[5]は世界の環境問題について現状を説明している。

③ [1]～[3]は日本人の特徴を海外と比較して説明している。

④ [3]～[5]は天然資源がないことの利点を説明している。

二

次の文章を読んで、後の問いに答えなさい。

作家として悩んでいた夫・孝夫と、心に病を抱えた医者である妻の美智子は、信州の村での生活を始めた。そこで村人の霊を祀《まつ》る「阿弥《あみ》陀堂《だどう》」に暮らす「おうめ婆さん」と出会う。孝夫は区長の田辺さんにおうめ婆さんを冬は老人ホームに入れてはどうかと言う。田辺さんは、祖先の霊を守っているおうめ婆さんを勝手に老人ホームには入れられないと言った。

おうめ婆さんは九十六歳の老婆なのである。歳よりもはるかに元気だが、カゼでもこじらせて寝込んだらどうするのだろう。

美智子と話し合うのだが、結論は得られない。阿弥陀堂に登っておうめ婆さんの本心をたしかめたくもなるが、[1]そこまで踏み込むにはためらいがあった。もし、おうめ婆さんが、

「あんたさんの家で冬を越してえであります」

と、言ったとしたら、

「ええ、どうぞ」

と、両手を[A]受け入れられるだろうか。

[2]その用意もなしに、もし寝込んだらどうするのですか、と、九十六歳の老婆に質問するのはこれに過ぎた失礼はないであろう。孝夫がおうめ婆さんへの思い入れを深くするのは、老後の面倒をみてやれなかった祖母の生活の残像と重なる部分が多いからである。[3]俗世の欲がふっきれた老婆は誰もみなよく似た顔になるらしく、おうめ婆さんに会うたびに孝夫は[4]祖母の枯れた笑顔を思い出すのだった。

若さゆえの配慮のなさから祖母につくせなかった孝行を、四十歳を過ぎて、人のやさしさに敏感になれるようになった今、おうめ婆さんにつくしたい。これが偽らざる孝夫の真意だった。

クリスマスイブの日は孝夫にとってこの一年で最も忙しい一日だった。朝、いつものように美智子を車に乗せて※1森平の診療所に着くと、赤いダウンジャケットにジーパンをはいた※2小百合ちゃんが待っていた。阿弥陀堂に届けたいものがあるので乗せて行ってもらえないか、と頼まれた。

美智子が小百合ちゃんを診察するのは今年最後だったので、胸の※3X線写真を撮ったりして三十分ほど時間を要した。異常なしの結果をもらって[B]した顔で玄関を出て来た小百合ちゃんは脇に紙包みを抱えていた。

阿弥陀堂への路は膝までの新雪におおわれていたので、先に立った

も、省エネルギーや環境に対する負荷の軽さを前向きに受けとめるようになり、暮らしの、目に見えない中心に、過剰を避け、セツド（d）をわきまえていく志向や理性をひそかに宿らせているのである。

※1　ハイテクノロジー　高度先端技術
※2　汲々　心に余裕を持たず、一つのことに努力する様子。

問一　――線部a～dのカタカナの部分と同じ漢字を用いている言葉を次の①～④の中からそれぞれ一つずつ選び、その番号をマークしなさい。

a　コンキョ
①　拠点　②　許可　③　拒絶　④　挙行

b　カクホ
①　補導　②　捕獲　③　保安　④　歩行

c　ホショウ
①　対称　②　故障　③　確証　④　代償

d　セツド
①　新設　②　面接　③　小説　④　季節

問二　――線部1「日本人もそう思ってきた」とありますが、日本人は何を思ってきたのですか。最も適当なものを次の①～④の中から一つ選び、その番号をマークしなさい。

①　日本は天然資源に恵まれていない国だということ。
②　「技術」を磨くために工業製品を生み出したこと。
③　戦後の経済成長は技術力に支えられていたこと。
④　世界は日本の技術力によって支えられていること。

問三　[A]に入る言葉として最も適当なものを次の①～④の中から一つ選び、その番号をマークしなさい。

①　均一にたくさん製品を作ること
②　計画的に多くの製品を作ること
③　世に存在していない製品を作ること
④　大量に小型化された製品を作ること

問四　[B]・[C]に入る言葉として最も適当なものを次の①～④の中からそれぞれ一つずつ選び、その番号をマークしなさい。

①　だから　②　つまり　③　やはり　④　しかし

問五　――線部2「幸いなことに、日本には天然資源がない」とありますが、なぜ「幸い」なのですか。最も適当なものを次の①～④の中から一つ選び、その番号をマークしなさい。

①　環境に対する意識が高まり、世界の模範となっているから。
②　海や山に囲まれ豊かな自然を形成することができたから。
③　天然資源を手に入れるために努力するようになったから。
④　繊細、丁寧にものをしつらえる知恵や感性が育まれたから。

問六　――線部3「感覚資源」とありますが、これを言い換えたものとして最も適当なものを次の①～④の中から一つ選び、その番号をマークしなさい。

①　世界からの信用　②　環境への意識
③　他国との交流　④　美的な技術力

問七　本文の内容と合致するものとして最も適当なものを次の①～④の中から一つ選び、その番号をマークしなさい。

①　日本の職人はものづくりの技術を磨き、誰もが使える製品を

【国語】（四五分）〈満点：一〇〇点〉

一 次の文章を読んで、後の問いに答えなさい。

1 日本は天然資源に恵まれないので、工業製品を生み出すために高度な「技術」を磨いてきたと言われる。戦後の高度経済成長は、そのような構図でものづくりを進めてきた成果である。世界はそう認識しているし、日本人もそう思ってきた[1]。戦後の日本が得意とした工業生産は「規格大量生産」、つまり[A]をきわめて安定した水準で達成することであった。また、製品を小型化する凝縮力のようなものがそこに働いて、日本の工業製品の優位をより鮮明に示すことに成功した。日本の生産技術は、量を前提とした品質と、緻密《ちみつ》さや凝縮性を工業製品として体現した結果、世界からの高い信用を獲得したのだ。

2 しかしながら、ここで言う「技術」とは、言い換えれば繊細、丁寧、緻密、簡潔にものづくりを遂行することであり、それは感覚資源が適切に作用した結果、獲得できた技の洗練ではないか。[B]、今日において空港の床が清潔に磨きあげられていたり、都市の夜景をなす灯りのひとつひとつが確実に光を放つことの背景にある同じ感受性が、規格大量生産においても働いたのではないかと考えられる。高度な生産技術やハイテクノロジー[※1]を走らせる技術の、まさに先端を作る資源が美意識であるというコンキョ[a]はここにある。

3 日本は石油や鉄鉱石のような天然資源に乏しい。これは事実で、この事実が歴史の重要な局面でこの国の方針に大きく影響し、第二次大戦に日本が歩みを進めてしまった要因のひとつもここにある。[C]、今日においては、天然資源のカクホ[b]に汲々《きゅうきゅう》[※2]としてきたことがむしろプラスに転じはじめている。もしも日本に石油が豊富に湧き出ていたら、おそらくは環境や省エネルギーに対する意識は今日ほどには高まってはいなかったはずだ。周囲を海に囲まれ、その大半が山であるという恵まれた自然も、湧き出る石油や排ガスによって後戻りできないほどにぼろぼろに汚染されていたかもしれないし、地球温暖化をもたらす温室効果ガスの排出量規制について、京都で国際会議を主宰する主体性も持ち得ていなかっただろう。

（中略）

4 幸いなことに、日本には天然資源がない[2]。そしてこの国を繁栄させてきた資源は別のところにある。それは繊細、丁寧、緻密、簡潔にものや環境をしつらえる知恵であり感性である。天然資源は今日、その流動性がホショウ[c]されている世界においては買うことができる。オーストラリアのアルミニウムも、ロシアの石油も、お金を払えば買えるのだ。しかし文化の根底で育まれてきた感覚資源[3]はお金で買うことはできない。求められても輸出できない価値なのである。

5 冷静に見ると、日本の工業製品は、つつましさやエネルギー消費の視点、そして使用者の成熟にともなう製品の洗練という点で、すでに優位性を発揮しはじめている。世界同時不況のせいですこし見えにくくなってはいるが、日本の自動車メーカーがひととき世界一の販売台数を記録したのもその一端である。生活者の意識

MEMO

大切なことはメモしておこうネ！

2021年度

解　答　と　解　説

《2021年度の配点は解答欄に掲載してあります。》

＜数学解答＞

1　(1)　ア　1　イ　8　(2)　ウ　7　エ　3　オ　0　(3)　カ　4　キ　9
(4)　ク　4　ケ　4　コ　2　(5)　サ　6　シ　2

2　(1)　ア　3　イ　2　(2)　ウ　1　エ　2　(3)　オ　4　カ　3　キ　2
(4)　ク　6　ケ　3　(5)　コ　3　サ　4

3　(1)　ア　3　(2)　イ　2　ウ　0　(3)　エ　2　オ　1　カ　6

4　(1)　ア　3　イ　6　(2)　ウ　4　エ　9
(3)　オ　1　カ　2　キ　4　ク　9

5　(1)　ア　8　イ　6　ウ　7　エ　1
(2)　オ　1　カ　6　キ　3　ク　2　ケ　3

6　(1)　ア　6　(2)　イ　2　ウ　4　(3)　エ　6　オ　3　(4)　カ　1　キ　2

○配点○

1～4・6　各4点×20　　5　各5点×4　　計100点

＜数学解説＞

1　(正負の数，式の計算，平方根)

(1)　$6-8\times3=6-24=-18$

(2)　$\frac{7}{6}-\frac{4}{3}+0.4=\frac{7}{6}-\frac{4}{3}+\frac{2}{5}=\frac{35}{30}-\frac{40}{30}+\frac{12}{30}=\frac{7}{30}$

(3)　$2(a+3b)-3(2a-b)=2a+6b-6a+3b=-4a+9b$

(4)　$6x^5\div(-3xy)\times2y^3=-\frac{6x^5\times2y^3}{3xy}=-4x^4y^2$

(5)　$5\sqrt{2}+\sqrt{6}\div\sqrt{3}=5\sqrt{2}+\sqrt{2}=6\sqrt{2}$

2　(等式の変形，連立方程式，2次方程式，因数分解，方程式の利用)

(1)　$a=\frac{2b-c}{3}$　　$3a=2b-c$　　$c=-3a+2b$

(2)　$3x-5y=7$…①　　$x+4y=-9$…②　　①－②×3より，$-17y=34$　　$y=-2$　　これを②に代入して，$x-8=-9$　　$x=-1$

(3)　$x^2-8x-2=0$　　$x^2-8x+16=2+16$　　$(x-4)^2=18$　　$x-4=\pm\sqrt{18}$　　$x=4\pm3\sqrt{2}$

(4)　和が－3，積が－18となる2数は－6と3だから，$x^2-3x-18=(x-6)(x+3)$

(5)　真ん中の数をxとすると，$(x-1)+x+(x+1)=102$　　$3x=102$　　$x=34$

3 （資料の整理）

（1）　$a=30-(2+1+15+8+1)=3$

（2）　最頻値は，度数の最も高い階級の階級値だから，$\frac{18+22}{2}=20$(m)

（3）　(階級値×度数)の合計を総度数で割ったものが平均値であるから，$(12\times2+16\times1+20\times15+24\times8+28\times3+32\times1)\div30=\frac{648}{30}=21.6$(m)

4 （確率）

（1）　作れる整数は全部で，$6\times6=36$(個)

（2）　題意を満たすのは，43，44，45，46，51，…，56，61，…，66の$4+6+6=16$(個)だから，求める確率は，$\frac{16}{36}=\frac{4}{9}$

（3）　作れる整数は全部で，$7\times7=49$(個)　　このうち，題意を満たすのは，10，15，20，25，30, 35，40，45，50，55，60，65の12通りだから，求める確率は，$\frac{12}{49}$

5 （角度，空間図形の計量）

（1）　ABは直径だから，$\angle ADB=90^\circ$より，$\angle BDC=90^\circ-47^\circ=43^\circ$　　円周角の定理より，$\angle x=2\angle BDC=2\times43^\circ=86^\circ$　　また，$\angle x+28^\circ=\angle y+43^\circ$より，$\angle y=86^\circ+28^\circ-43^\circ=71^\circ$

（2）　半径rの球の表面積は$4\pi r^2$，体積は$\frac{4}{3}\pi r^3$より，表面積は，$4\pi\times2^2=16\pi$ (cm²)
体積は，$\frac{4}{3}\pi\times2^3=\frac{32}{3}\pi$ (cm³)

6 （図形と関数・グラフの融合問題）

（1）　$y=-3x$に$x=2$を代入して，$y=-3\times2=-6$

（2）　点Aのy座標は，$8-6=2$　　よって，A(2, 2)　　Aは$y=\frac{a}{x}$上の点だから，$2=\frac{a}{2}$　　$a=4$

（3）　$y=-3x$に$x=-1$を代入して，$y=3$　　よって，(1)より，yの変域は，$-6\leqq y\leqq3$

（4）　$\triangle ABC=\frac{1}{2}\times8\times\{2-(-1)\}=12$

★ワンポイントアドバイス★
出題構成，難易度ともに例年と変わらない。教科書の例題や練習問題をきちんとこなせる基礎力を養っておこう。

＜英語解答＞

1　（ア）　(1)　Ⓒ　(2)　Ⓐ　(3)　Ⓓ　(4)　Ⓒ　(5)　Ⓒ　(6)　Ⓐ　(7)　Ⓒ
(8)　Ⓓ　(9)　Ⓐ　(10)　Ⓑ
（イ）　D1　(1)　Ⓑ　(2)　Ⓐ　D2　(1)　Ⓑ　(2)　Ⓐ
D3　(1)　Ⓐ　(2)　Ⓓ　D4　(1)　Ⓓ　(2)　Ⓒ　D5　(1)　Ⓑ　(2)　Ⓐ

2　A　(1)　①　(2)　②　(3)　②　(4)　④　(5)　①
B　(1)　②　(2)　①　(3)　③

3 (1) ① (2) ② (3) ② (4) ① (5) ③ (6) ③ (7) ①
(8) ④ (9) ③ (10) ①

4 (1) ④ (2) ① (3) ③

5 (1) ② (2) ④ (3) ③

6 (1) ③ (2) ① (3) ② (4) ① (5) ①

7 (1) ア ① イ ⑤ (2) ア ② イ ⑤ (3) ア ① イ ③
(4) ア ① イ ⑤ (5) ア ① イ ④ (6) ア ③ イ ①

○配点○

1 (ア) 各1点×10 (イ) 各2点×10 2 各1点×8 3・5 各2点×13
4・6 各3点×8 7 各2点×6(各完答) 計100点

＜英語解説＞

1 リスニング問題解説省略。

2 (単語の発音，アクセント)

A (1) ① bɪld ② mʌ'st ③ dʒʌmp ④ sʌni
(2) ① iksáit ② kwíkli ③ ráit ④ táiərd
(3) ① əgríː ② hévi ③ dríːm ④ tíːtʃ
(4) ① kǽt ② dǽns ③ hǽt ④ téik
(5) ① klóuz ② kʌ'vər ③ kʌ'ltʃər ④ inʌ'f

B (1) kəntínjuː (2) évriθìŋ (3) ìnfərméiʃən

3 (語句補充・選択一現在完了，分詞，関係代名詞，間接疑問文，比較，助動詞)

(1) 「now」(今) があるので，現在形。また，Susan と I (私) が主語なので，複数形が入る。

(2) when 以下が現在形なので，(　　　) に入る動詞も現在形となる。また，Asuka は固有名詞なので3人称単数である。

(3) 「every day」(毎日) があるので，現在形。また，your brother は3人称単数である。

(4) must ＋動詞の原形

(5) Have you ever 過去分詞～？(あなたは今まで～したことありますか？)

(6) The man talking on the smartphone (スマートフォンで話している男性)

(7) I met in Kyoto は the girl を修飾しているので，(　　　) には関係代名詞が入る。また，先行詞である the girl が人であることにも注意。

(8) 付加疑問文の形をとる。主語は Mr. Dustin (固有名詞) なので3人称単数である。

(9) longer とあり，比較級の文。

(10) A「少し質問してもいいでしょうか？」B「はい，もちろん」May I ～？(～してもいいですか？)

4 (会話文一内容吟味)

(全訳) Erika ：こんにちは，Mason。元気？
Mason ：やあ，Erika。元気だよ，あなたはどう？
Erika ：ありがとう，私もよ。聞いて！ビッグニュースがあるの！
Mason ：おお，それは何なの？

Erika　：オーストラリアの女の子が来月私の家に来て，ホームステイをする予定なの。
Mason　：それはいいね！あなた達が良い友達になるよう願っているよ。
Erika　：ありがとう。だから，私は街のいくつかの場所や食べ物を彼女に紹介したいの。何かいいアイデアはないかしら？
Mason　：えっと，「イワナミスパリゾート」はどうかな？私が初めてこの街に来た時，そこに行った。本当に良い場所だった。
Erika　：「スパ」という言葉は何だったっけ？「イワナミ…」あっ，分かったわ！日本語で「温泉」という意味だよね？
Mason　：その通り。
Erika　：それは良い考えね！あのリゾートにはすばらしい眺めがあるね。温泉から海を見られるよね。湯船は木で作られているから，良い香りもするね。私はそこに彼女を連れて行ってあげよう。そして「ユメ－タップリ丼」は私たちの街でとても有名だから，彼女に食べてほしいと考えているの。どう思う？
Mason　：おお，私はその料理について聞いたことがない。どんなの？
Erika　：「どんぶり」料理の一つよ。お米の上に多くの種類の生魚がのっているの。あなたは様々な味を楽しめるわ。素晴らしい夢のようだから，「ユメ－タップリ」と呼ばれているのよ。「赤豚焼きそば」も私たちの街では有名だわ。しかし，私は「赤豚焼きそば」よりも「ユメ－タップリ丼」の方が好きだわ。
Mason　：美味しそうだね！
Erika　：私はそれを出す良いレストランを知っているわ。後であなたにも教えるわね。
Mason　：いいね，私も試してみるよ。その料理を私に教えてくれてありがとう。
Erika　：あなたのアドバイスにも感謝しているわ，またね！

(1)　6つめのErikaのセリフに「You can see the sea from that Onsen.」とある。
(2)　7つめのErikaのセリフに「There are many kinds of raw fish over rice.」とある。
(3)　3つめのErikaのセリフにオーストラリアの女の子が来月私の家に来て，ホームステイをする予定という内容があり，また4つめのErikaのセリフに私は街のいくつかの場所や食べ物を彼女に紹介したいという内容があるので，それらから選択肢を選ぶ。

5　(語句補充・選択—不定詞)

(1)　B「私は英語を勉強しているところです。明日，英語のテストがあります。」という内容から，AはBに対して何をしているのか？と問うている。
(2)　A「あなたは昼食に何が食べたい？」「分かった。料理するね」という内容から，BはAに対して食べたい料理を伝えたと読み取る。
(3)　A「ねえ，私の携帯電話はどこかしら？見つからないわ」B「この部屋で電話を失くしたの？」A「うん，そうなの」B「［　　　］電話音が聞こえたら，見つけられるね」という内容から，BがAの携帯電話を電話音によって見つけてあげようとする事が窺える。

6　(長文読解問題—語句補充・選択，内容吟味)

(全訳)　はい，皆さん。私はのぐちこうたろうです。英語部に所属しています。私たちのクラブを紹介させて下さい。英語部について何を想像しますか？私たちは試験のためだけに英語を話すのではなく，楽しみのために英語を話すのです。ア例えば，私たちは英語で話したり，歌を歌ったり，ゲームをしたり，プレゼントを作ったり，外国の人々とオンラインを用いて英語で会話したりします。英語教師であるトダ先生は，私たちの活動を助けてくれます。

私たちは活動における3つのポイントを持っています。一番目に，活動中は英語で話します。

だから，英語で自分自身のことを話さなければなりません。イそれはあなたにとってとても難しいです，しかしあなたの英語力をより上達させます。二番目に，秋のスピーチコンテストに参加することができます。毎年，一等賞を獲得するために一生懸命挑戦します。三番目に，外国から来るウ大学生と話すことができます。私は三番目の活動が一番好きです，なぜなら彼らと友達になれるからです。

私たちは毎週水曜日にと木曜日に英語ルームで活動をしています。それは5階の図書館と会議室の間にあります。

もしあなたが私たちのクラブに参加したいなら，今日英語ルームに来て下さい。エ私たちは新入部員とたくさんの活動を行うことを楽しみにしています。英語が上手になる必要はありません，しかしもし上手く英語を話したいなら，一緒に英語を楽しみましょう。

(1)　ア　の後に，英語部の活動内容を具体的に述べている。

(2)　傍線部の前の「you have to talk about yourself in English」がその内容である。

(3)　university は大学という意味。また，傍線部の後に「come from foreign countries」とある。

(4)　「look forward to ～ ing」（～することを楽しみにしている）「a lot of」（たくさんの）

(5)　第2段落に「we speak English during our activities」とある内容から判断する。

7　(語句整序―進行形，比較，受動態，不定詞)

(1)　Who were you waiting for（at the station?）「wait for」（待つ）

(2)　Do you have much snow（in Niigata?）snow は不可算名詞。

(3)　My father gave me a watch.「give 人＋物」（人に物をあげる）

(4)　(John) is not (as) tall as Tom.「not as [形容詞・副詞] as ～」（～と同じぐらい [形容詞・副詞] ではない）

(5)　What language is spoken in（Canada）?「話されている」とあるので，be 動詞＋過去分詞となる。

(6)　(We) are going to visit Australia to study（English).「be 動詞＋ going to ～」（～するつもりだ，～する予定だ）

★ワンポイントアドバイス★

単語を覚える際に，発音やアクセントなども合わせて覚えておこう。また，読解問題など，じっくり取り組みたい問題に時間をかけられるように，文法問題や会話文の返答，整序問題は時間を意識して解こう。

＜国語解答＞

一　問一　a ①　b ③　c ②　d ④　問二 ③　問三 ①
問四　B ②　C ④　問五 ④　問六 ②　問七 ③　問八 ④

二　問一　A ③　B ①　C ②　問二 ②　問三 ①　問四　3 ①　6 ④
問五 ②　問六 ①　問七 ④　問八 ①　問九 ③

三　問一 ①　問二　a ④　b ③　c ①　問三 ①　問四　3 ②　4 ③
問五 ④　問六 ②　問七 ②　問八 ④　問九 ③

○配点○

一　問三　4点　　問四　各2点×2　　他　各3点×9

二　問一・問四　各2点×5　　他　各3点×7

三　問一・問二　各2点×4　　問七・問八　各4点×2　　他　各3点×6　　計100点

＜国語解説＞

一　（論説文―漢字の書き取り，内容吟味，脱文・脱語補充，接続語の問題，大意，段落・文章構成）

問一　a 「根拠」とは，もとになる理由。また目的遂行にいる物資を備え，支援する基地のこと。「拠点」とは，活動の足場にする所。　b 「確保」とは，確実に手に入れること。失わないように，しっかりと保つこと。「保安」とは，安全を保つこと。社会の安寧秩序を保つこと。　c 「保障」とは，ある状態がそこなわれることのないように，保護し守ること。「故障」とは，機械や身体などの機能が正常に働かなくなること。また，物事の進行が損なわれるような事情。　d 「節度」とは，行き過ぎのない適当な程度。また，指図や指令。「季節」とは，1年を天候の推移に従って分けたときの，それぞれの区切り。

問二　傍線部の前にある「日本は天然資源に恵まれないので，工業製品を生み出すために高度な「技術」を磨いてきたと言われる。戦後の高度経済成長は，そのような構図でものづくりを進めてきた成果である。」という文に着目する。

問三　[A] の前に，「つまり」とあるので，その接続語の前後で言い換えられている。「規格」とは，産業や技術の分野において，製品や材料，あるいは工程などに関して定義された基準のこと。

問四　B　[B] の前後において，「技の洗練」と「感受性」を同義としてとらえている。　C　[C] の前に，日本の天然資源の乏しさ故に第二次世界大戦へと進んだ要因の一つとしてマイナス的にとらえている。後には，それが現在においてはプラスへと転じているという逆説の意味になっている。

問五　傍線部の後にある，「この国を繁栄させてきた資源は別のところにある。それは繊細，廷内，緻密，簡潔にものや環境をしつらえる知恵であり感性である。」という文から読み取る。

問六　傍線部の前にある「もしも日本に石油が豊富に湧き出ていたら，おそらくは環境や省エネルギーに対する意識は今日ほどに高まってはいなかった」という，天然資源がない日本だからこそ生まれた感覚・意識の内容が述べられている。

問七　第5段落の冒頭にある，「日本の工業製品は，つつましさやエネルギー消費の視点，そして使用者の習熟にともなう製品の洗練という点で，すでに優位性を発揮しはじめている。」と内容から選択肢を選ぶ。

問八　大きく分けて，①段落で技術の獲得，②段落で技術とは何か，③～⑤段落で，技術獲得の背景にある天然資源の乏しさ，またそれによる利点について述べている。

二　（物語文―脱文・脱語補充，内容吟味，語句の意味，心情，文脈把握）

問一　A 「両手を広げる」とは，相手に対して自分の元に飛び込んできてほしいという気持ちを表している。　B 「晴れ晴れした」とは，気持ちなどが明るくて心がすっきりしているさま。　C 「体の芯」とは，心や体の奥深くのこと。

問二　傍線部後に，おうめ婆さんがあなた（孝夫）の家で冬を越したいと言った場合，それを受け入れることは難しいと考えている。

問三　こちら（孝夫）の受け入れ態勢も整っていないのに，今後どうするのかと聞いても，おうめ婆さんを困らせてしまうだけと考えている。

問四　3「俗世」とは世の中，俗世間のこと。　6「すこぶる」とは，程度がはなはだしいさま。また，少しやいささかという意味。

問五　傍線部の前にある，「俗世の欲がふっきれた老婆は誰もみなよく似た顔になるらしく」という表現を読み取る。

問六　庭がきれいに掃かれているのは，誰かが行っている証拠であり，それはおうめ婆さんによって行われている。よって，おうめ婆さんが健康的に生活しているということ。

問七　傍線部の前で，おうめ婆さんは「あれ，まあ，と大きく口を開けるばかりで，孝夫が開けるよううながしてようやくリボンを開けたという描写に着目する。

問八　「反応のよさ」とは，何を聞いてもすぐに理解して，返答してくれるということ。また，相手に不快な思いを与えることなく，答えてくれること。

問九　頬の艶のよさや元気なことなどは，寒さを表現しているわけではないので誤り。

三　(古文―語句の意味，仮名遣い，文脈把握，用法，内容吟味，段落構成，文学史)

＜現代語訳＞　5月5日，賀茂神社の競馬を見に行ったのだが，牛車の前に一般の人たちが立ちふさがっていて競馬を見ることができなかったので，それぞれ牛車を降りて，(競馬場の)柵の近くに寄ったのだが，人が多く立ちこんで，分け入ることもできそうにない。そんなときに，向かいにある楝の木に，法師が登って木の枝のまたに腰を下ろして見物している。木につかまったまま，たいそう眠たい様子で，落ちそうになってから目を覚ますことが，何度もあった。これ（木の上で眠る男を）を見る人は，馬鹿にしてあきれて，「愚か者だなぁ。あんな危ない枝の上で，安心して眠るなんて」と言っていると，私は自分の心に思ったのは「私たちに死期が来るのは，今かもしれない。それを忘れて，何かの見物をして生活をしている。その愚かさはあの法師よりも勝っているのに」とつぶやいたところ，前にいた人たちが「本当にその通りでございます。いかにも愚かですね」と言って，皆が私のいる後の方を振り向いて，「こちらへお入りください」と言って，場所を開けて呼び入れてくれた。このくらいの道理は誰も思いつくことがないだろうけれど，ちょうどその場合，思いがけない心地がして，胸に（私の言ったことが）突き刺さったのだろう。人は，木や石ではないので，時によって，心打たれることがないわけではない。

問一　五月を陰暦でいうと，「皐月」である。

問二　a「ゐ」は仮名遣いで「い」で表される。　b（子音t）auは（子音t）oとなる。
c　語の途中や語尾のハ行はワ行で読む。

問三　「やう」は様子や状態，姿，様式，方法，事情などを表す。

問四　3　傍線部の前に「これを見る人」とあり，馬鹿にしてあきれた後に言っている内容である。特定の人物ではないことに注意。　4　傍線部の前に「わが心にふと思ひしままに」とあり，私の心に思ったことをそのまま，口に出している様子が窺える。

問五　文末が「けれ」で終わっている。これは強調の助動詞「けり」の已然形である。係り結び「こそ」の場合，文末を已然形にする必要がある。

問六　競馬を見に来ているにもかかわらず，木の上で寝ている法師を見て，馬鹿にするのは愚かなことだと判じている。

問七　私のつぶやきに対して，前の人が本当にその通りだと納得している様子から，私の言ったことが本文に出てくる道理である。

問八　五月五日の上賀茂神社でおこった出来事が前半部分であり，その後の著者の所感が後半部分となる。

問九　「三大随筆」は『枕草子』『徒然草』『方丈記』である。

★ワンポイントアドバイス★

論説文・小説文・古文ともに内容に関する問題が出題されているので，本文の内容を時間内にいかに把握できるかが重要だ。そのために，なるべくたくさんの練習問題にあたり，文章への理解力を養っておこう。

2020年度

入　試　問　題

2020年度

日本文理高等学校入試問題

【数　学】（45分）〈満点：100点〉

$\boxed{1}$ 次の（１）～（５）のア～サにあてはまる数をマークしなさい。

（１）　$-15\div5+2\times(-3)=-\boxed{\text{ア}}$

（２）　$\dfrac{7}{2}\div\dfrac{7}{4}-\dfrac{5}{2}=-\dfrac{\boxed{\text{イ}}}{\boxed{\text{ウ}}}$

（３）　$3(3x+4y)-5(x-2y)=\boxed{\text{エ}}x+\boxed{\text{オ}}\boxed{\text{カ}}y$

（４）　$x^2\times(-3xy)^2\div y^2=\boxed{\text{キ}}x^{\boxed{\text{ク}}}$

（５）　$5\sqrt{3}+\sqrt{3}(\sqrt{6}-4)=\boxed{\text{ケ}}\sqrt{\boxed{\text{コ}}}+\sqrt{\boxed{\text{サ}}}$

$\boxed{2}$ 次の（１）～（６）のア～セにあてはまる数をマークしなさい。

（１）　$\dfrac{1}{2}x+1=\dfrac{1}{4}x$　の解は，$x=-\boxed{\text{ア}}$　です。

（２）　$\begin{cases}x-y=11\\x+2y=-7\end{cases}$　の解は，$x=\boxed{\text{イ}}$，$y=-\boxed{\text{ウ}}$　です。

（３）　$x^2-7x+9=6$　の解は，$x=\dfrac{\boxed{\text{エ}}\pm\sqrt{\boxed{\text{オ}}\boxed{\text{カ}}}}{\boxed{\text{キ}}}$　です。

（４）　$6a^3b+12ab$　を因数分解すると　$\boxed{\text{ク}}ab\left(a^2+\boxed{\text{ケ}}\right)$　です。

（５）　$x^2+5x-24$　を因数分解すると　$\left(x-\boxed{\text{コ}}\right)\left(x+\boxed{\text{サ}}\right)$　です。

（６）　1個120円のりんごと，1個30円のみかんを合わせて20個買い，170円の箱に入れてもらったところ，代金の合計は1400円でした。このときに買ったのは，りんご $\boxed{\text{シ}}$ 個，みかん $\boxed{\text{ス}}\boxed{\text{セ}}$ 個です。

$\boxed{3}$ 下の表は，あるクラスで行った小テストの得点をまとめたものです。
このとき，次の（１）～（３）のア～カにあてはまる数をマークしなさい。

得点	0	1	2	3	4	5	6	計
人数	1	2	3	4	1	5	4	20

（１）　得点の最頻値は $\boxed{\text{ア}}$ 点です。

（２）　得点の平均値は $\boxed{\text{イ}}.\boxed{\text{ウ}}\boxed{\text{エ}}$ 点です。

（３）　得点の中央値は $\boxed{\text{オ}}.\boxed{\text{カ}}$ 点です。

4 大小2つのさいころを同時に1回投げ，出た目の数を調べます。

このとき，次の（1）～（3）のア～カにあてはまる数をマークしなさい。

（1） 2つのさいころの目の出かたは全部で [ア][イ] 通りです。

（2） 出た目の数の和が7になる確率は $\frac{\boxed{ウ}}{\boxed{エ}}$ です。

（3） 大きいさいころの出た目をa，小さいさいころの出た目をbとするとき，$2a+b$ の値が15以上になる確率は $\frac{\boxed{オ}}{\boxed{カ}}$ です。

5 次の（1）～（3）のア～ソにあてはまる数をマークしなさい。

（1） 下の図は，$\ell /\!/ m$，AB//CDとなっています。

このとき，x，y の角度を求めなさい。

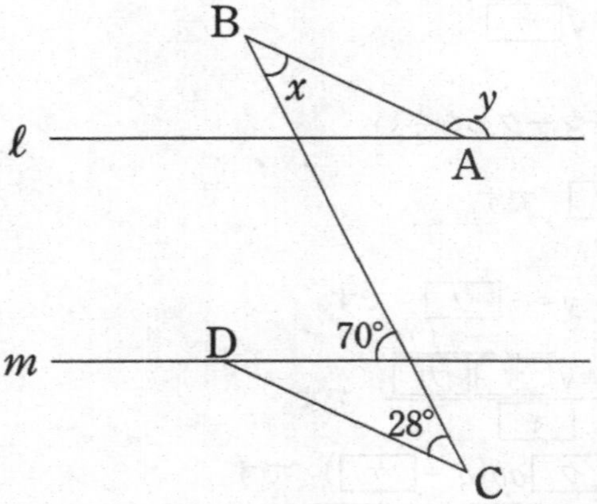

$x=$ [ア][イ]°

$y=$ [ウ][エ][オ]°

（2） 下の図は点Oを中心とし，OB＝2とする円周上に3点A，B，Cをとったものです。このとき，x，y の角度と線分BCを求めなさい。

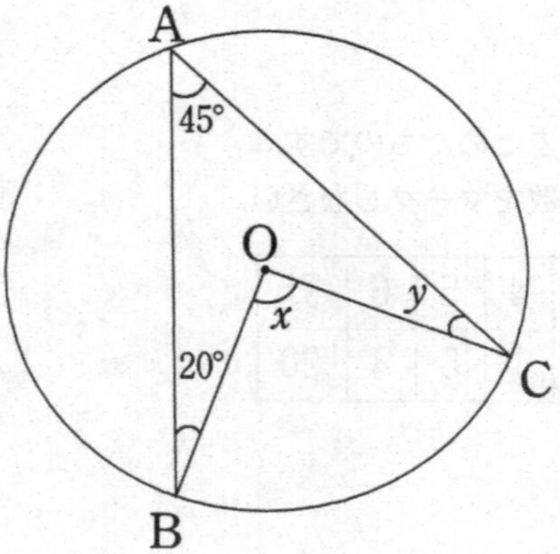

$x=$ [カ][キ]°

$y=$ [ク][ケ]°

BC＝ [コ]$\sqrt{\boxed{サ}}$

（3） 下の図は，辺の長さが4の正三角形ABCにおいて，頂点Bから辺ACに垂線BDを引いたものです。このとき，次の①，②の文を完成させなさい。

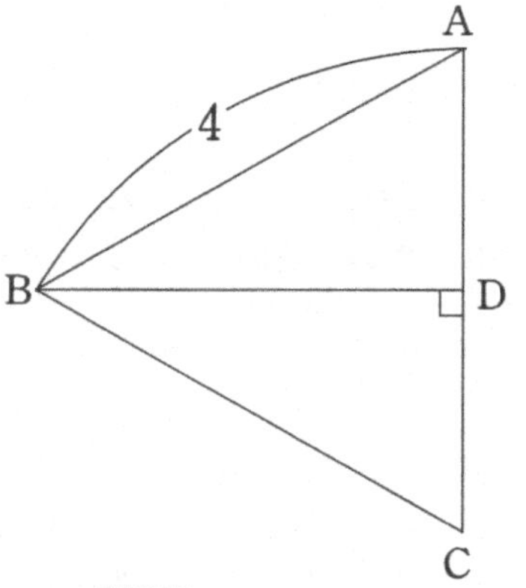

① 線分BDの長さは $\boxed{\text{シ}}\sqrt{\boxed{\text{ス}}}$ です。

② この正三角形ABCを辺ACを軸として1回転させてできる立体の体積は円周率を π とすると $\boxed{\text{セ}}\boxed{\text{ソ}}\pi$ です。

6 下の図のように，2点A(0, 3)，B(6, 5)を通る1次関数のグラフ ℓ と，ある反比例のグラフが異なる2点C，Dで交わっている。
点Dの x 座標が3のとき，次の（1）～（3）のア～ケにあてはまる数をマークしなさい。

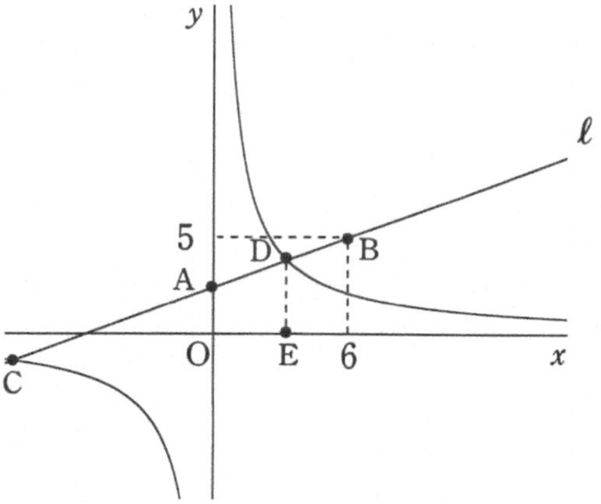

（1） 1次関数 ℓ の式は $y=\dfrac{\boxed{\text{ア}}}{\boxed{\text{イ}}}x+\boxed{\text{ウ}}$ です。

（2） 点Dの y 座標は $\boxed{\text{エ}}$ であり，

反比例のグラフの式は $y=\dfrac{\boxed{\text{オ}}\boxed{\text{カ}}}{x}$ です。

（3） 点Dから x 軸に垂線をおろした点をEとするとき，

台形OADEの面積は $\dfrac{\boxed{\text{キ}}\boxed{\text{ク}}}{\boxed{\text{ケ}}}$ です。

【英　語】（50分）〈満点：100点〉

【注意】試験開始のおよそ1分後に[1]リスニング問題を開始します。

[1] 音声を聞き，次の(ア)〜(イ)の問いに答えなさい。

(ア) 10 QUESTIONS SECTION

これから10の質問を聞きます。それぞれの質問に対する最も適切な返答をⒶ〜Ⓓの中から1つずつ選び，その記号をマークしなさい。質問は2度ずつ読まれます。

(1) Question 1
Ⓐ School is fun.
Ⓑ I play sports.
Ⓒ Science.
Ⓓ I enjoy reading.

(2) Question 2
Ⓐ By bus.
Ⓑ Today is Monday.
Ⓒ I'm 15 years old.
Ⓓ Tomorrow is a holiday.

(3) Question 3
Ⓐ It's January 7th.
Ⓑ I'm tired in the morning.
Ⓒ It's summer.
Ⓓ At 7:00 o'clock.

(4) Question 4
Ⓐ No. I'm not hot.
Ⓑ Yes. I like cold weather.
Ⓒ I can walk with my dog.
Ⓓ There are four seasons.

(5) Question 5
Ⓐ I am tired.
Ⓑ I like to play sports.
Ⓒ School finishes at 4:00 o'clock.
Ⓓ I don't cook at home.

(6) Question 6
Ⓐ Yes, she can.
Ⓑ Yes, I can.
Ⓒ My phone is new.
Ⓓ I need a new computer.

(7) Question 7
Ⓐ Yes. I have many books.
Ⓑ Books are heavy.
Ⓒ I have a sister.
Ⓓ I don't have a dictionary.

(8) Question 8
Ⓐ I like spaghetti.
Ⓑ I eat hamburgers every day.
Ⓒ I like French food.
Ⓓ I ate rice.

(9) Question 9
Ⓐ They're in the city.
Ⓑ I have a bag.
Ⓒ It's on my desk.
Ⓓ I have two pencils.

(10) Question 10
Ⓐ There are 35 students.
Ⓑ I have two brothers.
Ⓒ I have a young teacher.
Ⓓ We study every day.

(イ) PAIR TALK SECTION

これから2人の対話を聞きます。1つの対話につき，質問が2つ流れます。それぞれの質問に対する最も適切な返答をⒶ〜Ⓓの中から1つずつ選び，その記号をマークしなさい。対話と質問は2度ずつ読まれます。

DIALOGUE 1

(1) Question 1

Ⓐ 8:30
Ⓑ 6:00
Ⓒ 7:00
Ⓓ 7:30

(2) Question 2

Ⓐ Italian
Ⓑ Japanese
Ⓒ Chinese
Ⓓ French

DIALOGUE 2

(1) Question 1

Ⓐ 1
Ⓑ 2
Ⓒ 3
Ⓓ 4

(2) Question 2

Ⓐ By bicycle
Ⓑ By car
Ⓒ By train
Ⓓ By bus

DIALOGUE 3

(1) Question 1

Ⓐ In a museum
Ⓑ In a school
Ⓒ In a zoo
Ⓓ In a train station

(2) Question 2

Ⓐ cameras
Ⓑ computers
Ⓒ pictures
Ⓓ books

DIALOGUE 4

(1) Question 1

Ⓐ An outdoor market
Ⓑ An airport
Ⓒ A book shop
Ⓓ A shopping mall

(2) Question 2

Ⓐ It is sunny.
Ⓑ They can get the clothes they want.
Ⓒ They can meet friends.
Ⓓ They are young.

DIALOGUE 5

(1) Question 1

Ⓐ 1 hour
Ⓑ 2 hours
Ⓒ 30 minutes
Ⓓ 20 minutes

(2) Question 2

Ⓐ 20 minutes
Ⓑ 1 hour and 30 minutes
Ⓒ 3 hours
Ⓓ 3 hours and 30 minutes

〈リスニング放送台本〉

1 (ア) 10 QUESTIONS SECTION

You will hear 10 questions. Choose the best answer for the questions you hear.
You will hear each question twice. Let's begin.

1. <u>What subject do you like?</u>
A) School is fun.
B) I play sports.
C) Science.
D) I enjoy reading.

2. <u>How do you go to school?</u>
A) By bus.
B) Today is Monday.
C) I'm 15 years old.
D) Tomorrow is a holiday.

3. <u>What time do you get up?</u>
A) It's January 7th.
B) I'm tired in the morning.
C) It's summer.
D) At 7:00 o'clock.

4. <u>Do you like winter?</u>
A) No. I'm not hot.
B) Yes. I like cold weather.
C) I can walk my dog.
D) There are four seasons.

5. <u>What do you do after school?</u>
A) I am tired.
B) I like to play sports.
C) School finishes at 4:00 o'clock.
D) I don't cook at home.

6. <u>Can you use a computer?</u>
A) Yes, she can.
B) Yes, I can.
C) My phone is new.
D) I need a new computer.

7. <u>Do you have any books?</u>
A) Yes. I have many books.
B) Books are heavy.
C) I have a sister.
D) I don't have a dictionary.

8. <u>What did you eat for lunch?</u>
A) I like spaghetti.
B) I eat hamburgers every day.
C) I like French food.
D) I ate rice.

9. <u>Where is your notebook?</u>
A) They're in the city.
B) I have a bag.
C) It's on my desk.
D) I have two pencils.

10. <u>How many students are in your class?</u>
A) There are 35 students.
B) I have two brothers.
C) I have a young teacher.
D) We study every day.

(イ) PAIR TALK SECTION

Listen to the pair dialogues. After each dialogue, you will hear two questions. Choose the best answer for the questions you hear. You will hear each dialogue twice.

DIALOGUE 1 Let's begin.

A. I'm hungry. What time will we eat dinner?
B. We are going to eat at six thirty but my parents will be thirty minutes late.
A. Oh really? Ok. I will wait.
B. I'm hungry too. The pizza and pasta look delicious.
A. Thanks.

Question 1
What time will they eat dinner?(Audio)

Question 2
What kind of food will they eat? (Audio)

A）8:30
B）6:00
C）7:00
D）7:30

A. Italian
B. Japanese
C. Chinese
D. French

DIALOGUE 2 Let's begin.

A）Are you ready to go?
B）I will be ready in 5 minutes.
A）No problem. I want to leave early because there is a lot of snow.
B）Yes. There is a lot of snow on the road. We also have to drive to get my wife, my sister and mother.
A）I see. I really want to meet all of them. Let's go !

Question 1
How many women will they meet? (Audio)
A. 1
B. 2
C. 3
D. 4

Question 2
How will they travel? (Audio)
A. By bicycle
B. By car
C. By train
D. By bus

DIALOGUE 3 Let's begin.

A. The weather is really beautiful today outside.
B. Yes. There are not many people here today.
A. This is my first time to see a panda.
B. Really? This is my first time to see a lion.
A. We can see so many animals and learn about them too.
B. Yes. We can have fun too and meet new people.
A. Let's take a picture with the lion.
B. Ok! I want a picture too!

Question 1
Where are they?
A. In a museum
B. In a school
C. In a zoo
D. In a train station

Question 2
What are the men carrying?
A. cameras
B. computers
C. pictures
D. books

DIALOGUE 4 Let's begin.

A. I am really enjoying shopping.
B. Yes. There are many shops to go to.
A. And we don't have to worry about the weather because we are in a building.
B. That's OK. What do you want to buy today?
A. I want some shoes. And you?
B. I want some sports clothes.

A. We are lucky because the clothes are not expensive.

B. Yes. We can also get points on our point cards.

Question 1

Where are they?

A. An outdoor market

B. An airport

C. A book shop

D. A shopping mall

Question 2

Why are they happy?

A. It is sunny.

B. They can get the clothes they want.

C. They can meet friends.

D. They are young.

Dialogue 5 Let's begin.

A. Excuse me. Can you tell me what time it is?

B. Yes. It's two o'clock.

A. Thanks. I have to get on a bus at 3 o'clock to go to the station.

B. What time does your train leave?

A. It leaves at 5:30. I should have enough time.

B. Yes. The bus stop is only a twenty-minute walk from here

A. That's good. I don't have to leave now.

B. The bus arrives at the station at 4:30. Good luck.

A. Thanks

Question 1

How long does the man have to wait at the station?

Ⓐ 1 hour.

Ⓑ 2 hours.

Ⓒ 30 minutes.

Ⓓ 20 minutes.

Question 2

How long is the bus trip?

Ⓐ 20 minutes.

Ⓑ 1 hour and 30 minutes.

Ⓒ 3 hours.

Ⓓ 3 hours and 30 minutes.

2 次のA，Bの問いに答えなさい。

A　次の(1)～(5)の単語について，下線部の発音が他と違うものを①～④の中から1つずつ選び，その番号をマークしなさい。

(1) ① lunch　② come　③ cut　④ put

(2) ① speak　② break　③ meet　④ weak

(3) ① fruit　② lose　③ good　④ group

(4) ① walk　② go　③ call　④ talk

(5) ① answer　② take　③ apple　④ cat

B　次の(6)～(8)の単語について，最も強く発音する箇所を①～③の中から1つずつ選び，その番号をマークしなさい。

(6) beau・ti・ful

① ② ③

(7) pop・u・lar

① ② ③

(8) to・geth・er
① ② ③

3 次の(1)～(10)の英文の(　　)に入れるのに最も適切なものを①～④の中から1つずつ選び，その番号をマークしなさい。

(1) My name (　　) Yamada Akio.
① am　② is　③ are　④ were

(2) There (　　) a very big tree at the top of the hill, when I was a child.
① is　② are　③ was　④ were

(3) "How (　　) is the ticket?" "It's 1,500 yen."
① long　② many　③ much　④ old

(4) Ms. Tanaka is our math teacher. We had (　　) class today.
① she　② her　③ his　④ him

(5) Your mother is (　　) than my mother.
① young　② younger　③ youngest　④ very young

(6) David (　　) Kyoto four times.
① visit　② visiting　③ was visited　④ has visited

(7) The next month of July is (　　).
① September　② November　③ August　④ February

(8) "(　　) is your birthday?" "It's April 2."
① When　② Why　③ Where　④ What

(9) Naoto (　　) Nao by his friends.
① calls　② calling　③ will call　④ is called

(10) Jane (　　) coffee every morning.
① drink　② drinks　③ drinking　④ to drink

4 次の会話文を読んで，(1)～(3)の問いに答えなさい。

Mike　: How do you feel about the trip we took last week? Was it a lot of fun for you?

Wendy : Yes. I love taking a boat in the river. I enjoyed it on the first day. That was exciting very much.

Mike　: Me, too. But before we went there, we had a *trouble.

Wendy : Yes. We [ア] when we were [イ]. We were late, but we were [ウ].

Mike　: Well, how about the second day? It rained all day long. We planned to go *hiking, but we changed our plan. I *experienced making a small table in the store. It was my favorite one. We spent four hours there. And we had enough time to buy some presents for our family members.

Wendy : That was really nice.

Mike　: The last day of our trip was also good. It was a blue sky. We climbed the mountain and saw the beautiful *view from the top.

Wendy : The food we cooked there was very delicious, wasn't it?

Mike : Yes, I want to do it again soon.

*trouble　困ったこと　*hiking　ハイキング　*experience　～を体験する　*view　景色

(1)　上の会話文中 ア ～ ウ には下の[X]～[Z]のうちいずれかが入ります。最も適切な組み合わせを①～④の中から1つ選び，その番号をマークしなさい。

［X］　able to arrive there around eleven

［Y］　couldn't find the car key

［Z］　going to the river

①　ア ＝［X］　イ ＝［Y］　ウ ＝［Z］

②　ア ＝［Y］　イ ＝［Z］　ウ ＝［X］

③　ア ＝［Z］　イ ＝［X］　ウ ＝［Y］

④　ア ＝［Y］　イ ＝［X］　ウ ＝［Z］

(2)　Mikeが2日目に体験したことを次の①～④の中から1つ選び，その番号をマークしなさい。

①

②

③

④

(3)　旅行最終日の出来事として合っているものを次の①～④の中から1つ選び，その番号をマークしなさい。

①　天候：晴れ　　体験したこと：山登り

②　天候：晴れ　　体験したこと：買い物

③　天候：曇り　　体験したこと：山登り

④　天候：曇り　　体験したこと：買い物

5 次の(1)～(3)の会話文の［　　　　］に入る最も適切なものを①～④の中から1つずつ選び，その番号をマークしなさい。

(1) A：Would you like some more tea?
B：［　　　　　　　　］
A：OK, thank you for coming today.

① Yes, thanks.
② I'm sorry, but I have to go home now.
③ It's a nice cup.
④ I need to drink more coffee.

(2) A：Oh, you look so sleepy. ［　　　　　　　　］
B：I feel sick now. I'll go home right now.
A：See you later.

① How about you?
② What's up?
③ How do you feel?
④ What's that?

(3) A：When can I borrow your book?
B：［　　　　　　　　］
A：That's good.

① You can get it tomorrow.
② You should buy these two books.
③ I should get it in the library.
④ I will buy them for you.

6 次の英文は中学生のYukiが高校のオープンスクール(open school)について述べたスピーチの原稿です。これを読んで，(1)～(5)の問いに答えなさい。

I visited a high school in my city during summer vacation.

The open school started with an *opening ceremony. I enjoyed a *brass band and a *cheerleading club's performance. There were twelve clubs in that high school. Each *captain spoke about their club activities. The captain of the cheerleading club said, "Most of the members started cheerleading after ア they entered a high school. Now I love my club. Our goal is to make people happy. We practice hard every day and sometimes are taught by a coach. So we feel happy to cheer people on events or games. I've understood イ how important it is to try something new."

After that, I took an English lesson. I like reading and writing English ［ ウ ］ I'm not good at speaking. In that lesson, through a game and practice, I was able to talk with students in English. At the end of the lesson the English teacher said, "Our school has a *homestay program and the students who do a homestay enjoy communication with foreign people in English. エ Why don't you join a homestay program?"

That day, we could try something new. So I decided to study harder in my classes, and to go to more club activities and school events in that high school.

*opening ceremony　開会式　　　*brass band　吹奏楽

*cheerleading　チアリーディング　　　*captain　部長，キャプテン

*homestay　ホームステイ

(1)　下線部アは何を指していますか。最も適切なものを次の①～④の中から1つ選び，その番号をマークしなさい。

①　twelve clubs　　　②　most of the members

③　events to games　　　④　foreign people

(2)　下線部イが表す意味として最も適切なものを次の①～④の中から1つ選び，その番号をマークしなさい。

①　高校のオープンスクールに参加する大切さ

②　多くの人を笑顔にする大切さ

③　毎日厳しい練習に取り組む大切さ

④　新しいことに挑戦する大切さ

(3)　文中［ウ］に入る最も適切なものを次の①～④の中から1つ選び，その番号をマークしなさい。

①　but　②　because　③　for example　④　also

(4)　下線部エが表す意味として最も適切なものを次の①～④の中から1つ選び，その番号をマークしなさい。

①　ホームステイプログラムに参加するのはいつですか。

②　ホームステイプログラムのいいところは何ですか。

③　ホームステイプログラムに参加するのはなぜですか。

④　ホームステイプログラムに参加しませんか。

(5)　本文の内容に合うものを次の①～④の中から1つ選び，その番号をマークしなさい。

①　チアリーディング部の部長は中学校からチアリーディングを続けている。

②　チアリーディング部の部員は毎日特別コーチから教わっている。

③　Yukiは英語の授業では英語で会話をすることができた。

④　Yukiはどの高校へ進学するかまだ決めていない。

［7］　次の(1)～(6)の日本語に合うように①～⑤の語句を並べかえたとき，それぞれ(　ア　)，(　イ　)に入る最も適切なものを1つずつ選び，その番号をマークしなさい。なお，文頭に来るべき語も小文字にしてあります。

(1)　明日の午後は雨が降るでしょう。

(　　)(　ア　)(　イ　)(　　)(　　) afternoon.

①　rainy　②　will　③　be　④　it　⑤　tomorrow

(2)　健太は私たちのクラスで一番足が速いです。

Kenta (　ア　)(　　)(　イ　)(　　)(　　) our class.

①　in　②　runner　③　is　④　fastest　⑤　the

(3)　これは江戸川乱歩によって書かれた本です。

This (　　)(　ア　)(　　)(　　)(　イ　).

① by　② the book　③ written　④ is　⑤ Edogawa Rampo

(4) 私達の学校の近くには川があります。

(　ア　)(　　)(　イ　)(　　)(　　) our school.

① river　② near　③ is　④ there　⑤ a

(5) 父は僕の誕生日に自転車を買ってくれました。

My father (　　)(　ア　)(　　)(　イ　)(　　).

① bought　② for　③ my　④ birthday　⑤ a bike

(6) この店は朝9時に開店します。

This shop (　ア　)(　　)(　イ　)(　　)(　　) the morning.

① at　② opened　③ in　④ nine　⑤ is

③ みたり　④ ねたり

問二 ――線部A～Dの「の」のうち、一つだけ他と働きが違うものがあります。最も適当なものを次の①～④の中から一つ選び、その番号をマークしなさい。

① A　② B　③ C　④ D

問三 ――線部ア「見れば」、イ「落ちぬる」、ウ「おぼえて」のそれぞれの主語は誰ですか。組み合わせとして最も適当なものを次の①～④の中から一つ選び、その番号をマークしなさい。

① ア 犬　イ 蛇　ウ 作者
② ア 主　イ 犬　ウ 主
③ ア 作者　イ 主　ウ 犬
④ ア 主　イ 蛇　ウ 主

問四 ――線部1「主驚きて」とありますが、主が驚いた理由は何ですか。最も適当なものを次の①～④の中から一つ選び、その番号をマークしなさい。

① 犬が踊るように吠えていたから。
② 犬が主に噛みつきながら吠えたから。
③ 犬が何もいないのに吠えていたから。
④ 犬が寝ずにずっと吠えていたから。

問五 ――線部2「かかる」が直接かかっていく語はどれですか。最も適当なものを次の①～④の中から一つ選び、その番号をマークしなさい。

① 人　② 山中　③ 食ひてむ　④ 思ふなめり

問六 ――線部3「此奴は何に食ひつきたるにかあらむ」の意味は何ですか。最も適当なものを次の①～④の中から一つ選び、その番号をマークしなさい。

① こやつは何にでも食いつくのか。
② こやつは何に食いついているのだろうか。
③ こやつは何にも食いついていないのか。
④ こやつは何でも食いついたら離さない。

問七 ――線部4「蛇をば切り殺してけり」とありますが、主がこのような行動をとったのはなぜですか。最も適当なものを次の①～④の中から一つ選び、その番号をマークしなさい。

① 犬と蛇の争いを見て、長年飼い続けた犬を助けたいと思ったから。
② 蛇との争いに負けそうな犬を見て、かわいそうに思ったから。
③ 飼い犬が蛇にかみつかれて、痛がる姿を見ていられなかったから。
④ 飼い主を守るために、身を投げ出して蛇と戦った姿に感動したから。

問八 作者がこの文章を通して語りたいものは何ですか。最も適当なものを次の①～④の中から一つ選び、その番号をマークしなさい。

① 真夜中では人間よりも犬が強い。
② 犬は何にでもかみついてしまう。
③ 人間に対する恩は犬にもわかる。
④ 犬と蛇は昔からずっと仲が悪い。

問九 この文章は平安時代に成立した説話文学の一節です。同じ時代に成立した作品として最も適当なものを次の①～④の中から一つ選び、その番号をマークしなさい。

① おくのほそ道　② 方丈記　③ 徒然草　④ 枕草子

① わき目もふらず　② やみくもに
③ クモの子を散らすように　④ 右往左往して

問十一 ――線部にあるようなプールの仕切り戸の音が、場面ごとに異なって表現されているのはなぜですか。その説明として最も適当なものを次の①～④の中から一つ選び、その番号をマークしなさい。

① 「僕」が鋭く感じ取った、違和感の原因と「仕切り戸」の音との因果関係を示す必要があったから。
② 「僕」の心が揺れ動いていくさまと、その性質を効果的に表現する必要があったから。
③ 「仕切り戸」の音の異常さを、擬音語表現の使用によって多角的に伝える必要があったから。
④ その夜の風の強さの変化に従って扉の音の表現も変える必要があったから。

三　次の文章を読んで、後の問いに答えなさい。

ある男が狩りのために犬を連れて山中に入り、巨木の空《うつほ》（ほら穴）に一泊したところ、真夜中に犬が主人に向かって激しく吠えたてた。

犬なほ吠ゆること止《とど》まらずして、後《のち》には主《あるじ》に向ひて踊り懸《かか》りつつ（躍りかかって）吠えければ、[1]主驚きて、「この犬の[A]吠ゆべき物も見えぬに、（吠えつくべき物もないのに、）我に向ひてかく（このように）踊り懸りて吠ゆるは、獣は主知らぬ者なれば、（主人の恩を知らないものなので、）我を、さだめて[2]かかる（このような）人もなき山中にて[a]食ひてむと思ふなめり、此奴《こやつ》切り殺してば（こやつは切り殺してしまおう）や」と思ひて、太刀《たち》抜きて恐《おど》しけれども、犬あへて止まらずして、（全くやめず、）踊り懸りつつ（飛びかかり）吠えければ、主、「かかる狭《せま》き空にて、（ほら穴で、）此奴食ひつきては悪《あ》しかりなむ」と思ひて、[B]木の空より外に踊り出《い》づる時に、この犬、我《わ》が[b]ゐたりつる[C]空の上の方に踊り上り、物に食ひつきぬ。

その時に主、「我を食はむとて吠えけるにはあらざりけり」と思ひて、「[3]此奴は何に食ひつきたるにかあらむ」と見るほどに、空の上よりいかめしき物（恐ろしいもの）落つ。犬これを許さずして、（放さず、）食ひつきたるを[ア]見れば、大きさ六七寸（太さ六、七寸）ばかりある蛇の、長さ二丈余《にじょうあまり》（長さが二丈余り）ばかりなるなりけり。蛇、頭《かしら》を犬にいたく（きつく）食はれて、え堪《た》へずして[イ]落ちぬるなりけり。主これを見るに、極めて怖《おそろ》しき物から、犬の[D]心あはれに[ウ]おぼえて、太刀を以《もっ》て[4]蛇をば切り殺してけり。その後ぞ犬は離《か》れて去《い》にける。（その後、犬は蛇から離れた。）

問一 ――線部a「食ひてむ」、b「ゐたり」を現代仮名遣いに直すと、どれが正しいですか。最も適当なものを次の①～④の中からそれぞれ一つ選び、その番号をマークしなさい。

a　① くいてむ　② くひてん　③ くいてん　④ くうてん
b　① いたり　② えたり

て、このときの「僕」の気持ちとして最も適当なものを次の①～④の中から一つ選び、その番号をマークしなさい。

① 「僕」の不安になっていた気持ちが一層強まり、恐怖した。

② 何かの姿の正体が、鏡に映る「僕」だと分かり、謎が解決したことを喜んだ。

③ 「僕」が脅えていたものがただの鏡であったことに気づき、安心した。

④ 鏡に映る「僕」の姿に対して異変を感じ、動揺を抑えようとした。

問五 [B] に入る言葉として最も適当なものを次の①～④の中から一つ選び、その番号をマークしなさい。

① 本能的　② 本格的　③ 客観的　④ 相対的

問六 ――線部4「この感じ」とはどのようなものであったと考えられますか。最も適当なものを次の①～④の中から一つ選び、その番号をマークしなさい。

① 外部の現実と内部の感覚が引き裂かれる感じ。

② 滅多にない経験にひそかに興奮を覚える感じ。

③ ついに来るべきものが来たなと覚悟する感じ。

④ 自身の内部に存在する他者に惑わされる感じ。

問七 ――線部5「まっ暗な海に浮かんだ固い氷山のような憎しみ」について、後の問いA、Bに答えなさい。

A ここで使われている修辞法として最も適当なものを次の①～④の中から一つ選び、その番号をマークしなさい。

① 倒置法　② 反復法　③ 擬人法　④ 直喩法

B どのような憎しみですか。最も適当なものを次の①～④の中から一つ選び、その番号をマークしなさい。

① 固く、決して溶けそうもない憎しみ。

② 大きく、計り知れない総量をひめた憎しみ。

③ 冷たく、過去の記憶に深く根ざした憎しみ。

④ 暗く、心底根深い悪意のこもる憎しみ。

問八 ――線部6「呆然」の意味として最も適当なものを次の①～④の中から一つ選び、その番号をマークしなさい。

① 思いもよらないことに声も出ない状態。

② 意識がはっきりと、明確である状態。

③ 気が抜けてぼんやりとした状態。

④ 非常に驚いて、衝撃をうけている状態。

問九 ――線部7「奴のほうが僕を支配しようとしていた」とはどういうことですか。最も適当なものを次の①～④の中から一つ選び、その番号をマークしなさい。

① もう一人の「僕」が、「僕」の動きを模倣し始めたということ。

② 「鏡」という境界線を越えて、もう一人の「僕」が「僕」の領域を浸食し始めてきたということ。

③ 本来の「僕」と、奥底に潜んでいたもう一人の「僕」との関係性が逆転したということ。

④ もう一人の「僕」が、「僕」の意志にかかわらず言動を操るようになったということ。

問十 ――線部8「後も見ずに」と**最も異なる意味**を示す表現として適当なものを次の①～④の中から一つ選び、その番号をマークしなさい。

よ。それは間違いないんだ。でも、それは絶対に僕じゃないんだ。僕にはそれが［B］にわかったんだ。いや、違うな、正確に言えばそれはもちろん僕なんだ。でもそれは僕以外の僕なんだ。それは僕がそうあるべきではない形での僕なんだ。

うまく言えないね。4この感じを他人に言葉で説明するのはすごく難しいよ。

でもその時ただひとつ僕に理解できたことは、相手が心の底から僕を憎んでいるってことだった。5まるでまっ暗な海に浮かんだ固い氷山のような憎しみだった。誰にも癒すことのできない憎しみだった。僕にはそれだけを理解することができた。

僕はそこにしばらくのあいだ6呆然として立ちすくんでいた。煙草が指のあいだから床に落ちた。鏡の中の煙草も床に落ちた。我々は同じようにお互いの姿を眺めていた。僕の体は金しばりになったみたいに動かなかった。

やがて奴のほうの手が動き出した。右手の指先がゆっくりと顎に触れ、それから少しずつ、まるで虫みたいに顔を這いあがっていた。気がつくと僕も同じことをしていた。まるで僕のほうが鏡の中の像であるみたいにさ。つまり7奴のほうが僕を支配しようとしていたんだね。

僕はその時、最後の力をふりしぼって大声を出した。「うおう。」とか「ぐおう。」とか、そういう声だよ。それで金しばりがほんの少しゆるんだ。それから僕は鏡に向かって木刀を思い切り投げつけた。鏡の割れる音がした。8僕は後も見ずに走って部屋に駆けこみ、ドアに鍵をかけて布団をかぶった。玄関の床に落としてきた火のついた煙草のことが気になった。でも僕はもう一度そこに戻ることなんてとてもできなかった。風はずっと吹いていた。プールの仕切り戸の音は夜明け前までつづいた。うん、うん、いや、うん、いや、いや、いや……ってぐあいにさ。

※リノリウム　建築材料の一種。床などに貼る。

問一　［A］に入る言葉として最も適当なものを次の①～④の中から一つ選び、その番号をマークしなさい。

①　衝動的　②　規則的　③　非対称　④　不規則

問二　――線部1「急ぎ足」の意味として最も適当なものを次の①～④の中から一つ選び、その番号をマークしなさい。

①　待ちきれない気持ちで歩くこと。
②　はやい足どりで歩くこと。
③　音を立てないように歩くこと。
④　勢い余って歩き過ぎてしまうこと。

問三　――線部2「そこには僕がいた。つまり――鏡さ」について、ここにはどのような「語り」の工夫が施されていますか。最も適当なものを次の①～④の中から一つ選び、その番号をマークしなさい。

①　具体的に述べることで、「聞き手」を不安にさせないようにしている。
②　「聞き手」を驚かせるために、「語り」の順序を入れ替えている。
③　結果を強調するために、「聞き手」の反応を伺っている。
④　「体言止め」を用いることで、「聞き手」が続きを聞きたくなるように仕向けている。

問四　――線部3「鏡に映った僕の姿を眺めながら一服した」につい

よって自己理解が進むということ。

④　他者の意見を退けて、自分の意見を主張することによって双方の理解がはかどるということ。

問七　本文の内容と合致するものとして、最も適当なものを次の①～④の中から一つ選び、その番号をマークしなさい。

①　「労働」に対する考え方の共通理解を図ることにより、労働が効率化される。

②　「はたらく」という言葉の使われ方は様々で、よく理解されていないことである。

③　人間がより充実した生活を続けるためには労働が不可欠である。

④　私たちは、自分たちの労働について何の考えももたずに日常生活を営んでいる。

二

次の文章を読んで、後の問いに答えなさい。

複数の人間が「僕」の家に集まり、怖い体験談を話し合っている。「僕」の順番となり、大学進学をせず、中学校の夜間警備のアルバイトを行っていた十八歳頃の体験談を話す。

嫌な夜だったよ。風はますます強くなって、空気はますます湿っぽくなっていた。肌がちくちくして、気持ちがうまく集中できないんだ。まず最初に体育館と講堂とプールを片づけた。どれもＯＫだった。戸はひどく混乱した人間が首を振ったり肯《うなず》いたりするみたいな感じでばたんばたん開いたり閉じたりしていた。すごく［A］なんだ。うん、うん、いや、うん、いや、いや、いや……っていった感じの音なんだよ。なんだか変なたとえだけど、その時は本当にそう感じたんだよ。

（中略）

その夜はいつもより1急ぎ足で廊下を歩いた。バスケットボール・シューズのゴム底が※リノリウムの上でシャキッ、シャキッって音を立てた。緑のリノリウムの廊下さ。苔がはえたみたいなくすんだ緑色だった。今でもよく覚えてるよ。

その廊下のまん中あたりに学校の玄関があるんだけどね、そこを通り過ぎた時に突然「あれ！」って感じがしたんだ。暗闇の中で何かの姿が見えたような気がしたんだ。わきの下がひやっとした。僕は木刀を握りなおして、そちらの方向に向きなおった。そしてそちらにぱっと懐中電灯の光を投げかけた。下駄箱の横の壁あたりだ。

2そこには僕がいた。つまり――鏡さ。なんてことはない、そこに僕の姿が映っていただけなんだ。昨日の夜まではそんなところに鏡なんてなかったのに、いつの間にか新しくとりつけられていたんだな。それで僕はびっくりしちゃったわけさ。全身が映る縦長の大きな鏡だった。僕はほっとすると同時にばかばかしくなった。なんだ、くだらない、と思った。それで鏡の前に立ったまま懐中電灯を下に置き、ポケットから煙草を出して火をつけた。そして3鏡に映った僕の姿を眺めながら一服した。窓からほんの少しだけ街灯の光が入ってきて、その光は鏡の中にも及んでいた。背中の方からはばたんばたんっていうプールの仕切り戸の音が聞こえた。

煙草を三回くらいふかしたあとで、急に奇妙なことに気づいた。つまり、鏡の中の像は僕じゃないんだ。いや、外見はすっかり僕なんだを次の①～④の中からそれぞれ一つずつ選び、その番号をマークしなさい。

a カクサン

① 拡大　② 確認　③ 獲得　④ 品格

b ハンエイ

① 映像　② 栄光　③ 永久　④ 営業

c ジュウジ

① 柔軟　② 縦断　③ 服従　④ 厳重

d ジョウシキ

① 組織　② 識別　③ 式辞　④ 敷布

問二 [A]～[C]に入る言葉として最も適当なものを次の①～④の中からそれぞれ一つずつ選び、その番号をマークしなさい。

① だから　② つまり　③ やはり　④ しかし

問三 ――線部1「しばしば意味内容を集約しにくくなることがおこってきます」とありますが、なぜですか。最も適当なものを次の①～④の中から一つ選び、その番号をマークしなさい。

① 労働することにより発展してきた人間の感じ方は複雑であるから。

② 人間が活動し、行動する中での考え方はたくさんあるものだから。

③ 人間が「働くこと」といえば、だれしも「労働」という言葉を連想するから。

④ 日常で使われる言語は様々な使い方があり、それが広まってしまうから。

問四 ――線部2「これに対する反応はまちまち」とありますが、なぜですか。最も適当なものを次の①～④の中から一つ選び、その番号をマークしなさい。

① アンケートに対して、すぐに筋み立てて答えることは非常に難しいことだから。

② 年齢・家庭環境・素質などの原因によって考え方の違いがあらわれるから。

③ 時間の経過により、知識や生活に対する感覚が変わってしまうから。

④ 人間欲望をみたし、たのしく過ごすためには働かなければならないから。

問五 ――線部3「直情的な感想」とありますが、どのような感想ですか。**適当でないもの**を次の①～④の中から一つ選び、その番号をマークしなさい。

① 労働にやり甲斐を感じられないという感想。

② 労働は大変で嫌なものであるという感想。

③ 労働しても生活水準が向上しないという感想。

④ 労働は生活水準の向上に必要だという感想。

問六 ――線部4「相互の共通の理解がよくなること」とありますが、どういうことですか。最も適当なものを次の①～④の中から一つ選び、その番号をマークしなさい。

① 他者の意見を受け止めて、自分の考えを表すことによってお互いの理解が進むということ。

② 他者の意見を取り入れて、自分なりの言葉で表現することによってより相手に伝わるということ。

③ 他者の意見に耳を傾けず、ひとりよがりな解釈をすることに

【国　語】（四五分）〈満点：一〇〇点〉

一　次の文章を読んで、後の問いに答えなさい。

人間は活動し、行動します。「はたらく」とは、最も広い意味では「活動する」ということでしょう。身体を動かさなくても「頭のはたらき」などといいますが、これも A 活動でしょう。また、活動・行動の結果を、ときには評価の気持もこめて「これは、彼のはたらきだ」というような場合もあります。それどころか言葉の使用が[a]カクサンしてしまって「電力がはたらいて……」などということさえあります。日常言語はひとり歩きしますから、[1]しばしば意味内容を集約しにくくなることがおこってきます。

これから、働くことの意味を考えていこうとするわけですが、「働くこと」といえば、だれしもまず「労働」ということばを連想します。この本の内容も、その中軸はやはり「労働」ということになるのですが、はじめにまず「労働」についての日常的な見方・考え方から※1吟味《ぎんみ》してみることにしましょう。

人間は、欲望をみたし、たのしいことを※2享受《きょうじゅ》して存続するためには、いかようにか働かなければなりません。そして、労働することによって、人類は発展し[b]ハンエイしてきました。

労働している人間は、自分や自分たちの労働について、なんらか考えをもって生活しています。仮りに、それを「言え」といわれて、すぐ筋みちを立てていうことはできないにしても、いかようにか納得して生活しているはずです。 B 、アンケートのようなかたちで、むこうから選択肢・用語を与えられたならば、たとえば自分の生活水準は「中流の中」だと思うとか、昨年のいまごろより物的生活は「向上していない」と思うとか、スムーズに答えることもできるのです。

けれども、同じ職場で労働している人たちをとってみても、年齢・家庭環境・素質その他さまざまの原因によって、まったく同じ労働に[c]ジュウジしていながら、[2]これに対する反応はまちまちで、いきなり「何でも感想・意見・希望を言うように」ということになると、それこそ※3百花斉放《ひゃっかせいほう》の観《かん》を呈することになる場合が多いでしょう。また家事にたずさわっている主婦たちでも、各自の仕事についての考え方はまちまちでしょう。そして、なかには[3]直情的な感想もあれば、知識も正確で対人的な配慮もいきとどき、一定の時間的経過についても冷静に顧慮した意見、[d]ジョウシキ的に考えられるという範囲内ではじつに申し分のない意見が語られることもありましょう。結果的にみると、各人があらかじめ考えに入れていることのちがいが、はっきりあらわれてくることになりましょう。

どれだけ考えに入れることがゆたかになろうとも、結局のところは個人個人で考え方はまちまちになるかもしれません。 C 、考えに入れることという網の目を通してから、自分の内にあるものを外に出すことは、それらを通さないよりよいことにはちがいありませんし、[4]相互の共通の理解がよくなることはたしかです。

※1　吟味　ものごとを念入りに調査すること。
※2　享受　自分のものとして受け入れること。
※3　百花斉放の観　学問、科学、文化、芸術の各分野で創作と批評が自由であること。

問一　——線部a〜dのカタカナの部分と同じ漢字を用いている言葉

2020年度

解　答　と　解　説

《2020年度の配点は解答欄に掲載してあります。》

＜数学解答＞

1　(1)　ア　9　(2)　イ　1　ウ　2　(3)　エ　4　オ　2　カ　2
　(4)　キ　9　ク　4　(5)　ケ　3　コ　2　サ　3

2　(1)　ア　4　(2)　イ　5　ウ　6　(3)　エ　7　オ　3　カ　7　キ　2
　(4)　ク　6　ケ　2　(5)　コ　3　サ　8　(6)　シ　7　ス　1　セ　3

3　(1)　ア　5　(2)　イ　3　ウ　6　エ　5　(3)　オ　3　カ　5

4　(1)　ア　3　イ　6　(2)　ウ　1　エ　6　(3)　オ　1　カ　6

5　(1)　ア　2　イ　8　ウ　1　エ　3　オ　8　(2)　カ　9　キ　0　ク　2
　ケ　5　コ　2　サ　2　(3)　①　シ　2　ス　3　②　セ　1　ソ　6

6　(1)　ア　1　イ　3　ウ　3　(2)　エ　4　オ　1　カ　2
　(3)　キ　2　ク　1　ケ　2

○推定配点○

1　各4点×5　2　各4点×6　3　各4点×3　4　各4点×3　5　各3点×7
6　(1)　3点　(2)　2点，3点　(3)　3点　計100点

＜数学解説＞

基本　1　（正負の数，式の計算，平方根）

(1)　$-15\div5+2\times(-3)=-3+(-6)=-9$

(2)　$\dfrac{7}{2}\div\dfrac{7}{4}-\dfrac{5}{2}=\dfrac{7}{2}\times\dfrac{4}{7}-\dfrac{5}{2}=2-\dfrac{5}{2}=-\dfrac{1}{2}$

(3)　$3(3x+4y)-5(x-2y)=9x+12y-5x+10y=4x+22y$

(4)　$x^2\times(-3xy)^2\div y^2=\dfrac{x^2\times9x^2y^2}{y^2}=9x^4$

(5)　$5\sqrt{3}+\sqrt{3}(\sqrt{6}-4)=5\sqrt{3}+3\sqrt{2}-4\sqrt{3}=3\sqrt{2}+\sqrt{3}$

2　（1次方程式，連立方程式，2次方程式，因数分解，方程式の利用）

基本　(1)　$\dfrac{1}{2}x+1=\dfrac{1}{4}x$　$2x+4=x$　$x=-4$

基本　(2)　$x-y=11$…(ⅰ)　$x+2y=-7$…(ⅱ)　(ⅰ)−(ⅱ)より，$-3y=18$　$y=-6$　これを(ⅰ)に代入して，$x+6=11$　$x=5$

基本　(3)　$x^2-7x+9=6$　$x^2-7x+3=0$　解の公式を用いて，$x=\dfrac{-(-7)\pm\sqrt{(-7)^2-4\times1\times3}}{2\times1}=\dfrac{7\pm\sqrt{37}}{2}$

基本　(4)　$6a^3b+12ab=6ab\times a^2+6ab\times2=6ab(a^2+2)$

基本　(5)　和が5，積が−24となる2数は−3と8だから，$x^2+5x-24=(x-3)(x+8)$

(6)　りんごをx個，みかんをy個買ったとすると，$x+y=20$…(ⅰ)　$120x+30y+170=1400$より，

$4x+y=41$…(ⅱ)　(ⅰ)−(ⅱ)より，$-3x=-21$　$x=7$　これを(ⅰ)に代入して，$7+y=20$　$y=13$　よって，りんご7個，みかん13個。

基本 **3** **(資料の整理)**

(1)　最頻値は，度数の最も高い階級の階級値だから，5点。

(2)　平均値は，$(0\times1+1\times2+2\times3+3\times4+4\times1+5\times5+6\times4)\div20=\frac{73}{20}=3.65$(点)

(3)　20人の中央値は，得点の低い順に並べたときの10番目と11番目の平均だから，$1+2+3+4=10$より，10番目は3点，11番目は4点　よって，$\frac{3+4}{2}=3.5$(点)

4 **(確率)**

基本 (1)　さいころの目の出方は全部で，$6\times6=36$(通り)

基本 (2)　題意を満たすのは，(大，小)=(1，6)，(2，5)，(3，4)，(4，3)，(5，2)，(6，1)の6通りだから，求める確率は，$\frac{6}{36}=\frac{1}{6}$

(3)　題意を満たすのは，$(a,\ b)$=(5，5)，(5，6)，(6，3)，(6，4)，(6，5)，(6，6)の6通りだから，求める確率は，$\frac{6}{36}=\frac{1}{6}$

5 **(角度，空間図形の計量)**

基本 (1)　平行線の錯角は等しいから，$\angle x=\angle\mathrm{DCB}=28°$　平行線の同位角は等しく，三角形の内角と外角の性質より，$\angle x+(180°-\angle y)=70°$　$-\angle y=70°-28°-180°$　$-\angle y=-138°$　$\angle y=138°$

重要 (2)　円周角の定理より，$\angle x=2\angle\mathrm{BAC}=2\times45°=90°$　OA=OBより，$\angle\mathrm{OAB}=\angle\mathrm{OBA}=20°$　OC=OAより，$\angle y=\angle\mathrm{OAC}=45°-20°=25°$　△OBCに三平方の定理を用いて，$\mathrm{BC}=\sqrt{\mathrm{OB}^2+\mathrm{OC}^2}=\sqrt{2^2+2^2}=\sqrt{8}=2\sqrt{2}$

重要 (3)　①　△ABD≡△CBDより，$\mathrm{AD}=\mathrm{CD}=\frac{1}{2}\mathrm{AC}=\frac{1}{2}\times4=2$　よって，$\mathrm{BD}=\sqrt{\mathrm{AB}^2-\mathrm{AD}^2}=\sqrt{4^2-2^2}=\sqrt{12}=2\sqrt{3}$

重要 ②　$\frac{1}{3}\times\pi\times\mathrm{BD}^2\times\mathrm{AD}\times2=\frac{1}{3}\times\pi\times(2\sqrt{3})^2\times2\times2=16\pi$

基本 **6** **(図形と関数・グラフの融合問題)**

(1)　1次関数ℓの式を$y=ax+3$とおくと，点Bを通るから，$5=a\times6+3$　$-6a=-2$　$a=\frac{1}{3}$

よって，$y=\frac{1}{3}x+3$

(2)　$y=\frac{1}{3}x+3$に$x=3$を代入して，$y=\frac{1}{3}\times3+3=4$　よって，点Dのy座標は4　反比例のグラフの式を$y=\frac{b}{x}$とおくと，点Dを通るから，$4=\frac{b}{3}$　$b=12$　よって，$y=\frac{12}{x}$

(3)　E(3，0)より，OE=3　また，OA=3，DE=4だから，台形OADE$=\frac{1}{2}\times(3+4)\times3=\frac{21}{2}$

★ワンポイントアドバイス★

基礎力重視の出題内容であるから，弱点分野をつくらないように，あらゆる分野の基礎を固めておこう。

＜英語解答＞

1 ア (1) Ⓒ (2) Ⓐ (3) Ⓓ (4) Ⓑ (5) Ⓑ (6) Ⓑ (7) Ⓐ
(8) Ⓓ (9) Ⓒ (10) Ⓐ イ ((1), (2)の順) D1 Ⓒ, Ⓐ D2 Ⓒ, Ⓑ
D3 Ⓒ, Ⓐ D4 Ⓓ, Ⓑ D5 Ⓒ, Ⓑ

2 A (1) ④ (2) ② (3) ③ (4) ② (5) ② B (6) ① (7) ①
(8) ②

3 (1) ② (2) ③ (3) ③ (4) ② (5) ② (6) ④ (7) ③
(8) ① (9) ④ (10) ②

4 (1) ② (2) ③ (3) ①

5 (1) ② (2) ③ (3) ①

6 (1) ② (2) ④ (3) ① (4) ④ (5) ③

7 (ア, イの順) (1) ②, ③ (2) ③, ④ (3) ②, ⑤ (4) ④, ⑤
(5) ⑤, ③ (6) ⑤, ①

○推定配点○

各2点×50(1のイ, 7は各完答) 計100点

＜英語解説＞

1 リスニング問題解説省略。

2 A(発音, アクセント問題)

(1) ① [lʌ́ntʃ] ② [kʌ́m] ③ [kʌ́t] ④ [pút]
(2) ① [spíːk] ② [bréik] ③ [míːt] ④ [wíːk]
(3) ① [frúːt] ② [lúːz] ③ [gúd] ④ [grúːp]
(4) ① [wɔ́ːk] ② [góu] ③ [kɔ́ːl] ④ [tɔ́ːk]
(5) ① [ǽnsər] ② [téik] ③ [ǽpl] ④ [kǽt]

B (6) [bjúː-tə-fəl] (7) [pɑ́p-ju-lər] (8) [tə-géð-ər]

3 (語句選択問題：動詞, there, 疑問詞, 代名詞, 比較, 現在完了, 名詞, 受動態)

基本 (1) 「私の名前はヤマダアキオです。」 主語が単数で現在の文なので②を選ぶ。

(2) 「私が子供の頃, 丘の頂上にはとても大きな木がありました。」 主語は tree なので単数, また, 過去のことを言っているので, ③を選ぶ。

(3) 「切符はいくらですか。」「1,500円です。」 値段を尋ねるときは〈how much ～〉を用いる。

(4) 「タナカさんは私たちの数学の先生です。私たちは今日彼女の授業がありました。」 女性を指しており, 後に class と続くので, ②を選ぶ。

(5) 「あなたのお母さんは私のお母さんより若いです。」 直後に than があるので, 比較級の文だと判断する。

(6) 「デイビッドは京都を4回訪ねたことがあります。」 現在完了の経験用法は「～したことがある」という意味を表す。

(7) 「7月の翌月は8月です。」 文の内容から③を選ぶ。

(8) 「あなたの誕生日はいつですか。」「4月2日です。」 日付を答えているので, ①を選ぶ。

(9) 「ナオトは友達からナオと呼ばれます。」 受動態の文なので〈be動詞＋過去分詞〉という形になる。

(10) 「ジェーンは毎朝コーヒーを飲みます。」 習慣などよく繰り返される行動を表す時には現在

形を使う。

4 （会話文問題：内容吟味）

（全訳） マイク　　：先週ぼくたちがした旅行についてどう思いますか。あなたにとってとても楽しいものでしたか。

ウエンディ：はい。私は川でボートに乗るのが大好きです。私はそれを最初の日に楽しみました。それはとてもわくわくしました。

マイク　　：ぼくもです。でもそこへ行く前に困ったことがありました。

ウエンディ：はい。イ私たちが川に向かおうとした時，ア車のカギが見つかりませんでした。ウ私たちは遅れましたが，11時頃にそこに着くことができました。

マイク　　：ええと，2日目はどうでしたか。一日中雨が降りました。私たちはハイキングに行く予定でしたが，計画を変えました。私はお店で小さなテーブルを作る体験をしました。それは私の好きなものでした。私たちはそこで4時間過ごしました。そして私たちは家族への贈り物を買うのに十分な時間がありました。

ウエンディ：それはとてもよかったです。

マイク　　：旅行の最後の日もまたよかったです。青空でした。私たちは山に登り，頂上から美しい景色を見ました。

ウエンディ：私たちがそこで調理した食べ物はとてもおいしかったですね。

マイク　　：はい，またすぐにやりたいですね。

(1)　全訳参照。

(2)　マイクの3つ目の発言に「私はお店で小さなテーブルを作る体験をしました」とあるので，③が正解。

(3)　マイクの4つ目の発言に「青空でした。私たちは山に登り，頂上から美しい景色を見ました」とあるので，①が正解。

5 （会話文問題：適文選択）

(1)　A「もう少しお茶をいかがですか。」 B「すみませんが，もう家に帰らなければいけません。」 A「わかりました，今日は来てくれてありがとうございます。」 ①「はい，ありがとう。」，③「いいカップです。」，④「もっとコーヒーを飲む必要があります。」

(2)　A「あら，あなたはとても眠そうですね。気分はどうですか。」 B「今は眠いです。すぐに家に帰ります。」 A「じゃあまた。」 ①「あなたはどうですか。」，②「どうしたのですか。」，④「それは何ですか。」

(3)　A「いつあなたの本を借りてもいいですか。」 B「明日借りられます。」 A「それはよかったです。」 ②「あなたはこの2冊の本を買わないといけません。」，③「私はそれを図書館で手に入れます。」，④「私はあなたのためにそれらを買います。」

6 （長文読解問題・スピーチ文：指示語，内容吟味，語句補充，英文和訳）

（全訳） 私は夏休み中に私の街の高校を訪れました。

オープンスクールは開会式から始まりました。私は吹奏楽とチアリーディング部の実演を楽しみました。その高校には12の部がありました。それぞれの部長が部活動について話しました。チアリーディング部の部長が言いました。「ほとんどのメンバーはア彼女らが高校に入ってからチアリーディングを始めました。今，私は自分の部が大好きです。私たちの目標は，人々を幸せにすることです。私たちは毎日一生懸命練習し，時にはコーチから教えられます。だから，私たちはイベントや試合で人々を応援して幸せを感じています。何か新しいことを試すのがイいかに重要かを理解しました。」

その後，英語の授業を受けました。私は英語を読んだり書いたりするのが好きです_ウが，話すのが得意ではありません。その授業では，ゲームと練習を通して，英語で生徒たちと話すことができました。授業の最後に英語の先生は「私たちの学校にはホームステイプログラムがあり，ホームステイをする生徒は英語で外国人とのコミュニケーションを楽しんでいます。_エホームステイプログラムに参加してみませんか。」と言いました。

その日，私たちは何か新しいことを試すことができました。それで，私はその高校において，授業でもっと勉強して，もっと多くの部活動や学校のイベントに行くことにしました。

(1)　直前の文にある Most of the members を指している。

(2)　it は to try something new を指している。

(3)　前後の内容が対立しているので，逆接の接続詞を選ぶ。

(4)　〈why don't you ～?〉は「～しませんか」という勧誘の意味を表す。

重要 (5)　①　文中に書かれていない内容なので，誤り。　②「時にはコーチから教えられます」とあるので，誤り。　③「その授業では，ゲームと練習を通して，英語で生徒たちと話すことができました」とあるので，正しい。　④　最後の文に「その高校に決めた」とあるので，誤り。

7　**(語句整序問題：助動詞，比較，分詞，there，前置詞，受動態)**

基本 (1)　It will be rainy tomorrow (afternoon.)　「雨が降る」という意味は，it is rainy で表せる。

(2)　(Kenta) is the fastest runner in (our class.)　最上級の文なので〈the ＋最上級形〉の形になる。

(3)　(This) is the book written by Edogawa Rampo(.)　written 以下が book を修飾している。「本」は「書かれる」ものなので，過去分詞が使われている。

(4)　There is a river near (our school.)　〈there is (are) ～〉は「～がある」という意味を表す。

(5)　(My father) bought a bike for my birthday(.)　〈buy ～ for …〉で「…のために～を買う」という意味を表す。

(6)　(This shop) is opened at nine in (the morning.)　受動態の文なので〈be動詞＋過去分詞〉という形にする。

★ワンポイントアドバイス★

7の(4)では，〈there is ～〉が使われているが，この文は have を使って書き替えることができる場合があることを覚えておこう。(例) There is a park in our city.（私たちの町には公園がある。）＝ We have a park in our city.

＜国語解答＞

一　問一 a ①　b ②　c ③　d ②　問二 A ③　B ①　C ④
問三 ④　問四 ②　問五 ④　問六 ①　問七 ③

二　問一 ④　問二 ②　問三 ②　問四 ③　問五 ①　問六 ①
問七 A ④　B ②　問八 ③　問九 ③　問十 ④　問十一 ②

三　問一 a ③　b ①　問二 ①　問三 ④　問四 ③　問五 ②　問六 ②
問七 ④　問八 ③　問九 ④

○推定配点○

一　問一・問二　各2点×7　他　各4点×5
二　問二・問七・問八・問十　各2点×5　他　各4点×7
三　問一～問三・問五・問九　各2点×6　他　各4点×4　計100点

＜国語解説＞

一　(論説文一大意・要旨，内容吟味，文脈把握，接続語の問題，漢字の読み書き)

問一　a「拡散」は，散らばって広がること。　b「繁栄」は，勢いが盛んになること。「栄」の訓読みは「さか(える)」「は(える)」。　c「従事」は，その仕事にたずさわること。「従」の訓読みは「したが(う)」。　d「常識」は，一般の社会人が共通して持っている知識。

問二　A　前の「これも」の「も」は，同じようなことが他にもあるという意味を表す助詞なので，他と同じという意味を表す言葉が入る。　B「納得して生活している」という前から予想される内容が，後に「スムーズに答えることもできる」と続いているので，順接の意味を表す言葉が入る。　C「考え方はまちまちになる」という前に対して，後で「相互の共通の理解がよくなることはたしか」と相反する内容を述べているので，逆接の意味を表す言葉が入る。

問三　直前の「日常言語はひとり歩きしますから」が理由にあたる。「ひとり歩き」は，様々な使い方をしながら広まっていくことをたとえている。

問四　――線部2の「これ」は，「まったく同じ労働」を指し示している。「まったく同じ労働」に対する反応がまちまちな理由は，同じ文の「年齢・家庭環境・素質その他さまざまの原因によって」から読み取ることができる。

やや難　問五「直情的(ちょくじょうてき)」は，偽りや虚飾のないありのままの感情を表す様子。この「直情的な意見」と対照的に挙げている直後の「知識も正確で対人的な配慮もいきとどき，一定の時間的経過についても冷静に顧慮した意見」である④が，適当でない。

重要　問六　同じ段落の「考えに入れ」は他者の意見を受け入れることを意味し，「自分の内にあるものを外に出す」は自分の考えを表すことを意味している。「相互の共通の理解がよくなる」を，お互いの理解が進むと表現している①が最も適当。

問七「人間は，欲望をみたし」で始まる段落の「人間は，欲望をみたし，たのしいことを享受して存続するためには，いかようにか働かなければなりません」という内容と③が合致する。

二　(小説一情景・心情，内容吟味，文脈把握，指示語の問題，脱文・脱語補充，語句の意味，ことわざ・慣用句，表現技法)

問一　直後の文の「うん，うん，いや，うん，いや，いや，いや……っていった感じの音」にふさわしい言葉が入る。規則正しくない様子を意味する言葉を選ぶ。

基本　問二「急」いで歩く「足」どり，と考える。本文の冒頭「嫌な夜だったよ」から，「僕」は夜間の中学校に不気味さを感じ，早く警備を終わらせようとしていることが感じ取れる。

問三　通常であれば，「そこには」「鏡」があって「僕が(移って)いた」となる。「鏡」を後に置いて，「聞き手」を驚かせようとする工夫が施されている。

問四　同じ段落で「僕はほっとすると同時にばかばかしくなった。なんだ，くだらない，と思った」と「僕」の気持ちを述べている。

問五「僕」には「それは絶対に僕じゃないんだ」ということがどのように「わかった」のかを考える。前の「急に奇妙なことに気づいた」という様子には，生まれつき備わった能力でという意味の言葉が最も適当。

問六　「この」という指示語があるので前の内容に注目する。直前の段落の，鏡の中の像に対する「正確に言えばそれはもちろん僕なんだ。でも，それは僕以外の僕なんだ。それは僕がそうあるべきではない形での僕なんだ」という「感じ」である。鏡に映った「僕」は「そうあるべきではない形での僕」で，「僕」が「そうあるべき」とする形とは違うと感じている。

問七　A 「憎しみ」を「まっ暗な海に浮かんだ固い氷山のような」とたとえている。「ような」とあるので，④の「直喩法」が使われている。　B 「氷山」の大部分は海中にあり，海上に見えるのはその一部分だけであることから考える。

やや難　問八　「ぼうぜん」と読む。意外ななりゆきにあっけにとられる，気が抜けてぼんやりする，という意味がある。ここでは，直後の「立ちすくんでいた。煙草が指のあいだから床に落ちた」などの様子から「ぼんやりとした状態」という意味が適当と判断する。

重要　問九　——線部7の前に，説明の意味を表す「つまり」とあるので，前の「僕のほうが鏡の中の像であるみたいに」に注目する。本来の「僕」と，「鏡の中の像」との関係が逆転したという意味で，この内容を述べているものを選ぶ。

問十　「後も見ずに」は，前だけを見て必死に走る様子を意味する。うろたえてあっちに行ったりこっちに行ったりする，という意味の「右往左往(うおうさおう)」とは異なる意味となる。

問十一　最初の═══線部「ばたんばたん」の前で，「ひどく混乱した人間が首を振ったり肯いたりするみたいな感じ」と描写し，続いて「うん，うん，いや，うん，いや，いや，いや……っていった感じの音」と具体的に表現している。ここからは，「僕」の不気味に思う心情が読み取れる。また，後の「うん，うん，いや，うん，いや，いや，いや……」という音が「夜明け前までつづいた」からは「僕」の恐怖がずっと続いていることが読み取れ，いずれも「僕」の心の動きを反映して表現している。

三　(古文—主題・表題，文脈把握，文と文節，品詞・用法，仮名遣い，口語訳，文学史)

〈口語訳〉　犬はなお吠えることを止めず，ついには主人に向かって躍りかかって吠えたので，主人は驚いて，「この犬は吠えつくべき物もないのに，私に向ってこのように躍りかかって吠えるのは，獣は主人の恩を知らないものなので，私を，きっとこのような人もない山中で食おうと思っているのだろう，こやつは切り殺してしまおう」と思って，太刀を抜いて驚かしたが，犬は全くやめず，飛びかかりながら吠えたので，主人は，「このような狭いほら穴で，こやつが食いついてきては(分が)悪いだろう」と思って，木のほら穴から外に飛び出した時に，この犬は，私がいたほら穴の上の方に飛び上がって，何かに食いついた。

その時に主人は，「私を食おうとして吠えたのではなかったのだ」と思って，「こやつは何に食いついているのだろうか」と見ると，ほら穴の上から恐ろしいものが落ちて来た。犬はこれを放さず，食いついたのを見ると，太さ六，七寸ほどある蛇で，長さが二丈余りほどになるものだった。

蛇は，頭を犬にきつく食われて，堪えられずに落ちたのだった。主人はこれを見て，たいそう恐ろしい物で，犬の心をしみじみとありがたく思って，太刀で蛇を切り殺したのだった。その後，犬は蛇から離れた。

基本　問一　a　語頭以外のハ行は，現代仮名遣いではワ行に直す。また「む」は，「ん」に直す。

b 「ゐ」は，現代仮名遣いでは「い」に直す。

問二　Aは主語を示す格助詞で，他は全て連体修飾を示す格助詞。

問三　ア　犬が「いかめしき物」に「食ひつきたる」を「見」たのは，「主」。　イ 「頭を犬にいたく食はれて」堪えられず「落ち」たのは，「蛇」。　ウ　自分を助けた「犬の心あはれにおぼえ」たのは，「主」。

問四　直後の「この犬の吠ゆべき物も見えぬに」から理由を読み取る。

問五　このような人もいない山中で，という口語訳から判断する。

問六　「～にかあらむ」は，「何」などの疑問語を伴って，～のだろうか，という意味になる。

問七　直前の「犬の心あはれにおぼえて」が理由にあたる。「犬の心」は，蛇と戦って主人を守ろうとする心のことである。

重要　問八　主人は自分に向かって吠えかかる犬を見て「獣は主知らぬ者なれば」と思い犬を切り殺そうとしたが，実は犬は主人を蛇から守ろうとしていたという文章の内容から判断する。

基本　問九　本文は『今昔物語集』の一節で，同じ時代に成立したのは④の『枕草子』。

★ワンポイントアドバイス★

選択肢の判別に判断が難しいものがある。ある程度考えたら次の問題にうつり，迷って時間がとられることがないよう十分注意したい。

2019年度

入 試 問 題

2019年度

2019年度

日本文理高等学校入試問題

【数　学】（45分）　＜満点：100点＞

1　次の(1)～(5)の計算をし，ア～サにあてはまる数をマークしなさい。

(1)　$2-8\div 2=-\boxed{\text{ア}}$

(2)　$(-3)\times\left(\dfrac{1}{3}-\dfrac{1}{4}\right)=-\dfrac{\boxed{\text{イ}}}{\boxed{\text{ウ}}}$

(3)　$2(x+5y)+3(2x-5y)=\boxed{\text{エ}}x-\boxed{\text{オ}}y$

(4)　$4x^3y^5\times(-x)^2\div 2x^2y=\boxed{\text{カ}}x^{\boxed{\text{キ}}}y^{\boxed{\text{ク}}}$

(5)　$(\sqrt{5}+3)(2\sqrt{5}-1)=\boxed{\text{ケ}}\sqrt{\boxed{\text{コ}}}+\boxed{\text{サ}}$

2　次の(1)～(3)の問いに答え，ア～スにあてはまる数をマークしなさい。

(1)　次の①～③の方程式を解きなさい。

①　$-4(x-5)=3x+6$ の解は，$x=\boxed{\text{ア}}$ です。

②　$\begin{cases}4x+y=-3\\x-2y=15\end{cases}$ の解は，$x=\boxed{\text{イ}}$，$y=-\boxed{\text{ウ}}$ です。

③　$(x-5)^2=8$ の解は，$x=\boxed{\text{エ}}\pm\boxed{\text{オ}}\sqrt{\boxed{\text{カ}}}$ です。

(2)　次の①，②の式を因数分解しなさい。

①　$3x^2-18xy$ を因数分解すると $\boxed{\text{キ}}x(x-\boxed{\text{ク}}y)$ です。

②　$x^2-2x-15$ を因数分解すると $(x+\boxed{\text{ケ}})(x-\boxed{\text{コ}})$ です。

(3)　1個90円のヨーグルトと1個80円のプリンを，合わせて21個買ったところ合計1770円でした。このときに買ったのは，ヨーグルト $\boxed{\text{サ}}$ 個，プリン $\boxed{\text{シ}}\boxed{\text{ス}}$ 個です。

3　次の(1)～(2)の問いに答え，ア～セにあてはまる数をマークしなさい。

(1)　右の図において x，y の角度を求めなさい。

$x=\boxed{\text{ア}}\boxed{\text{イ}}°$

$y=\boxed{\text{ウ}}\boxed{\text{エ}}°$

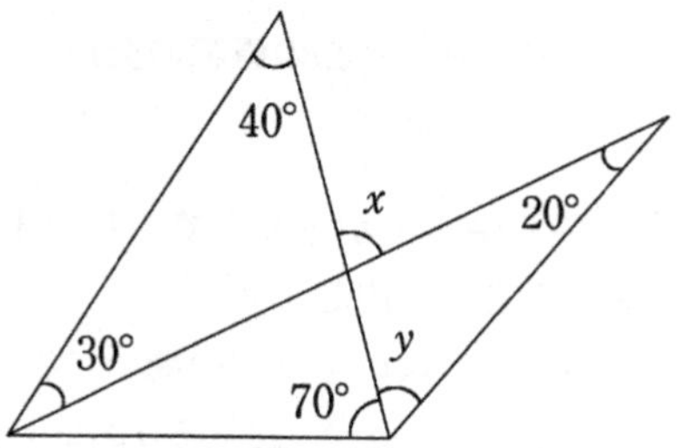

(2)　次のページの図1は母線が6㎝，高さが $4\sqrt{2}$㎝，底面の円の半径が2㎝の円錐です。図2は図1の円錐の展開図です。次の①～③に答えなさい。

①　図2の展開図において，$x=\boxed{\text{オ}}\boxed{\text{カ}}\boxed{\text{キ}}°$ です。

②　側面積は $\boxed{\text{ク}}\boxed{\text{ケ}}\pi$ ㎝²，底面積は $\boxed{\text{コ}}\pi$ ㎝² です。

③　円錐の体積は $\dfrac{\boxed{\text{サ}}\boxed{\text{シ}}\sqrt{\boxed{\text{ス}}}}{\boxed{\text{セ}}}\pi\,\text{cm}^3$ です。

図１

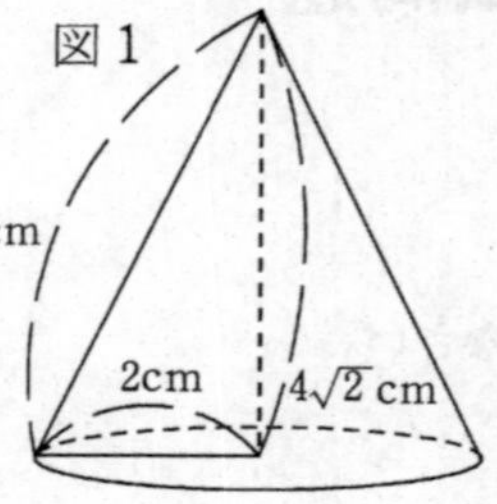

図２

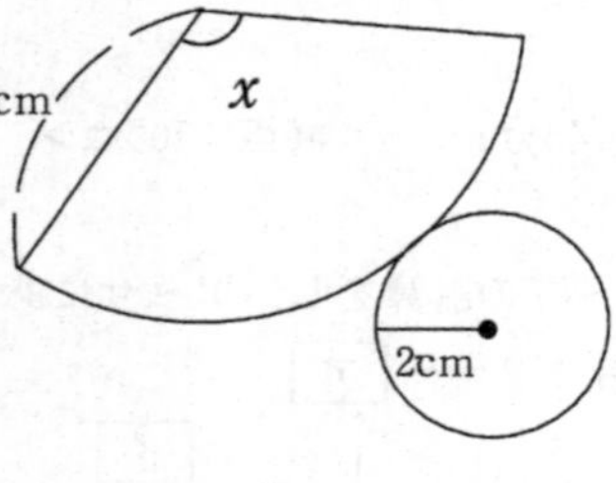

4　下の図のように，点Ａ（３，－２）と関数 $y=x+2$ があり，この関数と x 軸との交点を点Ｂとします。次の⑴～⑶の問いに答え，ア～クにあてはまる数をマークしなさい。

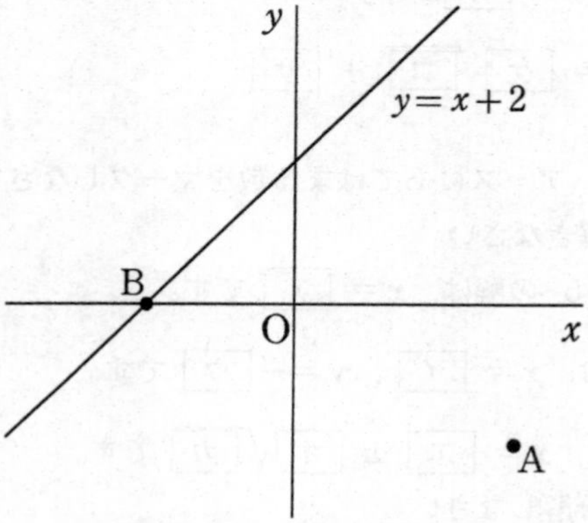

⑴　点Ｂを通り，y 軸に平行な直線の式は次のうちどれですか。正しい番号を ア にマークしなさい。

①　$y=-2$　②　$x=-2$　③　$y=2$
④　$x=2$　⑤　$y=3$　⑥　$x=3$

⑵　関数 $y=x+2$ の切片と，点Ａを通る直線の式は，$y=-\dfrac{\boxed{\text{イ}}}{\boxed{\text{ウ}}}x+\boxed{\text{エ}}$ です。

⑶　⑴の直線と⑵の直線の交点の座標は，$\left(-\boxed{\text{オ}},\ \dfrac{\boxed{\text{カ}}\boxed{\text{キ}}}{\boxed{\text{ク}}}\right)$ です。

5　袋の中に１から６までの数が１つずつ書かれた６個の玉が入っています。この袋から同時に２個の玉を取り出します。
このとき，次の⑴～⑶の問いに答え，ア～カにあてはまる数をマークしなさい。

⑴　全部で ア イ 通りの取り出し方があります。

⑵　２個とも偶数の玉を取り出す確率は $\dfrac{\boxed{\text{ウ}}}{\boxed{\text{エ}}}$ です。

⑶　偶数１個と奇数１個の玉を取り出す確率は $\dfrac{\boxed{\text{オ}}}{\boxed{\text{カ}}}$ です。

[6] 下の表は，あるクラス25人のボール投げ記録の度数分布表です。この度数分有表について，次の(1)～(3)の問いに答え，ア～カにあてはまる数をマークしなさい。

(1) 表の空白の数は [ア] 人です。

(2) ボール投げ記録の最頻値は [イ][ウ] mです。

(3) ボール投げ記録の平均値は [エ][オ].[カ] mです。

階級(m)	階級値(m)	度数(人)
以上　　未満		
10 ～ 20	15	3
20 ～ 30	25	4
30 ～ 40	35	9
40 ～ 50	45	(ア)
50 ～ 60	55	3
計		25

【英　語】（50分）　＜満点：100点＞

1　音声を聞き，次の（ア）～（エ）の問いに答えなさい。

（ア）　10 QUESTIONS SECTION

これから10の質問を聞きます。それぞれの質問に対する解答として最も適切なものをⒶ～Ⓓの中から１つずつ選び，その記号をマークしなさい。英文は２度ずつ読まれます。

⑴ Question 1
Ⓐ I like English.
Ⓑ I like to study.
Ⓒ I like to sleep.
Ⓓ I like to run.

⑵ Question 2
Ⓐ I go to school.
Ⓑ I like spring.
Ⓒ I live in Japan.
Ⓓ I like summer best.

⑶ Question 3
Ⓐ I come to school by bus.
Ⓑ I come to school at 7:00 o'clock.
Ⓒ No. I don't.
Ⓓ I usually run after school.

⑷ Question 4
Ⓐ Yes. I like swimming.
Ⓑ No. I don't like winter sports.
Ⓒ We like to skate.
Ⓓ My hobby is painting.

⑸ Question 5
Ⓐ I like America.
Ⓑ I like to read books.
Ⓒ I don't study.
Ⓓ The school is closed.

⑹ Question 6
Ⓐ I like to walk in the forest.
Ⓑ I don't have a hobby.
Ⓒ I don't like rabbits.
Ⓓ I like pandas.

⑺ Question 7
Ⓐ I went to bed at 8:30.
Ⓑ I did it at 7:00 o'clock.
Ⓒ My pencil is short.
Ⓓ Sleeping helps me relax.

⑻ Question 8
Ⓐ I went to my club.
Ⓑ I was hungry.
Ⓒ On Monday, I went shopping.
Ⓓ I was tired.

⑼ Question 9
Ⓐ It's Kenji.
Ⓑ My father is tall.
Ⓒ Her name is Maria.
Ⓓ He likes to study.

⑽ Question 10
Ⓐ Yesterday, it was fine.
Ⓑ It was cloudy.
Ⓒ No. It's sunny.
Ⓓ Tomorrow it will rain.

（イ） PICTURE SECTION

絵１つにつき，４つの英文が流れます。絵の内容を最も適切に表しているものをⒶ～Ⓓの中から１つずつ選び，その記号をマークしなさい。英文は２度ずつ読まれます。

PICTURE 1

⑴ Ⓐ Ⓑ Ⓒ Ⓓ

PICTURE 2

⑵ Ⓐ Ⓑ Ⓒ Ⓓ

（ウ） SHORT TALK SECTION

これから２つの短い英文が流れます。１つの英文につき，質問が２つ流れます。それぞれの質問に対する解答として最も適切なものをⒶ～Ⓓの中から１つずつ選び，その記号をマークしなさい。英文は２度ずつ読まれます。

SHORT TALK 1

⑴ Question 1

Ⓐ Postcards.　Ⓑ Posters.　Ⓒ Clothes.　Ⓓ Shoes.

⑵ Question 2

Ⓐ Friends and pets.　Ⓑ Singers and dancers.

Ⓒ Family and friends.　Ⓓ Foreign students.

SHORT TALK 2

⑴ Question 1

Ⓐ They like to run.　Ⓑ Dogs are better than cats.

Ⓒ They like to sleep.　Ⓓ They can smell things very well.

⑵ Question 2

Ⓐ On farms, airports and streets.　Ⓑ In swimming pools.

Ⓒ In schools and parks.　Ⓓ At festivals.

（エ） PAIR TALK SECTION

これから２つの対話が流れます。１つの会話につき，質問が２つ流れます。それぞれの質問に対する解答として最も適切なものをⒶ～Ⓓの中から１つずつ選び，その記号をマークしなさい。対話は２度ずつ読まれます。

DIALOGUE 1

⑴ Question 1

Ⓐ 1　Ⓑ 2　Ⓒ 3　Ⓓ 4

(2) Question 2

Ⓐ An action movie　Ⓑ A horror movie
Ⓒ A comedy　Ⓓ A love story

DIALOGUE 2

(1) Question 1

Ⓐ A sports car　Ⓑ A family car　Ⓒ A wagon　Ⓓ A mini-van

(2) Question 2

Ⓐ Black and white　Ⓑ Silver and white　Ⓒ White　Ⓓ Red

※リスニングテストの放送台本は非公表です。

2 次のA，Bの問いに答えなさい。

A　次の(1)～(5)の単語について，下線部の発音が他と違うものを①～④の中から1つずつ選び，その番号をマークしなさい。

(1) ① won　② cover　③ problem　④ color
(2) ① tall　② all　③ station　④ saw
(3) ① shouted　② asked　③ waited　④ visited
(4) ① dream　② easy　③ speak　④ wear
(5) ① another　② through　③ Thursday　④ both

B　次の(6)～(8)の単語について，最も強く発音する箇所を①～③の中から1つずつ選び，その番号をマークしなさい。

(6) sud-den-ly
　① ② ③
(7) in-tro-duce
　① ② ③
(8) va-ca-tion
　① ② ③

3 次の(1)～(10)の英文の（　）内に入れるのに最も適切なものを①～④の中から1つずつ選び，その番号をマークしなさい。

(1) Bob and I (　) good friends.
① am　② is　③ are　④ be

(2) There (　) two cats in the park yesterday.
① is　② are　③ was　④ were

(3) (　) I open the window?
① Shall　② Will　③ Does　④ Have

(4) "(　) day is it today?" "It's Sunday."
① Who　② When　③ What　④ How

(5) I think soccer is (　) exciting than volleyball.
① much　② more　③ most　④ the most

(6) I want something cold (　).
① drink　② to drink　③ to drinking　④ drank

(7) We enjoyed (　　　) at the school festival.
① sing　② sang　③ to sing　④ singing

(8) I like the violin (　　　) to me by my uncle.
① give　② gave　③ given　④ giving

(9) English is (　　　) in a lot of countries.
① spoken　② speaking　③ to speak　④ to speaking

(10) She has an uncle (　　　) lives in Osaka.
① who　② whose　③ whom　④ what

4 KojiとAliceの会話文を読んで，次の(1)，(2)の問いに答えなさい。

Koji : Hi, Alice. I haven't seen you for a long time. How was your summer vacation?

Alice : I had a good time because I went to Australia with my family for thirteen days.

Koji : Sounds nice! Where did you visit in Australia?

Alice : First, we visited *the Great Barrier Reef.

Koji : What did you do there?

Alice : We enjoyed many things. For example, we swam in the sea, *scuba dived, and *sky dived from a helicopter. I did *skydiving for the first time, and it was exciting! This is the picture which I took then.

Koji : Wow, you really enjoyed it.

Alice : Yes! Well, do you know there are many *World Heritage Sites in Australia? The Great Barrier Reef is one of them.

Koji : Oh, I didn't know that.

Alice : We also went to another World Heritage Site, *the Opera House in Sydney. The building was very big and beautiful.

Koji : Why did you go there?

Alice : The Opera House has a lot of events, for example, dramas, operas, and *ballet performances. We visited there to listen to a classic concert and it was great.

Koji : That sounds interesting. I want to go there someday, too.

*the Great Barrier Reef……グレート・バリア・リーフ（世界最大のサンゴ礁帯）
*scuba dive……スキューバダイビングをする
*sky dive……スカイダイビングをする
*skydiving……スカイダイビング
*World Heritage Site……世界遺産
*the Opera House……オペラハウス（シドニーにある有名な近代建築物）
*ballet……バレエ

(1)　Alice が Koji に見せた写真を，次の①～④の中から１つ選び，その番号をマークしなさい。

①

②

③

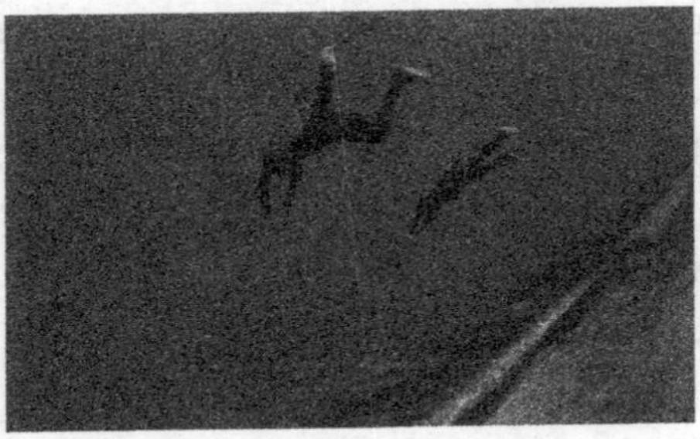

④

(2)　Alice のオーストラリアでの夏休みの過ごし方として最も適切なものを，次の①～④の中から１つ選び，その番号をマークしなさい。

①　滞在期間：13日間　　Opera House で体験したこと：オペラを見た

②　滞在期間：30日間　　Opera House で体験したこと：オペラを見た

③　滞在期間：13日間　　Opera House で体験したこと：コンサートを聴いた

④　滞在期間：30日間　　Opera House で体験したこと：コンサートを聴いた

5　次の(1)～(3)の会話文の [　　] に入る最も適切なものを①～④の中から１つずつ選び，その番号をマークしなさい。

(1)　A：Do you have any brothers?

B：[　　]

A：Oh, I didn't know that.　How old is she?

①　Yes, I have a little dog.

②　I don't have any brothers but I have a sister.

③　My sister is a tennis player.

④　No, I don't like cats.

(2)　A：These boxes are heavy.　[　　]

B：All right.

A：Thank you for your help.

①　May I help you?　　②　How are you?

③　Can you help me?　　④　Whose boxes are they?

⑶　A：Your shirt is nice.　Where did you get it?
　　B：［　　　］　My friend gave it to me.
　　A：I see.
　　①　It was my birthday present.　　②　I got it from my mother.
　　③　It's not mine.　　④　Yes, I did.　It was very expensive.

6　次の英文は，Kaori が英語の授業時にロボット（robot）について発表したスピーチです。これを読んで以下の⑴～⑹の問いについて答えなさい。

Hello, everyone.　Today I'm going to talk about robots.　Robots are very useful.　So, I will talk about two good points about robots.

First, robots can make many things.　アThey can always do the same things without any mistakes.　And they can continue to work for 24 hours a day.　So, people use them in *factories（　イ　）.　*As a result, we can get cheap and many kinds of things.

Second, robots do many different things for us.（　ウ　）, some robots can work in dangerous places.　You may know that they worked in Fukushima after the big earthquake.　Also, recently, they helped many people in Hiroshima, Okayama and so on, after it rained heavily there.

As you know, robots are very useful to us.　I think they are necessary for us in the future because エthey can do many kinds of things better than we humans.　But when my family members and I watched a TV program at home, it said that robots can do more things（　オ　）people cannot do.　I am afraid that people may not be needed in the future.　What do you think about that?

Thank you for listening.

*factory　工場　　*as a result　結果として

⑴　下線部アの They が指すものを①～④の中から一つ選び，その番号をマークしなさい。
　①　points　　②　people　　③　robots　　④　things

⑵　（イ）に入る，「多くの製品を作るために」という意味を表すものを，①～④の中から一つ選び，その番号をマークしなさい。
　①　to make many products　　②　to make much products
　③　making many products　　④　making much products

⑶（ウ）に入る最も適切なものを①～④の中から一つ選び，その番号をマークしなさい。
　①　But　　②　And　　③　Also　　④　For example

⑷　下線部エを日本語に直した場合，最も適切なものを①～④の中から一つ選び，その番号をマークしなさい。
　①　私たち人間はロボットよりも上手にさまざまなことができる。
　②　ロボットは私たち人間よりも上手にさまざまなことができる。
　③　私たち人間はロボットよりも上手にたくさん物を作ることができる。
　④　ロボットは私たち人間よりも上手にたくさん物を作ることができる。

⑸ （オ）に入る最も適切なものを①～④の中から一つ選び，その番号をマークしなさい。

① who　② where　③ which　④ how

⑹ 本文の内容に合う最も適切なものを①～④の中から一つ選び，その番号をマークしなさい。

① ロボットは人間の役に立つ存在であるが，心配なところもある。
② ロボットは災害時にのみ力を発揮する。
③ ロボットは将来的に必ず人間のすべての能力を上回る。
④ ロボットは人間の仲間になり，共存を望んでいる。

7 次の⑴～⑹の日本語に合うように（ ）内の語句を並べかえたとき，それぞれ（ア），（イ）に入る最も適切な語を①～⑤の中から１つずつ選び，その番号をマークしなさい。なお，文頭に来るべき語も小文字にしてある。

⑴ あきら，いつピアノを弾きはじめたの。

（ ① to　② you　③ did　④ when　⑤ begin ） play the piano, Akira?

（　）（ ア ）（　）（　）（ イ ） play the piano, Akira?

⑵ 新潟駅へ行く道を教えていただけませんか。

Will （ ① tell　② you　③ me　④ how　⑤ to ） go to Niigata Station?

Will （　）（ ア ）（　）（　）（ イ ） go to Niigata Station?

⑶ 私は花を植えることに興味があります。

I （ ① interested　② planting　③ am　④ in　⑤ flowers ）.　*plant 植える

I （　）（ ア ）（　）（ イ ）.

⑷ CDを聴いている女の子は私の妹です。

The girl （ ① CD　② listening　③ is　④ to　⑤ the ） my sister.

The girl （　）（ ア ）（　）（　）（ イ ） my sister.

⑸ 彼女が誰か分かりません。

I （ ① is　② don’t　③ know　④ she　⑤ who ）.

I （　）（ ア ）（　）（ イ ）.

⑹ 沖縄へ行ったことがありますか。

Have （ ① ever　② been　③ Okinawa　④ to　⑤ you ）?

Have （　）（ ア ）（　）（　）（ イ ）?

問三　＝線部ａ〜ｄの中で形容詞にあたるものを次の①〜④の中から一つ選び、その番号をマークしなさい。

①　ａ　②　ｂ　③　ｃ　④　ｄ

問四　——線部２「これ」は何を指していますか。最も適当なものを次の①〜④の中から一つ選び、その番号をマークしなさい。

①　三位が大声で泣き騒いでいる音。
②　三位が盗人を追いかける音。
③　三位が家人を呼び集める音。
④　三位が吹いている篳篥の音。

問五　——線部３「感情」とは、この場合どのような気持ちですか。最も適当なものを次の①〜④の中から一つ選び、その番号をマークしなさい。

①　愉快でうきうきする気持ち。
②　かわいそうで同情する気持ち。
③　りっぱで優雅だと思う気持ち。
④　耳ざわりでいらいらする気持ち。

問六　——線部４「帰りきたりて」とあるが、盗人が帰ってきた理由は何ですか。最も適当なものを次の①〜④の中から一つ選び、その番号をマークしなさい。

①　篳篥を盗まなかった理由を三位に告げるため。
②　とうていこれ以上逃げられないと思ったため。
③　残してきた篳篥を手に入れようと思ったため。
④　篳篥の音が気高く美しいので、感動したため。

問七　本文中の会話の部分として最も適当なものを次の①〜④の中から一つ選び、その番号をマークしなさい。

①　ただ今の〜たてまつるべし。　②　ただ今の〜あらたまりぬ。
③　ただ今の〜出でにけり。　④　ただ今の〜心もありけり。

問八　盗人に対する作者の気持ちはどのようなものですか。最も適当なものを次の①〜④の中から一つ選び、その番号をマークしなさい。

①　尊敬している。　②　軽蔑している。
③　同情している。　④　感心している。

問九　この文章は、どういうことを述べたものですか。最も適当なものを次の①〜④の中から一つ選び、その番号をマークしなさい。

①　篳篥を聞いて盗人が恐れを抱いたこと。
②　篳篥の音に感動して改心したこと。
③　篳篥で盗人を呼び返したこと。
④　篳篥がすばらしい楽器の一つであること。

問十　筆者が、この文章を通して語りたいものは何ですか。最も適当なものを次の①〜④の中から一つ選び、その番号をマークしなさい。

①　篳篥の音の恐ろしい力。
②　昔の盗人の弱く愚かな心。
③　昔の盗人の風流を解す心。
④　三位の篳篥演奏の巧みさ。

問十一　この文章は、説話文学の一節です。同じ説話に属するものを次の①〜④の中から一つ選び、その番号をマークしなさい。

①　宇治拾遺物語　②　伊勢物語
③　源氏物語　④　竹取物語

つ選び、その番号をマークしなさい。

① あっさりと　② しゃんと　③ ぐっと　④ そっと

問七 ――線部4「走の脳は沸騰した」とありますが、それはなぜですか。最も適当なものを次の①～④の中から一つ選び、その番号をマークしなさい。

① 東体大の仲間の素晴らしさを自慢されたから。
② 箱根予選会前の大切な練習を東体大に邪魔されたから。
③ 東体大と榊に対して異常なまでのライバル心があるから。
④ 目標への真剣さと自分の仲間を軽蔑《けいべつ》されたから。

問八 [B] に入る言葉として最も適当なものを次の①～④の中から一つ選び、その番号をマークしなさい。

① 不安　② 不審　③ 不快　④ 不吉

問九 ――線部5「あいっかわらず、蔵原は自信過剰だな」とありますが、「自信過剰」といえるのはなぜですか。最も適当なものを次の①～④の中から一つ選び、その番号をマークしなさい。

① 走だけが走れば、勝算があると考えているから。
② 走にとって最も傷つく言葉であると榊が思ったから。
③ 走が竹青荘の住人たちの走力を信じきっているから。
④ 走が仲間を見下すのを、榊が納得できなかったから。

三 次の古文を読んで、後の問いに答えなさい。

※1博雅三位《ひろまささんみ》の家に、盗人入りたりけり。三位、※2板敷《いたじき》の下に逃げaかくれにけり。盗人帰り、さて後、1はひ出でて家の中をA見るに、残りたるb物なく、Bみなとりてけり。※3篳篥《ひちりき》一つを※4置物厨子《おきものずし》にC残したりけるを、三位とりて吹かれたりけるを、出でてさりぬる盗人、はるかに2これを聞きて、3感情おさへがたくして、4帰りきたりて言ふやう、ただ今の御篳篥の音をうけたまはるに《お聞きすると》、cあはれに尊く候ひて《感じまして》、悪心みなあらたまりぬ。とる所の物どもdことごとくにかへしたてまつるべし《申しましょう》。と言ひて、みな置きて出でにけり。むかしの盗人は、又かく優なる心もありけり。

※1 博雅三位《ひろまささんみ》　醍醐天皇の孫。源博雅。
※2 板敷《いたじき》　縁側・部屋を含めた床。
※3 篳篥《ひちりき》　雅楽で現在も奏される竹製の管楽器。
※4 置物厨子《おきものずし》　両とびらのついた置物用の戸棚。

問一 ――線部1「はひ出で」を現代かなづかいに改めるとしたら、どれが正しいですか。最も適当なものを次の①～④の中から一つ選び、その番号をマークしなさい。

① はひでで　② はいでで　③ はひいで　④ はいいで

問二 ――線部A「見る」、B「みなとりてけり」、C「残したりける」のそれぞれの主語は誰ですか。組み合わせとして最も適当なものを次の①～④の中から一つ選び、その番号をマークしなさい。

① A 博雅　B 盗人　C 盗人
② A 博雅　B 博雅　C 盗人
③ A 盗人　B 博雅　C 博雅
④ A 盗人　B 盗人　C 博雅

が、それを振り払ってなおも言う。

Ⅲ「おまえは俺に、言いたいことがあるんだろ。だったら俺とおまえで勝負すればいい。俺に勝てないからって、このひとたちを巻きこむのはよせよ！」

「あいっかわらず、蔵原は自信過剰だな」

榊もひるまずに応戦した。いまにも殴りあいがはじまりそうな二人のあいだに、さすがに両校のものが割って入った。ニコチャンに羽交い締めにされた走は、まだ息も荒く榊をにらむ。榊もチームメイトに両腕を取られたまま、走を蹴ろうと脚をばたつかせていた。

※1　対峙　向かい合って立つこと。にらみ合っていること。

問一　＝＝線部a～cの言葉の意味として最も適当なものを次の①～④の中からそれぞれ一つずつ選び、その番号をマークしなさい。

a　目を盗んで

①　見つからないように　②　機嫌をとって

③　視界を隠して　④　気をそらすように

b　行く手を阻まれたら

①　進路を決められたら　②　手をはらわれたら

③　自分の道を邪魔されたら　④　行動を指示されたら

c　毛が生えた

①　ずいぶん成長した　②　ほんの少しまさった

③　少し丈夫になった　④　まったく及ばなかった

問二　Ⅰ～Ⅲの会話文は誰が話したことですか。最も適当なものを次の①～④の中からそれぞれ一つずつ選び、その番号をマークしなさい。

①　榊　②　清瀬　③　走　④　ユキ

問三　――線部1「ひるむ素振りもなく」とありますが、どのような様子ですか。最も適当なものを次の①～④の中から一つ選び、その番号をマークしなさい。

①　恐れている演技をしていない様子。

②　怖がって近寄りたくない様子。

③　相手の動向を注意深く観察している様子。

④　恐れておじけづいていない様子。

問四　――線部2「それ」とありますが、どういうことですか。最も適当なものを次の①～④の中から一つ選び、その番号をマークしなさい。

①　ユキのありあまる探究心。

②　清瀬の抗議に対する榊の反論。

③　東体大の一年生たちの視線。

④　東体大の監督や上級生からの圧力。

問五　――線部3「薄く笑った」とありますが、どういうことですか。最も適当なものを次の①～④の中から一つ選び、その番号をマークしなさい。

①　清瀬にはとうてい口では敵《かな》わないと諦めているということ。

②　清瀬と和解する様子だが、本音では見下しているということ。

③　清瀬が歩み寄ってきたが、仲直りするつもりは全くないということ。

④　東体大の監督や上級生に、このことを知られたくないということ。

問六　A に入る言葉として最も適当なものを次の①～④の中から一

最初は様子を見ていた清瀬も、ついに黙っていられなくなった。夕方のジョッグを終えた時点で、抗議をしにいった。

東体大の一年生ばかりが二十人ほど、土産物屋《みやげものや》の駐車場でたむろしている。そこへ清瀬は、[1]ひるむ素振りもなく近づく。清瀬だけを危ない目に遭わせるわけにはいかない。走たちも急いであとを追った。

ひぐらしの声が、湖畔の空気にわびしく響く。「一人あたり、二人ぶちのめせばいい勘定だな」とニコチャンが指の骨を鳴らし、ムサが足首をまわしてほぐした。東体大の一年生たちが、会話をやめて振り向く。駐車場の真ん中で、両校の選手は※1対峙《たいじ》した。

「練習の邪魔をするのは、やめてもらいたい」

と清瀬が静かに切り出した。東体大の一団のなかから、榊が割って出てきた。

Ⅰ「そちらこそ、言いがかりはやめてください。俺たちが邪魔をしたっていう証拠でもあるんですか」

「ある」

とユキが言い、ポケットから携帯電話を出して突きつけた。待ち受け画面には、歩道いっぱいに広がって走る東体大生と、その後ろで窮屈そうにしている走の姿が、しっかりと映しだされていた。

「あとでフォームの確認ができるように、と思ってね。そうしたら、おもしろいものが撮れたってわけだ」

「気持ちはわかるが、携帯は置いてこい」

と清瀬はユキに注意した。Ⅱ「余計なものをポケットに入れて走ると、それこそフォームのバランスが崩れるぞ」

問題とすべきは、そこなのかなあ、と走は思った。ユキの行為も研究熱心すぎていやだし、[2]それに動じず、あくまで走ることしか考えていない清瀬も怖い。榊も、あきれたようでも居心地が悪そうでもある表情になった。

清瀬が再び、東体大の一年生たちに向き直る。

「話はそれだけだ。このピンぼけ写真を、きみたちの監督やキャプテンに見せにいくようなことは、俺もできるならしたくない。わかってもらえるとうれしいんだが」

「もちろん、わかります」

と[3]榊は薄く笑った。「東体大は真剣に練習して、箱根を目指しているんですよ。思いつきで走ってるひとたちのことなんか、かまっていられません」

「気が合うな」

清瀬のこめかみに青筋が浮いたのを、走は見た。「ガキくさいいやがらせで、真剣な練習の邪魔をされるのは、本当に迷惑なものだ」

清瀬と榊は正面から激しくにらみあう。ハイジさん、と走は囁《ささや》き、なだめるように［ A ］腕に手をかけた。

「真剣の定義がちがうんじゃないかな」

榊は厳しい口調で言った。「勝負してみませんか。そちらの十人とこっちの一年生十人で湖畔を走って、タイムを競うんです」

あからさまな挑発に、[4]走の脳は沸騰した。榊に向かい、

「やってやろうじゃないか」

と怒鳴る。榊が走りに打ちこんでいるのはわかるが、だからといって竹青荘の住人を侮《あなど》るのは許せない。榊の態度は、このあいだまでの自分自身の姿を見るようで、［ B ］でたまらなかった。走の腕をつかんだ

ら。

④ 幼稚園では、先生は園児たちに難しいことばは教えないから。

問六 ――線部3「自然なことばを身につけます」とありますが、その状況を示す内容として、最も適当なものを次の①～④の中から一つ選び、その番号をマークしなさい。

① 日々の生活の中での遊びによってことばを身につける。

② 日々の生活の中で大人と接する中からことばを身につける。

③ 日々の生活の中でことばゲームのような工夫をする中で身につける。

④ 日々の生活の中で多くの知識を覚える中から身につける。

問七 次の文章を入れるとしたら、本文の［ア］～［エ］のどこに入れるのが良いですか。最も適当なものを次の中①～④の中から一つ選び、その番号をマークしなさい。

テレビのなかで育ったこどもは、新しい人類だといってもけっして過言《かごん》でないでしょう。

① ［ア］　② ［イ］　③ ［ウ］　④ ［エ］

問八 本文の内容と合致するものとして、最も適当なものを次の①～④の中から一つ選び、その番号をマークしなさい。

① こどもはテレビから多くのものの名前、知識を覚えて、成長していくものである。

② いまのこどもは実際の行動、生活からかけはなれた映像などからことばを覚える。

③ 今の時代、体でことばを覚えていくという考え方は古いと言われている。

④ 動きをともなわないことばには、たくましさこそはないが、詩的な情緒が感じられる。

□二 次の文章を読んで、後の問いに答えなさい。

竹青荘《ちくせいそう》（寛政大学陸上部寮）の住人達（清瀬灰二《はいじ》、蔵原走《かける》、ニコチャン、ムサ、神童）は、東京箱根間往復大学駅伝競走予選会にむけて白樺湖《しらかば》で合宿をしていた。住人達が湖の周りを走っていると、ムサと神童がライバル校の東体大（東京体育大学）も合宿しているのを発見した。東体大の「榊《さかき》」と寛政大学の「清瀬灰二」、「蔵原走」がやりとりをする場面である。

東体大の一年生たちは、榊を中心に、寛政大に対してこまごまとちょっかいをかけてきた。

湖畔の道を走っているときに、横一列に広がって進路妨害をする。集団で走を取り囲むように走り、プレッシャーをかける。監督や上級生のa目を盗んで、あれこれとからかってくる。

走は、さして気にもしなかった。高校時代までの部活動や試合で、そんないやがらせにはb慣れっこになっていた。囲まれたら振りきってまえに出ればいいのだし、行く手を阻《はば》まれたら対向車線にはみでるようにして追い越せばいい。

だが、竹青荘の住人のほとんどは、初心者にc毛が生えたようなものだ。走るときの駆け引きを知らない。東体大の一年生たちのいやがらせに、すっかり萎縮し、ペースを乱されがちになってしまった。

「おとなげないことをする」

そかにしたために、汗のにおいのすることばがすくなくなった。それが、英語をひ弱《よわ》なことばにしたばかりではなく、イギリス人の精神も※脆弱《ぜいじゃく》にした」という意味のことばを述べています。動きをともなわない、生活からユウリしたことばではたくましい精神を育てることができないということです。

こどもはとにかく動くことです。前にも言いましたが、こどもにはまだ本当の生活というものがありません。何か目的をもって生きるのが生活ですが、こどもの活動にはそういう目的がないのが普通です。

C 、遊びです。こどもは遊ぶことによって心身ともに成長していきます。

遊びといってもゲームではありません。体を動かす遊びです。汗をながし、息をはずませ、喜びに体をふるわせる遊びのなかで、ことばも身につけます。自然に近い状況のなかで、たくましい、自然なことばを身につけます。

テレビ漬《づ》けになったこどもは、昔から遊びを忘れています。そういう生き方のなかではこどもらしさをのばすのは困難です。

＊脆弱　もろくて弱いこと。また、そのさま。

問一　══線部a～dのそれぞれのカタカナの部分と同じ漢字を用いている言葉を次の①～④の中からそれぞれ一つずつ選び、その番号をマークしなさい。

a　ユウベン
① 余裕　② 英雄　③ 優秀　④ 勇気

b　エイゾウ
① 反映　② 撮影　③ 英才　④ 繁栄

c　シュウトク
① 収穫　② 修学　③ 就職　④ 学習

d　ユウリ
① 融合　② 幽玄　③ 交遊　④ 誘致

問二　A に入るのに最も適当なことばを次の①～④の中から一つ選び、その番号をマークしなさい。
① 話す　② 聞く　③ 見る　④ 感じる

問三　B ・ C にあてはまる最も適当なものを次の①～④の中からそれぞれ一つずつ選び、その番号をマークしなさい。
① つまり　② もしも　③ もちろん　④ ところが

問四　──線部1「テレビのことばは自然ではありません」とありますが、なぜですか。**適当でないもの**を次の①～④の中から一つ選び、その番号をマークしなさい。
① 生活からかけはなれた言葉だから。
② 動きのある言葉が少ないから。
③ 自分のしていることと関係のない言葉だから。
④ 特殊な知識の言葉が多いから。

問五　──線部2「それを身につけることはむずかしい」とありますが、なぜですか。最も適当なものを次の①～④の中から一つ選び、その番号をマークしなさい。
① テレビではもちあげるということばを使わないので、こどもたちには聞き覚えがないから。
② 実際にその言葉に動作がともなわないと身につかないから。
③ もちあげるということばは、生活の中で必要ではないことばだか

【国　語】（四五分）〈満点：一〇〇点〉

一　次の文章を読んで、後の問いに答えなさい。

いまのこどもは、生まれたときから、ずっとテレビの近くで育ちます。そのテレビはたえずしゃべって、たいへん[a]ユウベンですが、それにひきかえ大人たち、おかあさんは、かつてにくらべて、こどもへのことばがすくなくなっています。こどものことばの先生はテレビになりました。

[1]テレビのことばは自然ではありません。つくられたものです。実際の生活からかけはなれています。そのことばは　A　ことばです。自分でしていることと関係がありません。頭だけのことばは、どうしても、ものの名前、知識が多くなります。その分、動きのあることば、動詞が貧弱《ひんじゃく》です。もちろんこどもにそんなことのわかるわけがありません。大人だって、気がつかない人が大部分です。こどものことばがゆがみます。［ア］

ある幼稚園での話です。先生がこどもたちに、

「もちあげます」

と言いましたが、こどもたちはキョトンとしていて、通じません。びっくりした先生が、〝もちあげる〟ということばを知らないのかと、みんなにたずねたところ、気のきいたひとりが、

「モチ（餅）をあげる、の？」

と答えたので、先生は大笑いしたそうですが、こどもたちは、またキョトンとしていたというのです。

ものをもちあげるという経験がなくて幼稚園へ入ってきた子たちが、もちあげる、がわからなくても不思議ではありません。テレビでもおそらく、〝もちあげる〟ということばを使っているでしょうが、絵そらごとのなかでは、ピンとこないから、こどもの身につかないのです。

ものをもちあげたことのない子は、一度や二度、このことばを聞いても、[2]それを身につけることはむずかしいと思われます。モチというものはものの名前だから、わかります。生活のなかではさほど大切でないかもしれませんが、二、三度聞けば、覚えます。　B　、〝もちあげる〟というのは、ことばだけ聞いても、実際に、そういう動作をともなわないことには身につかないでしょう。［イ］

こどもは、具体的状況のなかで、ことばを身につけます。こどもには、やかましくいえば、まだ生活というものはありませんが、生活のなか、遊びのなかでことばを覚えていくのが望ましいのです。テレビはその代用をすることはできません。

実際の行動、生活からかけ離れた[b]エイゾウによって多くのことばを覚えるのがいまのこどもです。まわりの大人は、手をこまねいて、それを見ていますが、たいへんなことです。人間の歴史のなかで、こんなことはかつてありませんでした。［ウ］

体を動かさないで、実際に行動、経験しないで、どんどん頭だけでことばを覚えていくというのは、これまでの人間文化ではなかったことです。日々の普通の生活のなかで、体でことばを覚えていくというのは、古いのでしょうか。そんなことはありません。すくなくとも、こころを育むことばは、〝身をもって〟[c]シュウトクするほかはないものです。

［エ］

イギリスの作家、ジョージ・オーウェルが「イギリス人が生活をおろ

MEMO

大切なことはメモしておこうネ！

2019年度

解　答　と　解　説

《2019年度の配点は解答欄に掲載してあります。》

＜数学解答＞ 《学校からの正答の発表はありません。》

1　(1)　ア　2　(2)　イ　1　ウ　4　(3)　エ　8　オ　5　(4)　カ　2　キ　3
ク　4　(5)　ケ　5　コ　5　サ　7

2　(1)　①　ア　2　②　イ　1　ウ　7　③　エ　5　オ　2　カ　2
(2)　①　キ　3　ク　6　②　ケ　3　コ　5　(3)　サ　9　シ　1　ス　2

3　(1)　ア　7　イ　0　ウ　5　エ　0　(2)　①　オ　1　カ　2　キ　0
②　ク　1　ケ　2　コ　4　③　サ　1　シ　6　ス　2　セ　3

4　(1)　ア　2　(2)　イ　4　ウ　3　エ　2　(3)　オ　2　カ　1　キ　4
ク　3

5　(1)　ア　1　イ　5　(2)　ウ　1　エ　5　(3)　オ　3　カ　5

6　(1)　ア　6　(2)　イ　3　ウ　5　(3)　エ　3　オ　5　カ　8

○推定配点○

1・2　各4点×11(2(1)②完答)　3　(1)　各3点×2　(2)　①　4点　②　各3点×2
③　4点　4～6　各4点×9　計100点

＜数学解説＞

基本　1　(正負の数，式の計算，平方根)

(1)　$2-8\div2=2-4=-2$

(2)　$(-3)\times\left(\frac{1}{3}-\frac{1}{4}\right)=-3\times\frac{1}{3}+3\times\frac{1}{4}=-1+\frac{3}{4}=-\frac{1}{4}$

(3)　$2(x+5y)+3(2x-5y)=2x+10y+6x-15y=8x-5y$

(4)　$4x^3y^5\times(-x)^2\div2x^2y=\frac{4x^3y^5\times x^2}{2x^2y}=2x^3y^4$

(5)　$(\sqrt{5}+3)(2\sqrt{5}-1)=10-\sqrt{5}+6\sqrt{5}-3=5\sqrt{5}+7$

基本　2　(1次方程式，連立方程式，2次方程式，因数分解，方程式の利用)

(1)　①　$-4(x-5)=3x+6$　$-4x+20=3x+6$　$-7x=-14$　$x=2$

②　$4x+y=-3$…(ⅰ)　$x-2y=15$…(ⅱ)　(ⅰ)×2＋(ⅱ)より，$9x=9$　$x=1$　これを(ⅰ)に代入して，$4+y=-3$　$y=-7$

③　$(x-5)^2=8$　$x-5=\pm\sqrt{8}$　$x=5\pm2\sqrt{2}$

(2)　①　$3x^2-18xy=3x\times x-3x\times6y=3x(x-6y)$

②　和が−2，積が−15となる2数は3と−5だから，$x^2-2x-15=(x+3)(x-5)$

(3)　ヨーグルトをx個，プリンをy個買ったとすると，$x+y=21$…(ⅰ)　$90x+80y=1770$より，$9x+8y=177$…(ⅱ)　(ⅰ)×9−(ⅱ)より，$y=12$　これを(ⅰ)に代入して，$x+12=21$　$x=9$　よって，ヨーグルト9個，プリン12個

基本 **3** （角度，空間図形の計量）

(1)　三角形の内角と外角の性質より，$x=30°+40°=70°$　　$y+20°=x$より，$y=70°-20°=50°$

(2)　①　おうぎ形の弧の長さは底面の円周に等しいので，$2\pi\times6\times\frac{x}{360°}=2\pi\times2$　　$x=360°\times\frac{2}{6}=120°$

②　側面積は，$\pi\times6^2\times\frac{120}{360}=12\pi\,(\text{cm}^2)$　　底面積は，$\pi\times2^2=4\pi\,(\text{cm}^2)$

③　$\frac{1}{3}\times\pi\times2^2\times4\sqrt{2}=\frac{16\sqrt{2}}{3}\pi\,(\text{cm}^3)$

基本 **4** （1次関数とグラフ）

(1)　$y=x+2$に$y=0$を代入して，$0=x+2$　　$x=-2$　　よって，点Bを通り，y軸に平行な直線の式は，$x=-2$

(2)　求める直線の式を$y=ax+2$とおくと，A$(3,\ -2)$を通るから，$-2=a\times3+2$　　$3a=-4$　　$a=-\frac{4}{3}$　　よって，$y=-\frac{4}{3}x+2$

(3)　$y=-\frac{4}{3}x+2$に$x=-2$を代入して，$y=-\frac{4}{3}\times(-2)+2=\frac{14}{3}$　　よって，交点の座標は，$\left(-2,\ \frac{14}{3}\right)$

5 （確率）

基本 (1)　玉の取り出し方は全部で，$6\times5\div2=15$(通り)

(2)　題意を満たすのは，(2，4)，(2，6)，(4，6)の3通りだから，求める確率は，$\frac{3}{15}=\frac{1}{5}$

(3)　偶数1個と奇数1個の玉を取り出す組み合わせは，$3\times3=9$(通り)だから，求める確率は，$\frac{9}{15}=\frac{3}{5}$

基本 **6** （資料の整理）

(1)　$25-(3+4+9+3)=6$

(2)　最頻値は，度数の最も高い階級の階級値だから，35(m)

(3)　平均値は，$(15\times3+25\times4+35\times9+45\times6+55\times3)\div25=\frac{895}{25}=35.8$(m)

★ワンポイントアドバイス★

出題構成・難易度に大きな変化はない。あらゆる分野からまんべんなく出題されているので，基礎を固めておこう。その上で，過去の出題例を研究しておきたい。

＜英語解答＞ 《学校からの正答の発表はありません。》

1 リスニング問題解答省略

2 A (1) ③ (2) ③ (3) ② (4) ④ (5) ① B (6) ① (7) ③ (8) ②

3 (1) ③ (2) ④ (3) ① (4) ③ (5) ② (6) ② (7) ④ (8) ③ (9) ① (10) ①

4 (1) ④ (2) ③

5 (1) ② (2) ③ (3) ①

6 (1) ③ (2) ① (3) ④ (4) ② (5) ③ (6) ①

7 (A，Bの順) (1) ③，① (2) ①，⑤ (3) ①，⑤ (4) ④，③ (5) ③，① (6) ①，③

○推定配点○

1 各1点×20 2・3・5・7 各2点×27(7は各完答) 4 各4点×2 6 各3点×6 計100点

＜英語解説＞

1 リスニング問題解説省略。

2 A(発音，アクセント問題)

(1) ① [wʌ́n] ② [kʌ́vər] ③ [prɑ́bləm] ④ [kʌ́lər]

(2) ① [tɔ́:l] ② [ɔ́:l] ③ [stéiʃən] ④ [sɔ́:]

(3) ① [ʃáutid] ② [ɑ́:skt] ③ [wéitid] ④ [vízitid]

(4) ① [drí:m] ② [í:zi] ③ [spí:k] ④ [wéər]

(5) ① [ənʌ́ðər] ② [θrú:] ③ [θə́:rzdei] ④ [bóuθ]

B (6) [sʌ́dnli] (7) [ìntrədjú:s] (8) [veikéiʃən]

3 (語句選択問題：動詞，there，助動詞，疑問詞，比較，不定詞，動名詞，分詞，受動態，関係代名詞)

基本 (1) 「ボブと私は親友です。」 主語が複数なので are を使う。

(2) 「昨日公園にネコが2匹いました。」 〈there is (are) ～〉は「～がある」という意味を表す。主語が複数なので②か④になり，「昨日」とあるので④にする。

(3) 「窓を開けましょうか。」 〈shall I ～?〉は「(私が)～しましょうか」という意味を表す。

(4) 「今日は何曜日ですか。」「日曜日です。」 曜日をたずねる時には what day を使う。

(5) 「私は，サッカーはバレーボールより興奮すると思います。」 直後に than があるので，比較級の文だと判断する。

(6) 「私は何か冷たい飲み物がほしいです。」 〈something to ～〉で「何か～する(べき)もの」という意味を表す。また，形容詞が something を修飾する時は〈something ＋形容詞〉の語順にする。

(7) 「私たちは文化祭で歌うのを楽しみました。」 enjoy，finish，stop の後に動詞を置く場合には動名詞にする。

(8) 「私はおじさんからもらったバイオリンが好きです。」 give 以下が「おじさん」を修飾するので，過去分詞を使う。

(9) 「英語は多くの国々で話されます。」 受動態の文なので〈be動詞＋過去分詞〉という形にする。

(10) 「彼女には大阪に住んでいるおじさんがいます。」「大阪に住んでいる」という部分が「おじさん」を修飾するので，主格の関係代名詞を使う。

4 (会話文問題：内容吟味)

コウジ：やあ，アリス。長い間会いませんでしたね。夏休みはどうでしたか。
アリス：家族といっしょに13日間オーストラリアに行ったので，楽しかったです。
コウジ：いいですね！　あなたはオーストラリアでどこを訪れましたか。
アリス：まず，私たちはグレート・バリア・リーフを訪れました。
コウジ：あなたはそこで何をしましたか。
アリス：私たちは多くのことを楽しみました。例えば，私たちは海の中を泳ぎ，スキューバダイビングをして，それからヘリコプターからスカイダイビングをしました。私は初めてスカイダイビングをして，わくわくしました！　これがその時撮った写真です。
コウジ：おお，本当に楽しそうですね。
アリス：はい！　ええと，オーストラリアには多くの世界遺産があるのを知っていますか。グレート・バリア・リーフはその一つです。
コウジ：ああ，私はそれを知りませんでした。
アリス：私たちはまた別の世界遺産にも行きました。シドニーのオペラハウスです。その建物はとても大きくて美しかったです。
コウジ：なぜそこに行ったのですか。
アリス：オペラハウスでは，例えば演劇やオペラやバレーの公演など，多くのイベントがあります。私たちはクラシックのコンサートを聴くためにそこを訪れ，それはすばらしかったです。
コウジ：面白そうですね。私もいつかそこに行きたいです。

(1)　アリスは3番目の発言で「スカイダイビングをした」と言っている。また，「その時に撮った写真だ」と言っているので，④が答え。

(2)　リカは1番目の発言で「13日間オーストラリアにいた」と言っている。また，最後の発言で「オペラハウスでクラシックのコンサートを聴いた」と言っているので，③が答え。

5 (会話文問題：適文選択)

(1)　A「あなたには兄弟がいますか。」B「兄弟はいませんが，姉がいます。」A「ああ，それは知りませんでした。彼女は何歳ですか。」①「はい，私は子犬を飼っています。」，③「私の姉はテニスの選手です。」，④「いいえ，私はネコが好きではありません。」

(2)　A「これらの箱は重いです。手伝ってもらえますか。」B「わかりました。」A「手伝ってくれてありがとう。」①「お手伝いしましょうか。」，②「お元気ですか。」，④「それらは誰の箱ですか。」

(3)　A「あなたのシャツはすてきです。どこでそれを買いましたか。」B「それは私の誕生日のプレゼントでした。私の友達が私にそれをくれました。」A「なるほど。」②「私はそれを母からもらいました。」，③「それは私のではありません。」，④「はい，しました。それはとても高かったです。」

6 (長文読解問題・スピーチ文：指示語，語句補充，英文和訳，関係代名詞，内容吟味)

(全訳)　みなさん。今日はロボットについて話します。ロボットは非常に便利です。それで，ロボットの2つの良い点についてお話します。

まず，ロボットは多くのものを作ることができます。アそれらは常に間違いなく同じことを行うことができます。そして，それらは1日24時間働き続けることができます。だから，人々は(イ)多くの製品を作るために工場でそれらを使用しています。その結果，私たちは安くていろいろなものを手に入れることができます。

第二に，ロボットは私たちのために多くの異なることを行います。(ウ)たとえば，一部のロボットは危険な場所で作業できます。大地震の後，それらが福島で働いていたことはご存知かもしれません。また最近は，広島や岡山などで，雨が多く降った後に，多くの人を助けました。

ご存知のように，ロボットは私たちにとって非常に便利です。エそれらは私たち人間よりいろいろなことをよりよくできるので，将来必要だと思います。でも，家族と家でテレビ番組を見ていたら，ロボットは人にできない事がもっとできると言っていました。私は将来人々が必要とされないかもしれないと思います。それについてどう思いますか。

聞いてくれてありがとう。

基本 (1)　直前の文にある robots を指している。

(2)　目的を表す時には不定詞の副詞的用法を使う。また，product は数えられる名詞なので many を使う。

(3)　〈for example〉で「例えば」という意味を表す。

(4)　〈～ kinds of …〉で「～種類の…」という意味を表す。また，better は well の比較級で「より上手に」という意味を表す。

(5)　things は do の目的語になるので，目的格の関係代名詞を使う。

重要 (6)　第4段落の最後から2つ目の文で，将来に関する心配な点を挙げているので，①が答え。

7 （語句整序問題：疑問詞，不定詞，助動詞，不定詞，受動態，動名詞，分詞，間接疑問文，現在完了）

(1)　When did you begin to (play the piano, Akira?)　〈begin to〉で「～し始める」という意味を表す。

(2)　(Will) you tell me how to (go to Niigata Station?)　〈how to ～〉で「～する方法(仕方)」という意味を表す。

(3)　(I) am interested in planting flowers(.)　〈be interested in ～〉で「～に興味を持つ」という意味を表す。

(4)　(The girl) listening to the CD is (my sister.)　「CDを聞いている」という部分が「女の子」を修飾するので，現在分詞を使う。

(5)　(I) don't know who she is(.)　間接疑問文なので，〈疑問詞＋主語＋動詞〉の形になる。

(6)　(Have) you ever been to Okinawa(?)　〈have been to ～〉で「～へ行ったことがある」という意味になる。

★ワンポイントアドバイス★

7の(6)では，〈have been to ～〉が使われているが，似た表現で〈have gone to ～〉と〈have been in ～〉がある。前者は「～に行ってしまった(今ここにいない)」，後者は「ずっと～にいる」という意味を表すことを覚えておこう。

＜国語解答＞ 《学校からの正答の発表はありません。》

一 問一 a ② b ① c ④ d ③ 問二 ③ 問三 B ④ C ①
問四 ④ 問五 ② 問六 ① 問七 ③ 問八 ②

二 問一 a ① b ③ c ② 問二 Ⅰ ① Ⅱ ② Ⅲ ③ 問三 ④
問四 ① 問五 ② 問六 ④ 問七 ④ 問八 ③ 問九 ①

三 問一 ④ 問二 ① 問三 ② 問四 ④ 問五 ③ 問六 ④ 問七 ①
問八 ④ 問九 ② 問十 ③ 問十一 ①

○推定配点○
一 問一・問三 各2点×6 他 各4点×6 二 問一・問二 各2点×6 他 各4点×7
三 問十 4点 他 各2点×10 計100点

＜国語解説＞

一 （論説文－大意・要旨，内容吟味，文脈把握，接続語の問題，脱文・脱語補充，漢字の読み書き）

やや難 問一 a 「雄弁」は，話が巧みで説得力がある様子。「雄」の訓読みは「お」「おす」。 b 「映像」は，テレビやパソコンなどの画面に映し出された画像。「映」の訓読みは「う(つる)」「は(える)」。 c 「習得」は，学問などを習って覚えること。一定の教科を履修し終えるという意味の「修得」と区別する。 d 「遊離」は，離れて存在すること。「遊」の他の音読みは「ユ」で，「遊山」などの熟語がある。

問二 前後の文脈から，［A］には，「テレビのことば」で「実際の生活からかけはなれてい」て，「自分でしていることと関係が」ないことを意味することばが入る。「テレビ」は，人々がどうするものであるかを考える。

問三 B 「二，三度聞けば，覚えます」という前に対して，後で「ことばだけ聞いても……身につかないでしょう」と相反する内容を述べているので，逆接の意味を表すものがあてはまる。

C 直前の文の「目的がない」「こどもの活動」を，後で「遊び」と言い換えているので，説明の意味を表すものがあてはまる。

基本 問四 「テレビのことば」について，同じ段落で「実際の生活からかけはなれています」「自分でしていることと関係がありません」「動詞が貧弱」と述べている。④の「特殊な知識の言葉」については，本文で触れていない。

問五 ――線部2の「それ」は，「“もちあげる”ということば」を指し示している。「“もちあげる”ということば」を身につけることが難しい理由は，同じ段落の「“もちあげる”というのは，ことばだけ聞いても，実際に，そういう動作をともなわないことには身につかない」から読み取ることができる。

問六 同じ段落の「体を動かす遊びです。汗を流し，息をはずませ，喜びに体をふるわせる遊びのなかで，ことばも身につけます」という状況にふさわしいものを選ぶ。

問七 挿入文に「テレビのなかで育ったこどもは，新しい人類」とあることから，これまでの人類について述べている部分の後に入れると推察する。[ウ]の前の段落に「実際の行動，生活からかけ離れたエイゾウによって多くのことばを覚えるのがいまのこども」とあり，「人類の歴史のなかで，こんなことはかつてありませんでした」と続けている。ここから，挿入文の「新しい人類」につながるので，[ウ]に入れるのがよい。

問八 冒頭の段落と「テレビのことばは」で始まる段落の内容に，②が合致する。

二 （小説—情景・心情，内容吟味，文脈把握，指示語の問題，脱文・脱語補充，語句の意味，ことわざ・慣用句）

問一　a「目」を使った慣用句には，他に「目のかたき」「目にあまる」などがある。　b「阻む」は，進もうとするものの進路をさまたげること。　c「毛が生えた」は，たいしたことのないものを基準としてそれよりほんの少しだけまさっているという意味になる。

基本　問二　Ⅰ　直前に「榊が割って出てきた」とある。　Ⅱ　前の清瀬の会話に「携帯は置いてこい」とあり，その理由を「余計なものをポケットに入れて走ると……フォームのバランスが崩れるぞ」と続けている。　Ⅲ　直前に「走の腕をつかんだが，それを振り払ってなおも言う」とあることや，会話の調子から，挑発された走が憤って話したものだと判断できる。

問三　「ひるむ」はおじけづいてしりごみする，「素振り」は表情や態度などの様子，という意味。

問四　これより前の場面で，ユキが東体大に練習を邪魔された証拠として携帯の待ち受け画面を突きつける一方，清瀬は携帯をポケットに入れて走るとフォームのバランスが崩れると走りのことしか頭にない様子が描かれている。そのことをふまえて——線部2の前後を見ると，清瀬が「動じ」なかったのは，研究熱心すぎるユキの行為だとわかる。

問五　前の「話はそれだけだ」で始まる清瀬の会話は，練習の邪魔をする証拠となる写真を見逃すかわりに，邪魔を止めるよう東体大の榊にうながすものである。榊はすぐに「もちろん，わかります」と言いながらも，後で「東体大は真剣に練習して……思いつきで走ってるひとたちのことなんか，かまっていられません」と言っている。この「思いつきで走っているひとたち」が，清瀬たちを意味していることから，「薄く笑った」榊の心情を読み取る。

問六　直前の「囁き，なだめるように」に続く行為であることから判断する。

問七　——線部4の「脳は沸騰した」は，走が腹を立て興奮している様子をたとえている。直前の「挑発」は相手を刺激して向こうから行為をおこさせるように仕向けることで，ここでは，榊の「真剣の定義がちがうんじゃないかな」や「勝負してみませんか……タイムを競うんです」という言葉を指している。これらの言葉は，相手の言う「真剣」を見下し侮るものである。

問八　走にとって，直前の「このあいだまでの自分自身の姿」とは，どのようなものであったのかを読み取る。同じ段落の「走りに打ちこんでいるのはわかるが，だからといって……侮るのは許せない」という「榊の態度」に重ねているので，いやな気持ちになるという意味の言葉が入る。

重要　問九　直前の走の会話は，十人ずつでタイムを競おうという榊の提案に対して「俺とおまえで勝負すればいい」というものである。「俺に勝てないからって，このひとたちを巻きこむのはよせよ！」からは，走が自分だけであれば勝てると考えていることがうかがわれる。この内容を述べている①を選ぶ。

三 （古文—大意・要旨，内容吟味，文脈把握，脱文・脱語補充，語句の意味，文と文節，品詞・用法，仮名遣い，文学史）

〈口語訳〉　博雅三位の家に，盗人が入った。三位は，床下に逃げ隠れた。盗人が帰って，その後で，(三位が床下から)這い出て家の中を見ると，残った物はなく，みな取ってしまっていた。篳篥が一つ戸棚に残っていたのを，三位が取ってお吹きになっていたところ，逃げ去った盗人が，はるか遠くでこれを聞いて，気持ちがおさえられなくなって，(三位の家に)帰ってきて言うには，「ただいまの篳篥の音をお聞きすると，心動かされ尊く感じまして，悪い心はみな改まってしまいました。取った物どもはすべてお返し申しましょう」と言って，みな置いて出て行った。昔の盗人には，またこのような風流な心もあったのだ。

基本　問一　語頭以外のハ行は，現代かなづかいではワ行に改める。また「出で」は，「い(で)」と読む。

問二　A「盗人」が帰った後，板敷の下から「はひ出でて家の中を見」たのは，「三位」。

B 「三位」の家の物を「みなとりて」しまったのは，「盗人」。 C 「篳篥一つを置物厨子に残し」たのは，「盗人」。

問三 bの「なく」は，自立語で活用があり，言い切りの形が「なし」と「し」で終わるので，形容詞。「物なく」も形容詞となる。aは，自立語で活用があり，言い切りの形が「かくる」とウ段で終わるので動詞。cは，自立語で活用があり，言い切りの形が「あはれなり」と「なり」で終わるので，形容動詞。dは，自立語で活用がなく，「かへしたてまつるべし」という用言を修飾しているので，副詞。

問四 盗人が聞いたのは何かを考える。同じ文に「篳篥一つを置物厨子に残したりけるを，三位とりて吹かれたりけるを」とあるのに注目する。

問五 「感情」について，後で「あはれに尊く候ひて」と述べている。

問六 直前の「盗人，はるかにこれを聞きて，感情おさへがたくして」から，三位が吹く篳篥を聞いて，盗人がどのような感情がおさえられなくなって帰ってきたのかを考える。後に「ただ今の御篳篥の音をうけたまはるに，あはれに尊く候ひて，悪心みなあらたまりぬ」とあり，ここから盗人は三位の吹く篳篥の音に感動したため，帰ってきたのだとわかる。

問七 会話なので，「言ふ」や引用の意味を表す「と」などを探す。盗人が三位の家に帰ってきた場面で，「帰りきたりて言ふやう」とあり，後に「と言ひて」とある。

問八 最終文「昔の盗人は，又かく優なる心もありけり。」が，盗人に対する作者の気持ちになる。「優なり」は，すぐれている，優美だ，という意味。

問九 本文では，三位の吹く篳篥の音に感動して，盗人が盗んだ物をすべて返したという内容を述べている。

重要 問十 説話の場合，筆者が語りたいことは最終文に書かれていることが多い。ここでは，最終文に「昔の盗人は，又かく優なる心もありけり」とあり，昔の盗人は風流な心を持っていたと述べている。

基本 問十一 説話は伝説や民話など，語り伝えられてきた話のことで，①の「宇治拾遺物語(うじしゅういものがたり)」が説話文学に属する。②は歌物語，③と④は物語。

★ワンポイントアドバイス★

漢字の読み書きや語句の意味の識別に判断が難しいものがある。ある程度考えたら次の問題にうつり，迷って時間がとられることがないよう十分注意したい。

解答用紙集

○月×日　△曜日　天気（合格日和）

◆ご利用のみなさまへ
＊解答用紙の公表を行っていない学校につきましては、弊社の責任において、解答用紙を制作いたしました。
＊編集上の理由により一部縮小掲載した解答用紙がございます。
＊編集上の理由により一部実物と異なる形式の解答用紙がございます。

人間の最も偉大な力とは、その一番の弱点を克服したところから生まれてくるものである。 ――カール・ヒルティ――

※データのダウンロードは 2024 年 3 月末日まで。

東京学参株式会社

日本文理高等学校　2023年度

◇数学◇

※ 108%に拡大していただくと，解答欄は実物大になります。

1

	解答欄									
	0	1	2	3	4	5	6	7	8	9
(1)ア	0	1	2	3	4	5	6	7	8	9
(2)イ	0	1	2	3	4	5	6	7	8	9
ウ	0	1	2	3	4	5	6	7	8	9
(3)エ	0	1	2	3	4	5	6	7	8	9
オ	0	1	2	3	4	5	6	7	8	9
カ	0	1	2	3	4	5	6	7	8	9
(4)キ	0	1	2	3	4	5	6	7	8	9
ク	0	1	2	3	4	5	6	7	8	9
(5)ケ	0	1	2	3	4	5	6	7	8	9
コ	0	1	2	3	4	5	6	7	8	9

2

	解答欄									
	0	1	2	3	4	5	6	7	8	9
(1)ア	0	1	2	3	4	5	6	7	8	9
イ	0	1	2	3	4	5	6	7	8	9
ウ	0	1	2	3	4	5	6	7	8	9
エ	0	1	2	3	4	5	6	7	8	9
オ	0	1	2	3	4	5	6	7	8	9
(2)カ	0	1	2	3	4	5	6	7	8	9
キ	0	1	2	3	4	5	6	7	8	9
ク	0	1	2	3	4	5	6	7	8	9
ケ	0	1	2	3	4	5	6	7	8	9
(3)コ	0	1	2	3	4	5	6	7	8	9
サ	0	1	2	3	4	5	6	7	8	9
シ	0	1	2	3	4	5	6	7	8	9

3

	解答欄									
	0	1	2	3	4	5	6	7	8	9
(1)ア	0	1	2	3	4	5	6	7	8	9
イ	0	1	2	3	4	5	6	7	8	9
(2)ウ	0	1	2	3	4	5	6	7	8	9
エ	0	1	2	3	4	5	6	7	8	9
(3)オ	0	1	2	3	4	5	6	7	8	9
カ	0	1	2	3	4	5	6	7	8	9

4

	解答欄									
	0	1	2	3	4	5	6	7	8	9
(1)ア	0	1	2	3	4	5	6	7	8	9
イ	0	1	2	3	4	5	6	7	8	9
ウ	0	1	2	3	4	5	6	7	8	9
エ	0	1	2	3	4	5	6	7	8	9
(2)オ	0	1	2	3	4	5	6	7	8	9
カ	0	1	2	3	4	5	6	7	8	9
キ	0	1	2	3	4	5	6	7	8	9
ク	0	1	2	3	4	5	6	7	8	9
ケ	0	1	2	3	4	5	6	7	8	9
コ	0	1	2	3	4	5	6	7	8	9
サ	0	1	2	3	4	5	6	7	8	9
シ	0	1	2	3	4	5	6	7	8	9
ス	0	1	2	3	4	5	6	7	8	9

5

	解答欄									
	0	1	2	3	4	5	6	7	8	9
(1)ア	0	1	2	3	4	5	6	7	8	9
(2)イ	0	1	2	3	4	5	6	7	8	9
ウ	0	1	2	3	4	5	6	7	8	9
(3)エ	0	1	2	3	4	5	6	7	8	9
オ	0	1	2	3	4	5	6	7	8	9
(4)カ	0	1	2	3	4	5	6	7	8	9
キ	0	1	2	3	4	5	6	7	8	9

6

	解答欄									
	0	1	2	3	4	5	6	7	8	9
(1)ア	0	1	2	3	4	5	6	7	8	9
イ	0	1	2	3	4	5	6	7	8	9
(2)ウ	0	1	2	3	4	5	6	7	8	9
エ	0	1	2	3	4	5	6	7	8	9
(3)オ	0	1	2	3	4	5	6	7	8	9
カ	0	1	2	3	4	5	6	7	8	9
キ	0	1	2	3	4	5	6	7	8	9

良い例	悪い例
●	⊙ ⊗ ◐

日本文理高等学校　2023年度

◇英語◇

※解答欄は実物大になります。

1

			解答欄 1 2 3 4
(ア)		(1)	① ② ③ ④
		(2)	① ② ③ ④
		(3)	① ② ③ ④
		(4)	① ② ③ ④
		(5)	① ② ③ ④
		(6)	① ② ③ ④
		(7)	① ② ③ ④
		(8)	① ② ③ ④
		(9)	① ② ③ ④
		(10)	① ② ③ ④
(イ)	D1	(1)	① ② ③ ④
	D2	(2)	① ② ③ ④
	D3	(3)	① ② ③ ④
	D4	(4)	① ② ③ ④
	D5	(5)	① ② ③ ④
	D6	(6)	① ② ③ ④
	D7	(7)	① ② ③ ④
	D8	(8)	① ② ③ ④
	D9	(9)	① ② ③ ④
	D10	(10)	① ② ③ ④

2

	解答欄 1 2 3 4
(1)	① ② ③ ④
(2)	① ② ③ ④
(3)	① ② ③ ④
(4)	① ② ③ ④

3

	解答欄 1 2 3 4
(1)	① ② ③ ④
(2)	① ② ③ ④
(3)	① ② ③ ④
(4)	① ② ③ ④
(5)	① ② ③ ④
(6)	① ② ③ ④
(7)	① ② ③ ④
(8)	① ② ③ ④
(9)	① ② ③ ④
(10)	① ② ③ ④

4

	解答欄 1 2 3 4
(1)	① ② ③ ④
(2)	① ② ③ ④
(3)	① ② ③ ④

5

	解答欄 1 2 3 4
(1)	① ② ③ ④
(2)	① ② ③ ④
(3)	① ② ③ ④

6

	解答欄 1 2 3 4
(1)	① ② ③ ④
(2)	① ② ③ ④
(3)	① ② ③ ④
(4)	① ② ③ ④
(5)	① ② ③ ④

7

	解答欄 1 2 3 4
(1)ア	① ② ③ ④
イ	① ② ③ ④
(2)ア	① ② ③ ④
イ	① ② ③ ④
(3)ア	① ② ③ ④
イ	① ② ③ ④
(4)ア	① ② ③ ④
イ	① ② ③ ④
(5)ア	① ② ③ ④
イ	① ② ③ ④
(6)ア	① ② ③ ④
イ	① ② ③ ④

良い例	悪い例

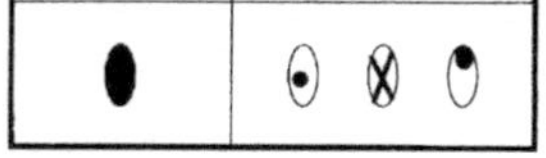

日本文理高等学校　2023年度

◇国語◇

※解答欄は実物大になります。

一	解答欄			
	1	2	3	4
問一 a	①	②	③	④
b	①	②	③	④
c	①	②	③	④
d	①	②	③	④
e	①	②	③	④
問二 A	①	②	③	④
B	①	②	③	④
問三	①	②	③	④
問四	①	②	③	④
問五	①	②	③	④
問六	①	②	③	④
問七	①	②	③	④
問八	①	②	③	④

二	解答欄			
	1	2	3	4
問一 A	①	②	③	④
C	①	②	③	④
D	①	②	③	④
問二 a	①	②	③	④
b	①	②	③	④
問三	①	②	③	④
問四	①	②	③	④
問五	①	②	③	④
問六	①	②	③	④
問七	①	②	③	④
問八	①	②	③	④
問九	①	②	③	④

三	解答欄			
	1	2	3	4
問一 1	①	②	③	④
3	①	②	③	④
問二	①	②	③	④
問三 4	①	②	③	④
6	①	②	③	④
問四	①	②	③	④
問五	①	②	③	④
問六	①	②	③	④
問七	①	②	③	④
問八 10	①	②	③	④
11	①	②	③	④
問九	①	②	③	④
問十	①	②	③	④
問十一	①	②	③	④

良い例	悪い例

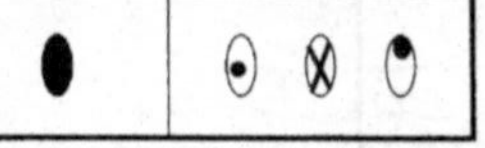

日本文理高等学校　2022年度

◇数学◇

※ 111％に拡大していただくと，解答欄は実物大になります。

1

	解答欄									
	0	1	2	3	4	5	6	7	8	9
(1)ア	⓪	①	②	③	④	⑤	⑥	⑦	⑧	⑨
(2)イ	⓪	①	②	③	④	⑤	⑥	⑦	⑧	⑨
ウ	⓪	①	②	③	④	⑤	⑥	⑦	⑧	⑨
(3)エ	⓪	①	②	③	④	⑤	⑥	⑦	⑧	⑨
(4)オ	⓪	①	②	③	④	⑤	⑥	⑦	⑧	⑨
カ	⓪	①	②	③	④	⑤	⑥	⑦	⑧	⑨
(5)キ	⓪	①	②	③	④	⑤	⑥	⑦	⑧	⑨
ク	⓪	①	②	③	④	⑤	⑥	⑦	⑧	⑨

2

	解答欄									
	0	1	2	3	4	5	6	7	8	9
(1)ア	⓪	①	②	③	④	⑤	⑥	⑦	⑧	⑨
(2)イ	⓪	①	②	③	④	⑤	⑥	⑦	⑧	⑨
ウ	⓪	①	②	③	④	⑤	⑥	⑦	⑧	⑨
(3)エ	⓪	①	②	③	④	⑤	⑥	⑦	⑧	⑨
オ	⓪	①	②	③	④	⑤	⑥	⑦	⑧	⑨
(4)カ	⓪	①	②	③	④	⑤	⑥	⑦	⑧	⑨
キ	⓪	①	②	③	④	⑤	⑥	⑦	⑧	⑨
(5)ク	⓪	①	②	③	④	⑤	⑥	⑦	⑧	⑨
ケ	⓪	①	②	③	④	⑤	⑥	⑦	⑧	⑨
(6)コ	⓪	①	②	③	④	⑤	⑥	⑦	⑧	⑨
サ	⓪	①	②	③	④	⑤	⑥	⑦	⑧	⑨
シ	⓪	①	②	③	④	⑤	⑥	⑦	⑧	⑨
ス	⓪	①	②	③	④	⑤	⑥	⑦	⑧	⑨

3

	解答欄									
	0	1	2	3	4	5	6	7	8	9
(1)ア	⓪	①	②	③	④	⑤	⑥	⑦	⑧	⑨
イ	⓪	①	②	③	④	⑤	⑥	⑦	⑧	⑨
(2)ウ	⓪	①	②	③	④	⑤	⑥	⑦	⑧	⑨
エ	⓪	①	②	③	④	⑤	⑥	⑦	⑧	⑨
オ	⓪	①	②	③	④	⑤	⑥	⑦	⑧	⑨
(3)カ	⓪	①	②	③	④	⑤	⑥	⑦	⑧	⑨
キ	⓪	①	②	③	④	⑤	⑥	⑦	⑧	⑨
ク	⓪	①	②	③	④	⑤	⑥	⑦	⑧	⑨
(4)ケ	⓪	①	②	③	④	⑤	⑥	⑦	⑧	⑨
コ	⓪	①	②	③	④	⑤	⑥	⑦	⑧	⑨
サ	⓪	①	②	③	④	⑤	⑥	⑦	⑧	⑨

4

	解答欄									
	0	1	2	3	4	5	6	7	8	9
(1)ア	⓪	①	②	③	④	⑤	⑥	⑦	⑧	⑨
イ	⓪	①	②	③	④	⑤	⑥	⑦	⑧	⑨
(2)ウ	⓪	①	②	③	④	⑤	⑥	⑦	⑧	⑨
エ	⓪	①	②	③	④	⑤	⑥	⑦	⑧	⑨
(3)オ	⓪	①	②	③	④	⑤	⑥	⑦	⑧	⑨
カ	⓪	①	②	③	④	⑤	⑥	⑦	⑧	⑨

5

	解答欄									
	0	1	2	3	4	5	6	7	8	9
(1)ア	⓪	①	②	③	④	⑤	⑥	⑦	⑧	⑨
イ	⓪	①	②	③	④	⑤	⑥	⑦	⑧	⑨
(2)ウ	⓪	①	②	③	④	⑤	⑥	⑦	⑧	⑨
エ	⓪	①	②	③	④	⑤	⑥	⑦	⑧	⑨
(3)オ	⓪	①	②	③	④	⑤	⑥	⑦	⑧	⑨
カ	⓪	①	②	③	④	⑤	⑥	⑦	⑧	⑨
キ	⓪	①	②	③	④	⑤	⑥	⑦	⑧	⑨
(4)ク	⓪	①	②	③	④	⑤	⑥	⑦	⑧	⑨
ケ	⓪	①	②	③	④	⑤	⑥	⑦	⑧	⑨

6

	解答欄									
	0	1	2	3	4	5	6	7	8	9
(1)ア	⓪	①	②	③	④	⑤	⑥	⑦	⑧	⑨
(2)イ	⓪	①	②	③	④	⑤	⑥	⑦	⑧	⑨
ウ	⓪	①	②	③	④	⑤	⑥	⑦	⑧	⑨
(3)エ	⓪	①	②	③	④	⑤	⑥	⑦	⑧	⑨
(4)オ	⓪	①	②	③	④	⑤	⑥	⑦	⑧	⑨
カ	⓪	①	②	③	④	⑤	⑥	⑦	⑧	⑨

良い例	悪い例

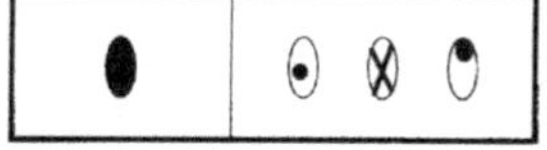

日本文理高等学校　　2022年度

◇英語◇

※解答欄は実物大になります。

1

			解答欄			
			A	B	C	D
(ア)	(1)		Ⓐ	Ⓑ	Ⓒ	Ⓓ
	(2)		Ⓐ	Ⓑ	Ⓒ	Ⓓ
	(3)		Ⓐ	Ⓑ	Ⓒ	Ⓓ
	(4)		Ⓐ	Ⓑ	Ⓒ	Ⓓ
	(5)		Ⓐ	Ⓑ	Ⓒ	Ⓓ
	(6)		Ⓐ	Ⓑ	Ⓒ	Ⓓ
	(7)		Ⓐ	Ⓑ	Ⓒ	Ⓓ
	(8)		Ⓐ	Ⓑ	Ⓒ	Ⓓ
	(9)		Ⓐ	Ⓑ	Ⓒ	Ⓓ
	(10)		Ⓐ	Ⓑ	Ⓒ	Ⓓ
(イ)	D1	(1)	Ⓐ	Ⓑ	Ⓒ	Ⓓ
		(2)	Ⓐ	Ⓑ	Ⓒ	Ⓓ
	D2	(1)	Ⓐ	Ⓑ	Ⓒ	Ⓓ
		(2)	Ⓐ	Ⓑ	Ⓒ	Ⓓ
	D3	(1)	Ⓐ	Ⓑ	Ⓒ	Ⓓ
		(2)	Ⓐ	Ⓑ	Ⓒ	Ⓓ
	D4	(1)	Ⓐ	Ⓑ	Ⓒ	Ⓓ
		(2)	Ⓐ	Ⓑ	Ⓒ	Ⓓ
	D5	(1)	Ⓐ	Ⓑ	Ⓒ	Ⓓ
		(2)	Ⓐ	Ⓑ	Ⓒ	Ⓓ

2

	解答欄			
	1	2	3	4
(1)	①	②	③	④
(2)	①	②	③	④
(3)	①	②	③	④
(4)	①	②	③	④

3

	解答欄			
	1	2	3	4
(1)	①	②	③	④
(2)	①	②	③	④
(3)	①	②	③	④
(4)	①	②	③	④
(5)	①	②	③	④
(6)	①	②	③	④
(7)	①	②	③	④
(8)	①	②	③	④
(9)	①	②	③	④
(10)	①	②	③	④

4

	解答欄			
	1	2	3	4
(1)	①	②	③	④
(2)	①	②	③	④
(3)	①	②	③	④

5

	解答欄			
	1	2	3	4
(1)	①	②	③	④
(2)	①	②	③	④

6

	解答欄			
	1	2	3	4
(1)	①	②	③	④
(2)	①	②	③	④
(3)	①	②	③	④
(4)	①	②	③	④
(5)	①	②	③	④
(6)	①	②	③	④

7

	解答欄			
	1	2	3	4
(1)ア	①	②	③	④
イ	①	②	③	④
(2)ア	①	②	③	④
イ	①	②	③	④
(3)ア	①	②	③	④
イ	①	②	③	④
(4)ア	①	②	③	④
イ	①	②	③	④
(5)ア	①	②	③	④
イ	①	②	③	④
(6)ア	①	②	③	④
イ	①	②	③	④

良い例	悪い例
●	⊙ ⊗ ◔

日本文理高等学校　2022年度

◇国語◇

※解答欄は実物大になります。

一	解答欄			
	1	2	3	4
問一 a	①	②	③	④
b	①	②	③	④
c	①	②	③	④
d	①	②	③	④
e	①	②	③	④
問二 A	①	②	③	④
B	①	②	③	④
問三	①	②	③	④
問四	①	②	③	④
問五	①	②	③	④
問六	①	②	③	④
問七	①	②	③	④
問八	①	②	③	④

二	解答欄			
	1	2	3	4
問一 A	①	②	③	④
B	①	②	③	④
C	①	②	③	④
問二 a	①	②	③	④
b	①	②	③	④
問三	①	②	③	④
問四	①	②	③	④
問五	①	②	③	④
問六	①	②	③	④
問七	①	②	③	④
問八	①	②	③	④
問九	①	②	③	④

三	解答欄			
	1	2	3	4
問一	①	②	③	④
問二	①	②	③	④
問三	①	②	③	④
問四	①	②	③	④
問五 3	①	②	③	④
4	①	②	③	④
問六	①	②	③	④
問七	①	②	③	④
問八	①	②	③	④
問九	①	②	③	④
問十 I	①	②	③	④
II	①	②	③	④

良い例	悪い例

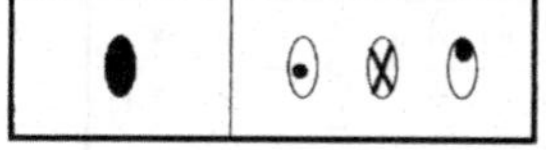

日本文理高等学校　　2021年度

◇数学◇

※ 111%に拡大していただくと，解答欄は実物大になります。

1	解答欄									
	0	1	2	3	4	5	6	7	8	9
(1)ア	0	1	2	3	4	5	6	7	8	9
イ	0	1	2	3	4	5	6	7	8	9
(2)ウ	0	1	2	3	4	5	6	7	8	9
エ	0	1	2	3	4	5	6	7	8	9
オ	0	1	2	3	4	5	6	7	8	9
(3)カ	0	1	2	3	4	5	6	7	8	9
キ	0	1	2	3	4	5	6	7	8	9
(4)ク	0	1	2	3	4	5	6	7	8	9
ケ	0	1	2	3	4	5	6	7	8	9
コ	0	1	2	3	4	5	6	7	8	9
(5)サ	0	1	2	3	4	5	6	7	8	9
シ	0	1	2	3	4	5	6	7	8	9

2	解答欄									
	0	1	2	3	4	5	6	7	8	9
(1)ア	0	1	2	3	4	5	6	7	8	9
イ	0	1	2	3	4	5	6	7	8	9
(2)ウ	0	1	2	3	4	5	6	7	8	9
エ	0	1	2	3	4	5	6	7	8	9
(3)オ	0	1	2	3	4	5	6	7	8	9
カ	0	1	2	3	4	5	6	7	8	9
キ	0	1	2	3	4	5	6	7	8	9
(4)ク	0	1	2	3	4	5	6	7	8	9
ケ	0	1	2	3	4	5	6	7	8	9
(5)コ	0	1	2	3	4	5	6	7	8	9
サ	0	1	2	3	4	5	6	7	8	9

3	解答欄									
	0	1	2	3	4	5	6	7	8	9
(1)ア	0	1	2	3	4	5	6	7	8	9
(2)イ	0	1	2	3	4	5	6	7	8	9
ウ	0	1	2	3	4	5	6	7	8	9
(3)エ	0	1	2	3	4	5	6	7	8	9
オ	0	1	2	3	4	5	6	7	8	9
カ	0	1	2	3	4	5	6	7	8	9

4	解答欄									
	0	1	2	3	4	5	6	7	8	9
(1)ア	0	1	2	3	4	5	6	7	8	9
イ	0	1	2	3	4	5	6	7	8	9
(2)ウ	0	1	2	3	4	5	6	7	8	9
エ	0	1	2	3	4	5	6	7	8	9
(3)オ	0	1	2	3	4	5	6	7	8	9
カ	0	1	2	3	4	5	6	7	8	9
キ	0	1	2	3	4	5	6	7	8	9
ク	0	1	2	3	4	5	6	7	8	9

5	解答欄									
	0	1	2	3	4	5	6	7	8	9
(1)ア	0	1	2	3	4	5	6	7	8	9
イ	0	1	2	3	4	5	6	7	8	9
ウ	0	1	2	3	4	5	6	7	8	9
エ	0	1	2	3	4	5	6	7	8	9
(2)オ	0	1	2	3	4	5	6	7	8	9
カ	0	1	2	3	4	5	6	7	8	9
キ	0	1	2	3	4	5	6	7	8	9
ク	0	1	2	3	4	5	6	7	8	9
ケ	0	1	2	3	4	5	6	7	8	9

6	解答欄									
	0	1	2	3	4	5	6	7	8	9
(1)ア	0	1	2	3	4	5	6	7	8	9
(2)イ	0	1	2	3	4	5	6	7	8	9
ウ	0	1	2	3	4	5	6	7	8	9
(3)エ	0	1	2	3	4	5	6	7	8	9
オ	0	1	2	3	4	5	6	7	8	9
(4)カ	0	1	2	3	4	5	6	7	8	9
キ	0	1	2	3	4	5	6	7	8	9

良い例	悪い例

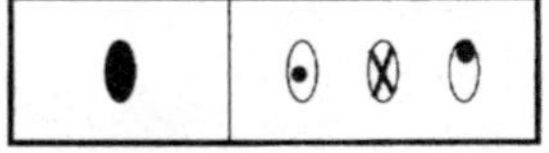

日本文理高等学校　2021年度

◇英語◇

※解答欄は実物大になります。

1

			解答欄 A	B	C	D
(ア)		(1)	Ⓐ	Ⓑ	Ⓒ	Ⓓ
		(2)	Ⓐ	Ⓑ	Ⓒ	Ⓓ
		(3)	Ⓐ	Ⓑ	Ⓒ	Ⓓ
		(4)	Ⓐ	Ⓑ	Ⓒ	Ⓓ
		(5)	Ⓐ	Ⓑ	Ⓒ	Ⓓ
		(6)	Ⓐ	Ⓑ	Ⓒ	Ⓓ
		(7)	Ⓐ	Ⓑ	Ⓒ	Ⓓ
		(8)	Ⓐ	Ⓑ	Ⓒ	Ⓓ
		(9)	Ⓐ	Ⓑ	Ⓒ	Ⓓ
		(10)	Ⓐ	Ⓑ	Ⓒ	Ⓓ
(イ)	D1	(1)	Ⓐ	Ⓑ	Ⓒ	Ⓓ
		(2)	Ⓐ	Ⓑ	Ⓒ	Ⓓ
	D2	(1)	Ⓐ	Ⓑ	Ⓒ	Ⓓ
		(2)	Ⓐ	Ⓑ	Ⓒ	Ⓓ
	D3	(1)	Ⓐ	Ⓑ	Ⓒ	Ⓓ
		(2)	Ⓐ	Ⓑ	Ⓒ	Ⓓ
	D4	(1)	Ⓐ	Ⓑ	Ⓒ	Ⓓ
		(2)	Ⓐ	Ⓑ	Ⓒ	Ⓓ
	D5	(1)	Ⓐ	Ⓑ	Ⓒ	Ⓓ
		(2)	Ⓐ	Ⓑ	Ⓒ	Ⓓ

2

		解答欄 1	2	3	4
A	(1)	①	②	③	④
	(2)	①	②	③	④
	(3)	①	②	③	④
	(4)	①	②	③	④
	(5)	①	②	③	④
B	(1)	①	②	③	
	(2)	①	②	③	
	(3)	①	②	③	④

3

	解答欄 1	2	3	4
(1)	①	②	③	④
(2)	①	②	③	④
(3)	①	②	③	④
(4)	①	②	③	④
(5)	①	②	③	④
(6)	①	②	③	④
(7)	①	②	③	④
(8)	①	②	③	④
(9)	①	②	③	④
(10)	①	②	③	④

4

	解答欄 1	2	3	4
(1)	①	②	③	④
(2)	①	②	③	④
(3)	①	②	③	④

5

	解答欄 1	2	3	4
(1)	①	②	③	④
(2)	①	②	③	④
(3)	①	②	③	④

6

	解答欄 1	2	3	4
(1)	①	②	③	④
(2)	①	②	③	④
(3)	①	②	③	④
(4)	①	②	③	④
(5)	①	②	③	④

7

	解答欄 1	2	3	4	5
(1)ア	①	②	③	④	⑤
イ	①	②	③	④	⑤
(2)ア	①	②	③	④	⑤
イ	①	②	③	④	⑤
(3)ア	①	②	③	④	⑤
イ	①	②	③	④	⑤
(4)ア	①	②	③	④	⑤
イ	①	②	③	④	⑤
(5)ア	①	②	③	④	⑤
イ	①	②	③	④	⑤
(6)ア	①	②	③	④	⑤
イ	①	②	③	④	⑤

良い例	悪い例

日本文理高等学校　2021年度

◇国語◇

※解答欄は実物大になります。

一

	1	2	3	4
問一 a	①	②	③	④
b	①	②	③	④
c	①	②	③	④
d	①	②	③	④
問二	①	②	③	④
問三	①	②	③	④
問四 B	①	②	③	④
C	①	②	③	④
問五	①	②	③	④
問六	①	②	③	④
問七	①	②	③	④
問八	①	②	③	④

二

	1	2	3	4
問一 A	①	②	③	④
B	①	②	③	④
C	①	②	③	④
問二	①	②	③	④
問三	①	②	③	④
問四 3	①	②	③	④
6	①	②	③	④
問五	①	②	③	④
問六	①	②	③	④
問七	①	②	③	④
問八	①	②	③	④
問九	①	②	③	④

三

	1	2	3	4
問一	①	②	③	④
問二 a	①	②	③	④
b	①	②	③	④
c	①	②	③	④
問三	①	②	③	④
問四 3	①	②	③	④
4	①	②	③	④
問五	①	②	③	④
問六	①	②	③	④
問七	①	②	③	④
問八	①	②	③	④
問九	①	②	③	④

良い例	悪い例

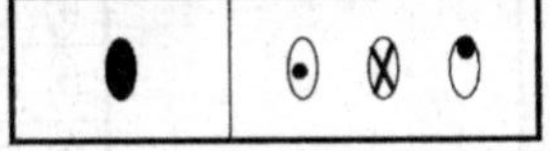

日本文理高等学校　2020年度　◇数学◇

※126％に拡大していただくと，解答欄は実物大になります。

1	解答欄									
	0	1	2	3	4	5	6	7	8	9
(1)ア	⓪	①	②	③	④	⑤	⑥	⑦	⑧	⑨
(2)イ	⓪	①	②	③	④	⑤	⑥	⑦	⑧	⑨
ウ	⓪	①	②	③	④	⑤	⑥	⑦	⑧	⑨
(3)エ	⓪	①	②	③	④	⑤	⑥	⑦	⑧	⑨
オ	⓪	①	②	③	④	⑤	⑥	⑦	⑧	⑨
カ	⓪	①	②	③	④	⑤	⑥	⑦	⑧	⑨
(4)キ	⓪	①	②	③	④	⑤	⑥	⑦	⑧	⑨
ク	⓪	①	②	③	④	⑤	⑥	⑦	⑧	⑨
(5)ケ	⓪	①	②	③	④	⑤	⑥	⑦	⑧	⑨
コ	⓪	①	②	③	④	⑤	⑥	⑦	⑧	⑨
サ	⓪	①	②	③	④	⑤	⑥	⑦	⑧	⑨

2	解答欄									
	0	1	2	3	4	5	6	7	8	9
(1)ア	⓪	①	②	③	④	⑤	⑥	⑦	⑧	⑨
(2)イ	⓪	①	②	③	④	⑤	⑥	⑦	⑧	⑨
ウ	⓪	①	②	③	④	⑤	⑥	⑦	⑧	⑨
(3)エ	⓪	①	②	③	④	⑤	⑥	⑦	⑧	⑨
オ	⓪	①	②	③	④	⑤	⑥	⑦	⑧	⑨
カ	⓪	①	②	③	④	⑤	⑥	⑦	⑧	⑨
キ	⓪	①	②	③	④	⑤	⑥	⑦	⑧	⑨
(4)ク	⓪	①	②	③	④	⑤	⑥	⑦	⑧	⑨
ケ	⓪	①	②	③	④	⑤	⑥	⑦	⑧	⑨
(5)コ	⓪	①	②	③	④	⑤	⑥	⑦	⑧	⑨
サ	⓪	①	②	③	④	⑤	⑥	⑦	⑧	⑨
(6)シ	⓪	①	②	③	④	⑤	⑥	⑦	⑧	⑨
ス	⓪	①	②	③	④	⑤	⑥	⑦	⑧	⑨
セ	⓪	①	②	③	④	⑤	⑥	⑦	⑧	⑨

3	解答欄									
	0	1	2	3	4	5	6	7	8	9
(1)ア	⓪	①	②	③	④	⑤	⑥	⑦	⑧	⑨
(2)イ	⓪	①	②	③	④	⑤	⑥	⑦	⑧	⑨
ウ	⓪	①	②	③	④	⑤	⑥	⑦	⑧	⑨
エ	⓪	①	②	③	④	⑤	⑥	⑦	⑧	⑨
(3)オ	⓪	①	②	③	④	⑤	⑥	⑦	⑧	⑨
カ	⓪	①	②	③	④	⑤	⑥	⑦	⑧	⑨

良い例	悪い例
●	⊙ ⊗ ◖

4	解答欄									
	0	1	2	3	4	5	6	7	8	9
(1)ア	⓪	①	②	③	④	⑤	⑥	⑦	⑧	⑨
イ	⓪	①	②	③	④	⑤	⑥	⑦	⑧	⑨
(2)ウ	⓪	①	②	③	④	⑤	⑥	⑦	⑧	⑨
エ	⓪	①	②	③	④	⑤	⑥	⑦	⑧	⑨
(3)オ	⓪	①	②	③	④	⑤	⑥	⑦	⑧	⑨
カ	⓪	①	②	③	④	⑤	⑥	⑦	⑧	⑨

5	解答欄									
	0	1	2	3	4	5	6	7	8	9
(1) ア	⓪	①	②	③	④	⑤	⑥	⑦	⑧	⑨
イ	⓪	①	②	③	④	⑤	⑥	⑦	⑧	⑨
ウ	⓪	①	②	③	④	⑤	⑥	⑦	⑧	⑨
エ	⓪	①	②	③	④	⑤	⑥	⑦	⑧	⑨
オ	⓪	①	②	③	④	⑤	⑥	⑦	⑧	⑨
(2) カ	⓪	①	②	③	④	⑤	⑥	⑦	⑧	⑨
キ	⓪	①	②	③	④	⑤	⑥	⑦	⑧	⑨
ク	⓪	①	②	③	④	⑤	⑥	⑦	⑧	⑨
ケ	⓪	①	②	③	④	⑤	⑥	⑦	⑧	⑨
コ	⓪	①	②	③	④	⑤	⑥	⑦	⑧	⑨
サ	⓪	①	②	③	④	⑤	⑥	⑦	⑧	⑨
(3)①シ	⓪	①	②	③	④	⑤	⑥	⑦	⑧	⑨
ス	⓪	①	②	③	④	⑤	⑥	⑦	⑧	⑨
②セ	⓪	①	②	③	④	⑤	⑥	⑦	⑧	⑨
ソ	⓪	①	②	③	④	⑤	⑥	⑦	⑧	⑨

6	解答欄									
	0	1	2	3	4	5	6	7	8	9
(1)ア	⓪	①	②	③	④	⑤	⑥	⑦	⑧	⑨
イ	⓪	①	②	③	④	⑤	⑥	⑦	⑧	⑨
ウ	⓪	①	②	③	④	⑤	⑥	⑦	⑧	⑨
(2)エ	⓪	①	②	③	④	⑤	⑥	⑦	⑧	⑨
オ	⓪	①	②	③	④	⑤	⑥	⑦	⑧	⑨
カ	⓪	①	②	③	④	⑤	⑥	⑦	⑧	⑨
(3)キ	⓪	①	②	③	④	⑤	⑥	⑦	⑧	⑨
ク	⓪	①	②	③	④	⑤	⑥	⑦	⑧	⑨
ケ	⓪	①	②	③	④	⑤	⑥	⑦	⑧	⑨

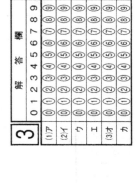

日本文理高等学校　　2020年度

◇英語◇

※105%に拡大していただくと，解答欄は実物大になります。

1

			解答欄 A	B	C	D
ア	(1)		Ⓐ	Ⓑ	Ⓒ	Ⓓ
	(2)		Ⓐ	Ⓑ	Ⓒ	Ⓓ
	(3)		Ⓐ	Ⓑ	Ⓒ	Ⓓ
	(4)		Ⓐ	Ⓑ	Ⓒ	Ⓓ
	(5)		Ⓐ	Ⓑ	Ⓒ	Ⓓ
	(6)		Ⓐ	Ⓑ	Ⓒ	Ⓓ
	(7)		Ⓐ	Ⓑ	Ⓒ	Ⓓ
	(8)		Ⓐ	Ⓑ	Ⓒ	Ⓓ
	(9)		Ⓐ	Ⓑ	Ⓒ	Ⓓ
	(10)		Ⓐ	Ⓑ	Ⓒ	Ⓓ
イ	D1	(1)	Ⓐ	Ⓑ	Ⓒ	Ⓓ
		(2)	Ⓐ	Ⓑ	Ⓒ	Ⓓ
	D2	(1)	Ⓐ	Ⓑ	Ⓒ	Ⓓ
		(2)	Ⓐ	Ⓑ	Ⓒ	Ⓓ
	D3	(1)	Ⓐ	Ⓑ	Ⓒ	Ⓓ
		(2)	Ⓐ	Ⓑ	Ⓒ	Ⓓ
	D4	(1)	Ⓐ	Ⓑ	Ⓒ	Ⓓ
		(2)	Ⓐ	Ⓑ	Ⓒ	Ⓓ
	D5	(1)	Ⓐ	Ⓑ	Ⓒ	Ⓓ
		(2)	Ⓐ	Ⓑ	Ⓒ	Ⓓ

2

		解答欄 1	2	3	4
A	(1)	①	②	③	④
	(2)	①	②	③	④
	(3)	①	②	③	④
	(4)	①	②	③	④
	(5)	①	②	③	④
B	(6)	①	②	③	
	(7)	①	②	③	
	(8)	①	②	③	

3

	解答欄 1	2	3	4
(1)	①	②	③	④
(2)	①	②	③	④
(3)	①	②	③	④
(4)	①	②	③	④
(5)	①	②	③	④
(6)	①	②	③	④
(7)	①	②	③	④
(8)	①	②	③	④
(9)	①	②	③	④
(10)	①	②	③	④

4

	解答欄 1	2	3	4
(1)	①	②	③	④
(2)	①	②	③	④
(3)	①	②	③	④

5

	解答欄 1	2	3	4
(1)	①	②	③	④
(2)	①	②	③	④
(3)	①	②	③	④

6

	解答欄 1	2	3	4
(1)	①	②	③	④
(2)	①	②	③	④
(3)	①	②	③	④
(4)	①	②	③	④
(5)	①	②	③	④

7

	解答欄 1	2	3	4	5
(1)ア	①	②	③	④	⑤
イ	①	②	③	④	⑤
(2)ア	①	②	③	④	⑤
イ	①	②	③	④	⑤
(3)ア	①	②	③	④	⑤
イ	①	②	③	④	⑤
(4)ア	①	②	③	④	⑤
イ	①	②	③	④	⑤
(5)ア	①	②	③	④	⑤
イ	①	②	③	④	⑤
(6)ア	①	②	③	④	⑤
イ	①	②	③	④	⑤

良い例	悪い例

日本文理高等学校　2020年度

◇国語◇

※解答欄は実物大になります。

一

	解答欄 1	2	3	4
問一 a	①	②	③	④
b	①	②	③	④
c	①	②	③	④
d	①	②	③	④
問二 A	①	②	③	④
B	①	②	③	④
C	①	②	③	④
問三	①	②	③	④
問四	①	②	③	④
問五	①	②	③	④
問六	①	②	③	④
問七	①	②	③	④

二

	解答欄 1	2	3	4
問一	①	②	③	④
問二	①	②	③	④
問三	①	②	③	④
問四	①	②	③	④
問五	①	②	③	④
問六	①	②	③	④
問七 A	①	②	③	④
B	①	②	③	④
問八	①	②	③	④
問九	①	②	③	④
問十	①	②	③	④
問十一	①	②	③	④

三

	解答欄 1	2	3	4
問一 a	①	②	③	④
b	①	②	③	④
問二	①	②	③	④
問三	①	②	③	④
問四	①	②	③	④
問五	①	②	③	④
問六	①	②	③	④
問七	①	②	③	④
問八	①	②	③	④
問九	①	②	③	④

良い例　悪い例

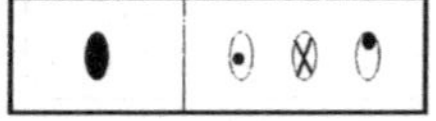

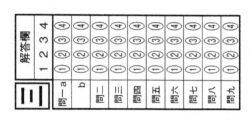

日本文理高等学校　　2019年度

◇数学◇

1

	解	答				欄				
	0	1	2	3	4	5	6	7	8	9
(1)ア	⓪	①	②	③	④	⑤	⑥	⑦	⑧	⑨
(2)イ	⓪	①	②	③	④	⑤	⑥	⑦	⑧	⑨
ウ	⓪	①	②	③	④	⑤	⑥	⑦	⑧	⑨
(3)エ	⓪	①	②	③	④	⑤	⑥	⑦	⑧	⑨
オ	⓪	①	②	③	④	⑤	⑥	⑦	⑧	⑨
(4)カ	⓪	①	②	③	④	⑤	⑥	⑦	⑧	⑨
キ	⓪	①	②	③	④	⑤	⑥	⑦	⑧	⑨
ク	⓪	①	②	③	④	⑤	⑥	⑦	⑧	⑨
(5)ケ	⓪	①	②	③	④	⑤	⑥	⑦	⑧	⑨
コ	⓪	①	②	③	④	⑤	⑥	⑦	⑧	⑨
サ	⓪	①	②	③	④	⑤	⑥	⑦	⑧	⑨

2

	解	答				欄				
	0	1	2	3	4	5	6	7	8	9
(1)ア	⓪	①	②	③	④	⑤	⑥	⑦	⑧	⑨
イ	⓪	①	②	③	④	⑤	⑥	⑦	⑧	⑨
ウ	⓪	①	②	③	④	⑤	⑥	⑦	⑧	⑨
エ	⓪	①	②	③	④	⑤	⑥	⑦	⑧	⑨
オ	⓪	①	②	③	④	⑤	⑥	⑦	⑧	⑨
カ	⓪	①	②	③	④	⑤	⑥	⑦	⑧	⑨
(2)キ	⓪	①	②	③	④	⑤	⑥	⑦	⑧	⑨
ク	⓪	①	②	③	④	⑤	⑥	⑦	⑧	⑨
ケ	⓪	①	②	③	④	⑤	⑥	⑦	⑧	⑨
コ	⓪	①	②	③	④	⑤	⑥	⑦	⑧	⑨
(3)サ	⓪	①	②	③	④	⑤	⑥	⑦	⑧	⑨
シ	⓪	①	②	③	④	⑤	⑥	⑦	⑧	⑨
ス	⓪	①	②	③	④	⑤	⑥	⑦	⑧	⑨

3

	解	答				欄				
	0	1	2	3	4	5	6	7	8	9
(1)ア	⓪	①	②	③	④	⑤	⑥	⑦	⑧	⑨
イ	⓪	①	②	③	④	⑤	⑥	⑦	⑧	⑨
ウ	⓪	①	②	③	④	⑤	⑥	⑦	⑧	⑨
エ	⓪	①	②	③	④	⑤	⑥	⑦	⑧	⑨
(2)オ	⓪	①	②	③	④	⑤	⑥	⑦	⑧	⑨
カ	⓪	①	②	③	④	⑤	⑥	⑦	⑧	⑨
キ	⓪	①	②	③	④	⑤	⑥	⑦	⑧	⑨
ク	⓪	①	②	③	④	⑤	⑥	⑦	⑧	⑨
ケ	⓪	①	②	③	④	⑤	⑥	⑦	⑧	⑨
コ	⓪	①	②	③	④	⑤	⑥	⑦	⑧	⑨
サ	⓪	①	②	③	④	⑤	⑥	⑦	⑧	⑨
シ	⓪	①	②	③	④	⑤	⑥	⑦	⑧	⑨
ス	⓪	①	②	③	④	⑤	⑥	⑦	⑧	⑨
セ	⓪	①	②	③	④	⑤	⑥	⑦	⑧	⑨

4

	解	答				欄				
	0	1	2	3	4	5	6	7	8	9
(1)ア	⓪	①	②	③	④	⑤	⑥	⑦	⑧	⑨
(2)イ	⓪	①	②	③	④	⑤	⑥	⑦	⑧	⑨
ウ	⓪	①	②	③	④	⑤	⑥	⑦	⑧	⑨
エ	⓪	①	②	③	④	⑤	⑥	⑦	⑧	⑨
(3)オ	⓪	①	②	③	④	⑤	⑥	⑦	⑧	⑨
カ	⓪	①	②	③	④	⑤	⑥	⑦	⑧	⑨
キ	⓪	①	②	③	④	⑤	⑥	⑦	⑧	⑨
ク	⓪	①	②	③	④	⑤	⑥	⑦	⑧	⑨

5

	解	答				欄				
	0	1	2	3	4	5	6	7	8	9
(1)ア	⓪	①	②	③	④	⑤	⑥	⑦	⑧	⑨
イ	⓪	①	②	③	④	⑤	⑥	⑦	⑧	⑨
(2)ウ	⓪	①	②	③	④	⑤	⑥	⑦	⑧	⑨
エ	⓪	①	②	③	④	⑤	⑥	⑦	⑧	⑨
(3)オ	⓪	①	②	③	④	⑤	⑥	⑦	⑧	⑨
カ	⓪	①	②	③	④	⑤	⑥	⑦	⑧	⑨

6

	解	答				欄				
	0	1	2	3	4	5	6	7	8	9
(1)ア	⓪	①	②	③	④	⑤	⑥	⑦	⑧	⑨
(2)イ	⓪	①	②	③	④	⑤	⑥	⑦	⑧	⑨
ウ	⓪	①	②	③	④	⑤	⑥	⑦	⑧	⑨
(3)エ	⓪	①	②	③	④	⑤	⑥	⑦	⑧	⑨
オ	⓪	①	②	③	④	⑤	⑥	⑦	⑧	⑨
カ	⓪	①	②	③	④	⑤	⑥	⑦	⑧	⑨

1

			解答欄			
			A	B	C	D
ア		(1)	Ⓐ	Ⓑ	Ⓒ	Ⓓ
		(2)	Ⓐ	Ⓑ	Ⓒ	Ⓓ
		(3)	Ⓐ	Ⓑ	Ⓒ	Ⓓ
		(4)	Ⓐ	Ⓑ	Ⓒ	Ⓓ
		(5)	Ⓐ	Ⓑ	Ⓒ	Ⓓ
		(6)	Ⓐ	Ⓑ	Ⓒ	Ⓓ
		(7)	Ⓐ	Ⓑ	Ⓒ	Ⓓ
		(8)	Ⓐ	Ⓑ	Ⓒ	Ⓓ
		(9)	Ⓐ	Ⓑ	Ⓒ	Ⓓ
		(10)	Ⓐ	Ⓑ	Ⓒ	Ⓓ
イ	P1	(1)	Ⓐ	Ⓑ	Ⓒ	Ⓓ
	P2	(2)	Ⓐ	Ⓑ	Ⓒ	Ⓓ
ウ	ST 1	(1)	Ⓐ	Ⓑ	Ⓒ	Ⓓ
		(2)	Ⓐ	Ⓑ	Ⓒ	Ⓓ
	ST 2	(1)	Ⓐ	Ⓑ	Ⓒ	Ⓓ
		(2)	Ⓐ	Ⓑ	Ⓒ	Ⓓ
エ	D1	(1)	Ⓐ	Ⓑ	Ⓒ	Ⓓ
		(2)	Ⓐ	Ⓑ	Ⓒ	Ⓓ
	D2	(1)	Ⓐ	Ⓑ	Ⓒ	Ⓓ
		(2)	Ⓐ	Ⓑ	Ⓒ	Ⓓ

2

		解答欄			
		1	2	3	4
A	(1)	①	②	③	④
	(2)	①	②	③	④
	(3)	①	②	③	④
	(4)	①	②	③	④
	(5)	①	②	③	④
B	(6)	①	②	③	
	(7)	①	②	③	
	(8)	①	②	③	

3

	解答欄			
	1	2	3	4
(1)	①	②	③	④
(2)	①	②	③	④
(3)	①	②	③	④
(4)	①	②	③	④
(5)	①	②	③	④
(6)	①	②	③	④
(7)	①	②	③	④
(8)	①	②	③	④
(9)	①	②	③	④
(10)	①	②	③	④

4

	解答欄			
	1	2	3	4
(1)	①	②	③	④
(2)	①	②	③	④

5

	解答欄			
	1	2	3	4
(1)	①	②	③	④
(2)	①	②	③	④
(3)	①	②	③	④

6

	解答欄			
	1	2	3	4
(1)	①	②	③	④
(2)	①	②	③	④
(3)	①	②	③	④
(4)	①	②	③	④
(5)	①	②	③	④
(6)	①	②	③	④

7

	解答欄				
	1	2	3	4	5
(1)ア	①	②	③	④	⑤
イ	①	②	③	④	⑤
(2)ア	①	②	③	④	⑤
イ	①	②	③	④	⑤
(3)ア	①	②	③	④	⑤
イ	①	②	③	④	⑤
(4)ア	①	②	③	④	⑤
イ	①	②	③	④	⑤
(5)ア	①	②	③	④	⑤
イ	①	②	③	④	⑤
(6)ア	①	②	③	④	⑤
イ	①	②	③	④	⑤

日本文理高等学校　2019年度

◇国語◇

一	解答欄			
	1	2	3	4
問一 a	①	②	③	④
b	①	②	③	④
c	①	②	③	④
d	①	②	③	④
問二 A	①	②	③	④
問三 B	①	②	③	④
C	①	②	③	④
問四	①	②	③	④
問五	①	②	③	④
問六	①	②	③	④
問七	①	②	③	④
問八	①	②	③	④

二	解答欄			
	1	2	3	4
問一 a	①	②	③	④
b	①	②	③	④
c	①	②	③	④
問二 Ⅰ	①	②	③	④
Ⅱ	①	②	③	④
Ⅲ	①	②	③	④
問三	①	②	③	④
問四	①	②	③	④
問五	①	②	③	④
問六	①	②	③	④
問七	①	②	③	④
問八	①	②	③	④
問九	①	②	③	④

三	解答欄			
	1	2	3	4
問一	①	②	③	④
問二	①	②	③	④
問三	①	②	③	④
問四	①	②	③	④
問五	①	②	③	④
問六	①	②	③	④

MEMO

大切なことはメモしておこうネ！

MEMO

大切なことはメモしておこうネ！

MEMO

大切なことはメモしておこうネ！

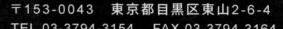

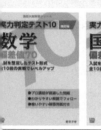

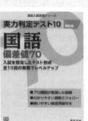

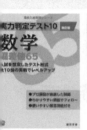

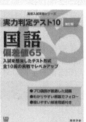

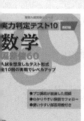

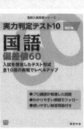

東京学参の
中学校別入試過去問題シリーズ

＊出版校は一部変更することがあります。一覧にない学校はお問い合わせください。

東京ラインナップ

あ　青山学院中等部(L04)
麻布中学(K01)
桜蔭中学(K02)
お茶の水女子大附属中学(K07)
か　海城中学(K09)
開成中学(M01)
学習院中等科(M03)
慶應義塾中等部(K04)
晃華学園中学(N13)
攻玉社中学(L11)
国学院大久我山中学
（一般・CC）(N22)
（ＳＴ）(N23)
駒場東邦中学(L01)
さ　芝中学(K16)
芝浦工業大附属中学(M06)
城北中学(M05)
女子学院中学(K03)
巣鴨中学(M02)
成蹊中学(N06)
成城中学(K28)
成城学園中学(L05)
青稜中学(K23)
創価中学(N14)★
た　玉川学園中学部(N17)
中央大附属中学(N08)
筑波大附属中学(K06)
筑波大附属駒場中学(L02)
帝京大中学(N16)
東海大菅生高中等部(N27)
東京学芸大附属竹早中学(K08)
東京都市大付属中学(L13)
桐朋中学(N03)
東洋英和女学院中学部(K15)
豊島岡女子学園中学(M12)
な　日本大第一中学(M14)
日本大第三中学(N19)
日本大第二中学(N10)
は　雙葉中学(K05)
法政大学中学(N11)
本郷中学(M08)
ま　武蔵中学(N01)
明治大付属中野中学(N05)
明治大付属中野八王子中学(N07)
明治大付属明治中学(K13)
ら　立教池袋中学(M04)
わ　和光中学(N21)
早稲田中学(K10)
早稲田実業学校中等部(K11)
早稲田大高等学院中等部(N12)

神奈川ラインナップ

あ　浅野中学(O04)
栄光学園中学(O06)
か　神奈川大附属中学(O08)
鎌倉女学院中学(O27)
関東学院六浦中学(O31)
慶應義塾湘南藤沢中等部(O07)
慶應義塾普通部(O01)
さ　相模女子大中学部(O32)
サレジオ学院中学(O17)
逗子開成中学(O22)
聖光学院中学(O11)
清泉女学院中学(O20)
洗足学園中学(O18)
捜真女学校中学部(O29)
た　桐蔭学園中等教育学校(O02)
東海大付属相模高中等部(O24)
桐光学園中学(O16)
な　日本大中学(O09)
は　フェリス女学院中学(O03)
法政大第二中学(O19)
や　山手学院中学(O15)
横浜隼人中学(O26)

千・埼・茨・他ラインナップ

あ　市川中学(P01)
浦和明の星女子中学(Q06)
か　海陽中等教育学校
（入試Ⅰ・Ⅱ）(T01)
（特別給費生選抜）(T02)
久留米大附設中学(Y04)
さ　栄東中学(東大・難関大)(Q09)
栄東中学(東大特待)(Q10)
狭山ヶ丘高校付属中学(Q01)
芝浦工業大柏中学(P14)
渋谷教育学園幕張中学(P09)
城北埼玉中学(Q07)
昭和学院秀英中学(P05)
清真学園中学(S01)
西南学院中学(Y02)
西武学園文理中学(Q03)
西武台新座中学(Q02)
専修大松戸中学(P13)
た　筑紫女学園中学(Y03)
千葉日本大第一中学(P07)
千葉明徳中学(P12)
東海大付属浦安高中等部(P06)
東邦大付属東邦中学(P08)
東洋大附属牛久中学(S02)
獨協埼玉中学(Q08)
な　長崎日本大中学(Y01)
成田高校付属中学(P15)
は　函館ラ・サール中学(X01)
日出学園中学(P03)
福岡大附属大濠中学(Y05)
北嶺中学(X03)
細田学園中学(Q04)
や　八千代松陰中学(P10)
ら　ラ・サール中学(Y07)
立命館慶祥中学(X02)
立教新座中学(Q05)
わ　早稲田佐賀中学(Y06)

公立中高一貫校ラインナップ

北海道　市立札幌開成中等教育学校(J22)
宮　城　宮城県仙台二華・古川黎明中学校(J17)
市立仙台青陵中等教育学校(J33)
山　形　県立東桜学館・致道館中学校(J27)
茨　城　茨城県立中学・中等教育学校(J09)
栃　木　県立宇都宮東・佐野・矢板東高校附属中学校(J11)
群　馬　県立中央・市立四ツ葉学園中等教育学校・
市立太田中学校(J10)
埼　玉　市立浦和中学校(J06)
県立伊奈学園中学校(J31)
さいたま市立大宮国際中等教育学校(J32)
川口市立高等学校附属中学校(J35)
千　葉　県立千葉・東葛飾中学校(J07)
市立稲毛国際中等教育学校(J25)
東　京　区立九段中等教育学校(J21)
都立大泉高等学校附属中学校(J28)
都立両国高等学校附属中学校(J01)
都立白鷗高等学校附属中学校(J02)
都立富士高等学校附属中学校(J03)
都立三鷹中等教育学校(J29)
都立南多摩中等教育学校(J30)
都立武蔵高等学校附属中学校(J04)
都立立川国際中等教育学校(J05)
都立小石川中等教育学校(J23)
都立桜修館中等教育学校(J24)
神奈川　川崎市立川崎高等学校附属中学校(J26)
県立平塚・相模原中等教育学校(J08)
横浜市立南高等学校附属中学校(J20)
横浜サイエンスフロンティア高校附属中学校(J34)
広　島　県立広島中学校(J16)
県立三次中学校(J37)
徳　島　県立城ノ内中等教育学校・富岡東・川島中学校(J18)
愛　媛　県立今治東・松山西(J19)
福　岡　福岡県立中学校・中等教育学校(J12)
佐　賀　県立香楠・致遠館・唐津東・武雄青陵中学校(J13)
宮　崎　県立五ヶ瀬中等教育学校・宮崎西・都城泉ヶ丘高校附属中学校(J15)
長　崎　県立長崎東・佐世保北・諫早高校附属中学校(J14)

公立中高一貫校「適性検査対策」問題集シリーズ

総合編
作文問題編
資料問題編
数と図形編
生活と科学編
実力確認テスト編

私立中・高スクールガイド
THE《ザ》 私立
私立中学＆高校の学校生活がわかる！

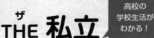

東京学参の
高校別入試過去問題シリーズ

＊出版校は一部変更することがあります。一覧にない学校はお問い合わせください。

東京ラインナップ

あ 愛国高校(A59)
青山学院高等部(A16)★
桜美林高校(A37)
お茶の水女子大附属高校(A04)
か 開成高校(A05)★
共立女子第二高校(A40)
慶應義塾女子高校(A13)
国学院高校(A30)
国学院大久我山高校(A31)
国際基督教大高校(A06)
小平錦城高校(A61)★
駒澤大高校(A32)
さ 芝浦工業大附属高校(A35)
修徳高校(A52)
城北高校(A21)
専修大附属高校(A28)
創価高校(A66)★
た 拓殖大第一高校(A53)
立川女子高校(A41)
玉川学園高等部(A56)
中央大高校(A19)
中央大杉並高校(A18)★
中央大附属高校(A17)
筑波大附属高校(A01)
筑波大附属駒場高校(A02)
帝京大高校(A60)
東海大菅生高校(A42)
東京学芸大附属高校(A03)
東京実業高校(A62)
東京農業大第一高校(A39)
桐朋高校(A15)
都立青山高校(A73)★
都立国立高校(A76)★
都立国際高校(A80)★
都立国分寺高校(A78)★
都立新宿高校(A77)★
都立墨田川高校(A81)★
都立立川高校(A75)★
都立戸山高校(A72)★
都立西高校(A71)★
都立八王子東高校(A74)★
都立日比谷高校(A70)★
な 日本大櫻丘高校(A25)
日本大第一高校(A50)
日本大第三高校(A48)
日本大第二高校(A27)
日本大鶴ヶ丘高校(A26)
日本大豊山高校(A23)
は 八王子学園八王子高校(A64)
法政大高校(A29)
ま 明治学院高校(A38)
明治学院東村山高校(A49)
明治大付属中野高校(A33)
明治大付属中野八王子高校(A67)
明治大付属明治高校(A34)★
明法高校(A63)
わ 早稲田実業学校高等部(A09)
早稲田大高等学院(A07)

神奈川ラインナップ

あ 麻布大附属高校(B04)
アレセイア湘南高校(B24)
か 慶應義塾高校(A11)
神奈川県公立高校特色検査(B00)
さ 相洋高校(B18)
た 立花学園高校(B23)
桐蔭学園高校(B01)
東海大付属相模高校(B03)★
桐光学園高校(B11)
な 日本大高校(B06)
日本大藤沢高校(B07)
は 平塚学園高校(B22)
藤沢翔陵高校(B08)
法政大国際高校(B17)
法政大第二高校(B02)★
や 山手学院高校(B09)
横須賀学院高校(B20)
横浜商科大高校(B05)
横浜市立横浜サイエンスフロンティア高校(B70)
横浜翠陵高校(B14)
横浜清風高校(B10)
横浜創英高校(B21)
横浜隼人高校(B16)
横浜富士見丘学園高校(B25)

千葉ラインナップ

あ 愛国学園大附属四街道高校(C26)
我孫子二階堂高校(C17)
市川高校(C01)★
か 敬愛学園高校(C15)
さ 芝浦工業大柏高校(C09)
渋谷教育学園幕張高校(C16)★
翔凜高校(C34)
昭和学院秀英高校(C23)
専修大松戸高校(C02)
た 千葉英和高校(C18)
千葉敬愛高校(C05)
千葉経済大附属高校(C27)
千葉日本大第一高校(C06)★
千葉明徳高校(C20)
千葉黎明高校(C24)
東海大付属浦安高校(C03)
東京学館高校(C14)
東京学館浦安高校(C31)
な 日本体育大柏高校(C30)
日本大習志野高校(C07)
は 日出学園高校(C08)
や 八千代松陰高校(C12)
ら 流通経済大付属柏高校(C19)★

埼玉ラインナップ

あ 浦和学院高校(D21)
大妻嵐山高校(D04)★
か 開智高校(D08)
開智未来高校(D13)★
春日部共栄高校(D07)
川越東高校(D12)
慶應義塾志木高校(A12)
さ 埼玉栄高校(D09)
栄東高校(D14)
狭山ヶ丘高校(D24)
昌平高校(D23)
西武学園文理高校(D10)
西武台高校(D06)
た 東京農業大第三高校(D18)
は 武南高校(D05)
本庄東高校(D20)
や 山村国際高校(D19)
ら 立教新座高校(A14)
わ 早稲田大本庄高等学院(A10)

北関東・甲信越ラインナップ

あ 愛国学園大附属龍ヶ崎高校(E07)
宇都宮短大附属高校(E24)
か 鹿島学園高校(E08)
霞ヶ浦高校(E03)
共愛学園高校(E31)
甲陵高校(E43)
国立高等専門学校(A00)
さ 作新学院高校
（トップ英進・英進部）(E21)
（情報科学・総合進学部）(E22)
常総学院高校(E04)
た 中越高校(R03)＊
土浦日本大高校(E01)
東洋大附属牛久高校(E02)
な 新潟青陵高校(R02)＊
新潟明訓高校(R04)＊
日本文理高校(R01)＊
は 白鷗大足利高校(E25)
ま 前橋育英高校(E32)
や 山梨学院高校(E41)

中京圏ラインナップ

あ 愛知高校(F02)
愛知啓成高校(F09)
愛知工業大名電高校(F06)
愛知みずほ大瑞穂高校(F25)
暁高校(３年制)(F50)
鶯谷高校(F60)
栄徳高校(F29)
桜花学園高校(F14)
岡崎城西高校(F34)
か 岐阜聖徳学園高校(F62)
岐阜東高校(F61)
享栄高校(F18)
さ 桜丘高校(F36)
至学館高校(F19)
椙山女学園高校(F10)
鈴鹿高校(F53)
星城高校(F27)★
誠信高校(F33)
清林館高校(F16)★
た 大成高校(F28)
大同大大同高校(F30)
高田高校(F51)
滝高校(F03)★
中京高校(F63)
中京大附属中京高校(F11)★
中部大春日丘高校(F26)★
中部大第一高校(F32)
津田学園高校(F54)
東海高校(F04)★
東海学園高校(F20)
東邦高校(F12)
同朋高校(F22)
豊田大谷高校(F35)
な 名古屋高校(F13)
名古屋大谷高校(F23)
名古屋経済大市邨高校(F08)
名古屋経済大高蔵高校(F05)
名古屋女子大高校(F24)
名古屋たちばな高校(F21)
日本福祉大付属高校(F17)
人間環境大附属岡崎高校(F37)
は 光ヶ丘女子高校(F38)
誉高校(F31)
ま 三重高校(F52)
名城大附属高校(F15)

宮城ラインナップ

さ 尚絅学院高校(G02)
聖ウルスラ学院英智高校(G01)★
聖和学園高校(G05)
仙台育英学園高校(G04)
仙台城南高校(G06)
仙台白百合学園高校(G12)
た 東北学院高校(G03)★
東北学院榴ケ岡高校(G08)
東北高校(G11)
東北生活文化大高校(G10)
常盤木学園高校(G07)
は 古川学園高校(G13)
ま 宮城学院高校(G09)★

北海道ラインナップ

さ 札幌光星高校(H06)
札幌静修高校(H09)
札幌第一高校(H01)
札幌北斗高校(H04)
札幌龍谷学園高校(H08)
は 北海高校(H03)
北海学園札幌高校(H07)
北海道科学大高校(H05)
ら 立命館慶祥高校(H02)

★はリスニング音声データのダウンロード付き。

都道府県別 公立高校入試過去問 シリーズ

●全国47都道府県別に出版
●最近数年間の検査問題収録
●リスニングテスト音声対応

公立高校入試対策問題集シリーズ

●目標得点別・公立入試の数学（基礎編）
●実戦問題演習・公立入試の数学（実力錬成編）
●実戦問題演習・公立入試の英語（基礎編・実力錬成編）
●形式別演習・公立入試の国語
●実戦問題演習・公立入試の理科
●実戦問題演習・公立入試の社会

高校入試特訓問題集 シリーズ

●英語長文難関攻略33選（改訂版）
●英語長文テーマ別難関攻略30選
●英文法難関攻略20選
●英語難関徹底攻略33選
●古文完全攻略63選（改訂版）
●国語融合問題完全攻略30選
●国語長文難関徹底攻略30選
●国語知識問題完全攻略13選
●数学の図形と関数・グラフの融合問題完全攻略272選
●数学難関徹底攻略700選
●数学の難問80
●数学　思考力―規則性とデータの分析と活用―

高校別入試過去問題シリーズ
日本文理高等学校　2024~25年度
ISBN978-4-8141-2825-9

発行所　東京学参株式会社
〒153-0043　東京都目黒区東山2-6-4
URL　https://www.gakusan.co.jp

編集部　E-mail　hensyu@gakusan.co.jp
※本書の編集責任はすべて弊社にあります。内容に関するお問い合わせ等は、編集部まで、メールにてお願い致します。なお、回答にはしばらくお時間をいただく場合がございます。何卒ご了承くださいませ。

営業部　TEL　03 (3794) 3154
FAX　03 (3794) 3164
E-mail　shoten@gakusan.co.jp
※ご注文・出版予定のお問い合わせ等は営業部までお願い致します。

2023年10月6日　初版